乡村振兴背景下

江苏省金融支持家庭农场

调查研究（2023年）

张龙耀　周月书　主编

南京农业大学金融学院

金融助力乡村全面振兴系列丛书

中国农业出版社

图书在版编目（CIP）数据

乡村振兴背景下江苏省金融支持家庭农场调查研究.
2023 年 / 张龙耀，周月书主编. -- 北京：中国农业出
版社，2024.12. -- ISBN 978-7-109-32999-7

Ⅰ. F324.1

中国国家版本馆 CIP 数据核字第 2024C5X398 号

乡村振兴背景下江苏省金融支持家庭农场调查研究

**XIANGCUN ZHENXING BEIJING XIA JIANGSU SHENG JINRONG
ZHICHI JIATING NONGCHANG DIAOCHA YANJIU**

中国农业出版社出版

地址：北京市朝阳区麦子店街 18 号楼

邮编：100125

责任编辑：郑　君　　文字编辑：刘金华

版式设计：王　晨　　责任校对：吴丽婷

印刷：北京通州皇家印刷厂

版次：2024 年 12 月第 1 版

印次：2024 年 12 月北京第 1 次印刷

发行：新华书店北京发行所

开本：700mm×1000mm　1/16

印张：16.75

字数：319 千字

定价：78.00 元

本书为金融学和会计学国家一流本科专业建设点、投资学江苏省一流本科专业建设点、金融学江苏高校品牌专业建设工程二期和三期项目、投资学江苏高校品牌专业建设工程二期项目的成果。

《乡村振兴背景下江苏省金融支持家庭农场调查研究（2023 年)》

编　委　会

前 言

务农重本，国之大纲。2013 年中央 1 号文件首次提出发展"家庭农场"的政策。家庭农场是指以家庭成员为主要劳动力，从事农业规模化、集约化、商品化生产经营，并以农业收入为家庭主要收入来源的新型农业经营主体。发展家庭农场是提高农业集约化经营水平的重要途径。经过十余年的发展，我国家庭农场数量从 2015 年的 34.3 万家迅速增加到 2021 年的 390 万家。家庭农场在农业生产中已经发挥了不可替代的作用，是推进乡村全面振兴的重要力量，是引领现代农业高质量发展的有效途径。随着家庭农场的商品化和规模化程度的不断提高，其在地块整理、土地流转、购买农资、购置农机、改善生产设施、农药使用及雇佣帮工等方面均需要大量资金，但是却面临着较为严重的"融资难、融资贵"问题，制约了家庭农场的经营效率提升与生产规模的扩大。

为充分了解江苏省金融支持家庭农场的实际情况，南京农业大学金融学院于 2021 年、2023 年分别组织 50 余名学生，在带队老师的带领下，开展了江苏省金融支持家庭农场发展调研，调查内容分别为 2020 年和 2022 年的情况。按照随机抽样原则，2021 年调研组从苏北、苏中和苏南地区各选取了 2 个县，分别是徐州铜山、宿迁泗洪、泰州兴化、镇江句容、南通海门和无锡江阴，每个县随机抽取 4～6 个样本镇，共获取有效样本 487 家；2023 年调研组在 2021 年 6 个地区的基础上进一步增加了淮安金湖县，共在 7 个区县获取有效样本 585 家。调研样本覆盖了江苏不同经济发展水平的区域，具有很强的代表性。在调研数据与资料的基础上，本书对江苏省金融支持家庭农场的现状、典型做法、问题与优化路径进行了分析。

第一篇为江苏金融支持家庭农场调研总报告。该篇旨在了解家庭农场的真实状况并评估其面临的主要问题。第一，在基本情况方面，江苏省家庭农场主在年龄上呈现老龄化趋势，教育背景较好，大多接受过农业技术培训，家庭农场是他们的主要经济来源，但普遍金融素养不高，也倾向于雇佣短期劳动力。第二，在土地经营及流转方面，江苏省家庭农场面临土地细碎化、流转半径小、口头协议多、流转价格高和租约期限短等问题，这些因素共同制约了规模化经营和生产效率的提升。第三，在生产经营情况方面，江苏省家庭农场多种经营类型并存，而且种植作物和养殖牲畜的种类丰富；农产品销售呈多元化趋势，但主要通过线下销售渠道实现；信息化发展水平高、机械化发展水平持续提升，但是绿色生产水平与产业融合水平有待提高。第四，在收入与补贴方面，江苏省家庭农场收入持续增加，获得的政府补贴规模也逐年扩大，其中种植类家庭农场获得补贴金额最多，粮食类家庭农场获得补贴占比最高。第五，在金融服务方面，江苏省家庭农场的贷款需求增加，以中小额为主，贷款渠道多样化，贷款难的问题有所缓解；保险覆盖范围扩大，但养殖类农场生猪保险参保率下降；另外，资金筹集主要通过正规渠道贷款，支付方式以手机支付为主，数字理财产品参与度较低。第六，在发展挑战与政策期许方面，大多数家庭农场计划通过增加土地面积和引进新品种扩大规模，因此农场主普遍期待政府增加补贴、土地流转支持、基础设施建设和农业信贷服务，而不同类型和规模的农场对政策支持的需求有所差异。

第二篇为江苏金融支持家庭农场调研专题报告。该篇重点关注了粮食类家庭农场土地经营与利用情况、粮食类家庭农场设施农业用地使用情况、粮食类家庭农场主养老保险试点情况、三大主粮完全成本保险试点发展情况、家庭农场"随手记"记账软件使用情况。第一，在粮食类家庭农场土地经营与利用情况方面，江苏省粮食类家庭农场存在土地细碎化、流转价格较高和流转期限短等问题，这些问题限制了规模经济的实现、增加了生产成本、降低了农场主的经营积极性。为解决这些问题，政府应多措并举，促进土地连片经营；完善和创新扶持政策，降低家庭农场经营风险；突出土地经营者的主体地位，鼓励土地长期流转。第二，在粮食类家庭农场设施农业用地使用情况方面，江苏省粮食类家庭农场设施农业用地存在规划不科学、效益低下、缺乏政府补贴、分散化配置及管理不规范等问题。政府应当优化设施农业用地布局、完善设施农业用地投入机制、推行设施农业用地集中配置、加强设施农业用地监管等。第三，在粮食类家庭农场主养老保险试点情况方面，江苏省家庭农场主养老保险试点政策处于初期阶段，面临宣传不足、财政资金压力大等问题。政府应当加强政策宣传，提高农场主的保险意识和增加了解程度，同时完善财政支持体系，确保补贴资金及时到位，推动家庭农场主养老保险政策的落地实施和高质量发展。第四，在三大主粮完全成本保险试点发展情况方面，江苏省家庭农场积极实施三大主粮完全成本保险政策，现阶段保险覆盖率高，保障水平高，但仍存在结构有待优化、补贴机制有待完善、政策宣传有待加强等问题。政府应当优化保险作物结构、精细保险产品设计、加强保险宣传力度。第五，在家庭农场"随手记"记账软件使用情况方面，目前记账家庭农场中使用"随手记"的占比达46.8%，但使用率受农场主年龄、文化水平、经营模式限制及土地经营规模等因素影响。政府应当加强农户培训、提升软件个性化服务，助力家庭农场提高管理效率。

第三篇为江苏金融支持家庭农场调研地方经验。该篇主要聚焦于江苏省 7 个被调研地方的经验，从党建扶贫、农业经营体系集成改革、普惠金融发展改革、综合保险、金融创新、企业服务、农旅融合等方面展开。第一，党建工作在脱贫攻坚和乡村振兴中具有核心作用。兴化市沈顾果蔬农地股份专业合作社通过"党建+"项目有效整合资源，推动碧根果产业发展，为贫困户提供稳定收入，增强村集体经济。第二，金湖县通过集成改革试点试验，建立了土地流转租金形成机制、稳定发展机制等，提升了农业经营主体的培育和发展，促进了农业现代化和乡村振兴。第三，句容市的农村普惠金融发展改革试验通过"整村授信"等措施，建立了标准化的信用激励保障体系，推动了农村金融服务的创新，满足了新型农业经营主体的金融需求。第四，泗洪县试点的家庭农场综合保险，由太平洋财产保险公司提供，覆盖种植业和养殖业，保障经济作物的成本和收入，减轻了农场风险损失，政府的保费补贴减轻了农场负担。第五，海门区推出的"兴农贷"金融产品，旨在解决家庭农场融资难题，支持农业生产经营活动，建议政府提供政策支持和财政补贴，农村金融机构加强产品创新。第六，江阴市的案例公司通过"企业+合作社+农户"模式，提供品牌推广、技术、营销和金融服务，有效提升了农产品的市场竞争力和农户收益。第七，铜山区的案例中家庭农场侧重于利用农业的固有特性，以第一产业为基础进行产业链延伸，种植高利润水果并发展农家乐等新业态，经营效益良好，但也面临用地批复难、土地流转成本高、融资难和保险险种少等问题，亟须政策支持和金融创新。这些案例共同描绘了江苏金融支持家庭农场的丰富画卷，展现了金融创新与农业发展相结合的强大动力，为乡村振兴和农业现代化提供了有力的支撑。

第四篇为江苏家庭农场高质量发展研究。该篇使用 2021 年江苏省家庭农场调研数据，通过高质量的理论建模和实证研究，探索江苏家庭农场高质量发展的路径。第一，农业机械化水平能显著提高家庭农场的农业收入和总收入，尤其对低收入家庭农场增收效果显著。同时，农业机械化能够通过促进家庭农场扩大经营规模，提高农业产出和收入。第二，信息化设施的应用显著促进了家庭农场的长期雇工投入，并且信息化设施对不同教育水平农场主的雇工效应存在差异，受教育程度较高的农场主雇工量更多。同时，作物类型在信息化设施应用提高家庭农场雇工水平中起调节作用，经济作物种植类家庭农场的雇工水平明显提高，而粮食作物种植类则相反。第三，发现数字素养高的家庭农场主更倾向于采用信息化技术，通过改变传统生产观念、提高资源配置效率、降低交易成本，从而提升家庭农场的经营绩效。第四，数字金融的使用显著提升了家庭农场的经营绩效。数字金融通过缓解融资约束、降低监督成本、提高信息获取能力等途径正向作用于家庭农场的经营效果。数字信贷、线上保险和线上理财等数字金融产品对家庭农场经营绩效有明显的正面影响，而数字支付的影响则不明显。第五，数字金融能力可以促进家庭农场的农业生产总投资，尤其是固定资产投资。数字金融能力通过提高信贷可得性和信息可得性，缓解了家庭农场的信贷约束和信息约束，激励了家庭农场扩大农业生产投资规模。以上研究进一步从学理上论证了机械化、信息化和数字金融的快速发展对于家庭农场经营的积极作用，为江苏家庭农场的高质量发展提供了理论依据。

编　者

2024 年 5 月

目 录

CONTENTS

第二篇　江苏金融支持家庭农场调研专题报告

第三篇　江苏金融支持家庭农场调研地方经验

第四篇　江苏家庭农场高质量发展研究

附　录

第一篇
江苏金融支持家庭农场调研总报告

第一章 CHAPTER 1

调研方案

一、调研方案

随着现代农业发展的需求日益增长，家庭农场作为中国农业结构的一个重要组成部分，承担着保障粮食安全、促进农村经济发展等重要任务。自2013年中央1号文件首提发展"家庭农场"以来，农业部按照中央要求，着手研究培育发展家庭农场的基本原则和实现途径，开展家庭农场统计工作，指导地方稳步培育家庭农场。江苏省，作为中国农业大省之一，一直致力于农业现代化和农村经济的全面提升。为了整体把握乡村振兴背景下江苏省家庭农场发展的真实状况，南京农业大学金融学院开展江苏省金融支持家庭农场发展调研工作。南京农业大学金融学院根据实际工作需要，由50余名学生组建了"江苏省金融支持家庭农场发展调研团队"，并在带队老师的带领下，于2021年和2023年暑期分别启动了江苏省金融支持家庭农场发展调研工作。调查内容分别为2020年和2022年的情况。本书主要基于2022年调研数据形成。

（一）问卷设计

根据江苏省金融支持家庭农场发展的客观需求要求，"江苏省金融支持家庭农场发展调研团队"对乡镇问卷和家庭农场问卷进行精心设计和反复讨论，最终确认乡镇问卷主要包括乡镇土地特征、乡镇人口和经济特征、乡镇农业生产情况、农业保险情况等。家庭农场问卷主要包括家庭农场的基本信息、土地利用、生产经营情况、资产生计、家庭开支、资金往来等。

（二）抽样过程

（1）2022年调查农场样本采集自江苏省7个县级市，分别为徐州铜山区、南通海门区、泰州兴化市、镇江句容市、宿迁泗洪县、无锡江阴市和淮安金湖县。

（2）徐州铜山区、南通海门区、泰州兴化市、镇江句容市、宿迁泗洪县和淮安金湖县分别在 4 个镇内对家庭农场进行抽样，无锡江阴市的样本镇为 6 个。

（3）除了上述抽样考虑外，"江苏省金融支持家庭农场发展调研团队"对调研的家庭农场类型选择做了原则性约定。每个调研乡镇在确定家庭农场样本时充分考虑各类家庭农场的比例结构等先验信息，包括种植类型、经营规模、经营年限、经营状况等。

（三）特别说明

需要说明的是，由于协调、经费等各种原因，每个乡镇的抽样质量难免存在些许误差和失误，但由于样本数量较大，相关误差能被大幅度缓解或忽略不计。

本报告的相关调查结果仅是基于实际被调查的家庭农场样本所做的统计和初步分析，对相关结果不宜做延伸和扩大化解释；重在呈现统计结果，对结果形成的原因、条件等不做深入分析。

此外，对于调研问卷过程中存在的缺失值和异常值问题，在做数据处理和统计分析时进行了相应处理。

二、样本农场基本情况

本部分考虑从调查样本地区分布、家庭农场经营类型以及示范家庭农场分布 3 个方面描述样本农场的基本情况。

（一）调查样本地区分布

本次调查中，江苏省金融支持家庭农场发展调研团队共提交了 589 个家庭农场的调查问卷。通过问卷检查、逻辑检验等对样本进行筛选。最终进入调查统计分析的有效样本总量共 585 个，有效样本率达到 99.32%[①]。各县（市、区）进入最终调查的样本数量及占全部样本的比例见表 1－1。在 585 个有效调查样本中，各类家庭农场从事农业规模经营的平均年限为 7 年，其中 89.74% 的家庭农场办理了工商部门注册登记。

本次调查农场样本采集自江苏省 7 个县级市，平均每个县级市的有效调查样本个数集中在 79～87 个，占有效样本的比例在 13.50%～14.87%，样本分

---

① 本部分统计样本地区家庭农场分布时，有效样本率为 100%。但在后文具体问题分析时，由于所需具体数据的差异性，其有效样本率会下降。

布相对较为平衡。其中，铜山区、海门区、兴化市、句容市、泗洪县、金湖县的有效样本集中在4个样本镇，江阴市的有效样本集中在6个样本镇，样本镇的整体分配也较为均衡。

表1-1 2022年样本地区家庭农场分布情况

县 （市、区）	调查样本		农场有效样本		有效样本	
	农场数量 （个）	占比 （％）	农场数量 （个）	占比 （％）	样本镇数量 （个）	占比 （％）
全省	589	100.00	585	100.00	30	100.00
铜山	84	14.26	84	14.36	4	13.33
泗洪	83	14.09	83	14.19	4	13.33
海门	84	14.26	83	14.19	4	13.33
兴化	88	14.94	87	14.87	4	13.33
江阴	80	13.58	79	13.50	6	20.00
句容	85	14.43	84	14.36	4	13.33
金湖	85	14.43	85	14.53	4	13.33

（二）家庭农场经营类型

首先对各类家庭农场经营类型占比情况绘制饼图，详情见图1-1。从整体来看，家庭农场以种植类家庭农场为主，种养结合类家庭农场次之，单一养殖类家庭农场则较少。具体而言，在585个有效调查样本中，种植类家庭农场405个，占全部有效总样本的69.23％，其中粮食类家庭农场212个，占全部有效总样本的36.24％。养殖类家庭农场29个，占全部有效总样本的4.96％。种养结合类家庭农场151个，占全部有效总样本的25.81％。

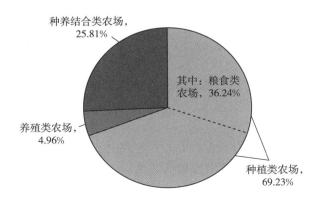

图1-1 2022年家庭农场经营类型占比情况

2022 年对不同县家庭农场经营类型具体划分情况如表 1－2 所示。江苏省 7 个县级市中，种植类农场占比最高的是泗洪县，占比为 79.52％；粮食类农场占比最高的是兴化市，占比为 63.22％；养殖类家庭农场占比最高的是江阴市，占比为 13.92％；种养结合类家庭农场占比最高的是句容市，占比为 38.10％。由此可知，种植类家庭农场、种养结合类家庭农场在江苏不同地区分布较为均衡，而单一养殖类农场在苏北地区较少。

表 1－2　2022 年样本地区按经营范围划分的家庭农场类型

县（市、区）	样本量（个）	种植类农场		其中：粮食类农场		养殖类农场		种养结合类农场	
		数量（个）	占比（％）	数量（个）	占比（％）	数量（个）	占比（％）	数量（个）	占比（％）
全省	585	405	69.23	212	36.24	29	4.96	151	25.81
铜山	84	55	65.48	34	40.48	0	0	29	34.52
泗洪	83	66	79.52	32	38.55	2	2.41	15	18.07
海门	83	64	77.11	12	14.46	7	8.43	12	14.46
兴化	87	62	71.26	55	63.22	5	5.75	20	22.99
江阴	79	57	72.15	21	26.58	11	13.92	11	13.92
句容	84	48	57.14	14	16.67	4	4.76	32	38.10
金湖	85	53	63.35	44	51.76	0	0	32	37.65

注：①粮食类家庭农场是指在种植类农场中种植玉米、小麦、水稻的家庭农场；
　　②粮食类家庭农场占比是指其在总样本农场中所占的比例。

（三）示范家庭农场分布

在 2022 年的全部家庭农场有效样本中，示范农场占有效样本总数的 55.56％，其中，省级示范农场占比为 14.36％，市级示范农场占比为 18.80％，区县级示范农场占比为 22.05％。而在 2020 年的有效调查样本中，示范农场仅占有效样本总数的 42.28％，其中，省级示范农场占比仅为 12.63％，市级示范农场占比仅为 14.03％，区县级示范农场占比仅 15.23％。对比两年的数据可以发现，示范农场占比提高了 13.28％，其中，省级示范农场占比提高了 1.73％，市级示范农场占比提高了 4.77％，区县级示范农场占比仅提高了 6.82％。由此可见，政府对农业的发展潜力和可持续性越来越重视，并将示范家庭农场作为农业发展的重要方向。

各个县级市的各级示范家庭农场占比见表 1－3。从不同县级市分布来看，江阴市的示范农场占比最高，占比为 70.89％。省级示范农场占比最高的是兴化市，占比 22.99％。市级示范农场占比最高的是江阴市，占比 35.44％。区县级示范农场占比最高的是铜山区，占比 35.71％。由以上调查样本可知，示范家庭农场整体在苏南、苏中、苏北的分布较为平均，而省级示范家庭农场在苏南、苏中地区较多，这也反映了苏南、苏中地区在家庭农场业绩表现中起到了一定的示范效应。

表 1 - 3　2022 年样本地区全部家庭农场中示范农场情况

县（市、区）	样本量（个）	示范农场个数（个）	示范农场占比（％）	省级示范农场个数（个）	省级示范农场占比（％）	市级示范农场个数（个）	市级示范农场占比（％）	区县级示范农场个数（个）	区县级示范农场占比（％）
全省	585	325	55.56	84	14.36	110	18.80	129	22.05
铜山	84	44	52.38	7	8.33	7	8.33	30	35.71
泗洪	83	43	51.81	7	8.43	12	14.46	24	28.92
海门	83	22	26.51	8	9.64	5	6.02	9	10.84
兴化	87	53	60.92	20	22.99	20	22.99	11	12.64
江阴	79	56	70.89	14	17.72	28	35.44	14	17.72
句容	84	47	55.95	13	15.48	20	23.81	14	16.67
金湖	85	60	70.59	15	17.65	18	21.18	27	31.76

在种植类家庭农场有效样本中，示范农场占有效样本总数的 51.36％，其中，省级示范农场占比为 12.35％，市级示范农场占比为 17.28％，区县级示范农场占比为 21.48％。在种植类家庭农场有效样本中，各个县级市的各级示范家庭农场占比见表 1 - 4。从不同县级市分布来看种植类家庭农场有效样本，金湖县的示范农场占比最高，占比为 69.81％。省级示范农场占比最高的是兴化市，占比 17.74％。市级示范农场占比最高的是江阴市，占比 35.09％。区县级示范农场占比最高的是铜山区，占比 41.82％。由上可知，种植类示范家庭农场整体在苏南、苏中、苏北的分布较为平均，而省级示范家庭农场在苏南、苏中地区分布明显多于苏北地区。

表 1 - 4　2022 年样本地区种植类家庭农场中示范农场情况

县（市、区）	样本量（个）	示范农场个数（个）	示范农场占比（％）	省级示范农场个数（个）	省级示范农场占比（％）	市级示范农场个数（个）	市级示范农场占比（％）	区县级示范农场个数（个）	区县级示范农场占比（％）
全省	405	208	51.36	50	12.35	70	17.28	87	21.48
铜山	55	30	54.55	3	5.45	4	7.27	23	41.82
泗洪	66	32	48.48	6	9.09	7	10.61	19	28.79

（续）

县（市、区）	样本量（个）	示范农场个数（个）	示范农场占比（%）	省级示范农场个数（个）	省级示范农场占比（%）	市级示范农场个数（个）	市级示范农场占比（%）	区县级示范农场个数（个）	区县级示范农场占比（%）
海门	64	13	20.31	5	7.81	1	1.56	7	10.94
兴化	62	32	51.61	11	17.74	15	24.19	5	8.06
江阴	57	38	66.67	8	14.04	20	35.09	10	17.54
句容	48	26	54.17	8	16.67	10	20.83	8	16.67
金湖	53	37	69.81	9	16.98	13	24.53	15	28.30

在粮食类家庭农场有效样本中，示范农场占有效样本总数的 58.02%，其中，省级示范农场占比 12.26%，市级示范农场占比 18.40%，区县级示范农场占比 26.89%。在粮食类家庭农场有效样本中，各个县级市的各级示范家庭农场占比见表 1-5。从不同县级市分布来看粮食类家庭农场有效样本，江阴市的示范农场占比最高，占比为 71.43%。省级示范农场占比最高的是兴化市，占比 18.18%。市级示范农场占比最高的是句容市，占比 28.57%。区县级示范农场占比最高的是铜山区，占比 47.06%。由上可知，粮食类示范家庭农场在苏南、苏中地区分布较多，而省级示范家庭农场也主要集中在苏南、苏中地区。

表 1-5　2022 年样本地区粮食类家庭农场中示范农场情况

县（市、区）	样本量（个）	示范农场个数（个）	示范农场占比（%）	省级示范农场个数（个）	省级示范农场占比（%）	市级示范农场个数（个）	市级示范农场占比（%）	区县级示范农场个数（个）	区县级示范农场占比（%）
全省	212	123	58.02	26	12.26	39	18.40	57	26.89
铜山	34	20	58.82	1	2.94	3	8.82	16	47.06
泗洪	32	15	46.88	2	6.25	3	9.38	10	31.25
海门	12	4	33.33	2	16.67	0	0.00	2	16.67
兴化	55	29	52.72	10	18.18	13	23.64	5	9.09
江阴	21	15	71.43	3	14.29	5	23.81	7	33.33
句容	14	9	64.29	2	14.29	4	28.57	3	21.43
金湖	44	31	70.45	6	13.64	11	25.00	14	31.82

注：粮食类家庭农场是指在种植类农场中种植玉米、小麦、水稻的家庭农场。

（四）2022 年江苏省各县（市、区）样本农场基本情况小结

本部分考虑从家庭农场的调查样本地区分布、家庭农场经营类型以及示范家庭农场分布 3 个方面来描述样本农场的基本情况，便于准确评估家庭农场的现状与发展潜力，为制定更有效的支持政策和发展策略提供数据支持和理论依据。研究发现：第一，有效样本率达到了 99.32％且样本数的整体分配也较为均衡。与 2020 年的调研结果相比，有效样本率略有下降。第二，从整体来看，家庭农场以种植类家庭农场为主，种养结合类家庭农场次之，单一养殖类家庭农场则较少。另外，种植类家庭农场、种养结合类家庭农场在江苏不同地区分布较为均衡，而单一养殖类农场在苏北地区分布较少。与 2020 年的调研结果相比，各类家庭农场的占比及分布并没有太大变化。第三，示范家庭农场整体在苏南、苏中、苏北的分布较为均衡，而省级示范家庭农场在苏南、苏中地区分布较多。其中，种植类示范家庭农场在苏南、苏中、苏北的分布较为平均，而种植类省级示范家庭农场在苏南、苏中地区分布明显多于苏北地区。同时，粮食类示范家庭农场在苏南、苏中地区分布较多，而粮食类省级示范家庭农场也主要集中在苏南、苏中地区。与 2020 年的调研结果相比，示范农场占有效样本总数的比例从 42.28％提高到了 55.56％。整体来看，本年度调研的示范家庭农场占比出现了积极的趋势，显示了家庭农场在经营模式、合规性和示范作用等方面的积极进步，这为江苏省家庭农场的可持续发展提供了有力的数据支撑。

家庭农场及其经营者基本情况

　　本部分主要从农场主的基本特征、经营特征以及素质特征 3 个方面对家庭农场生产经营者的基本情况与构成进行统计分析。

一、家庭农场主基本特征

　　1. **农场主平均年龄**　2022 年，江苏省家庭农场老龄化程度较高。家庭农场主年龄分布情况见图 2-1，样本家庭农场主的平均年龄为 50.45 岁。其中，40 岁（含）以下的农场主占比 16.44％，41～50 岁的农场主占比 27.23％，51～60 岁的农场主占比 46.58％，61 岁以上的农场主占比 9.76％。整体来说，50 岁以上的农场主占比为 56.34％，说明家庭农场主具有明显的老龄化特征。家庭农场主平均年龄分区县和不同经营类型的统计情况见表 2-1，全省不同地区各县（市、区）家庭农场主的平均年龄均在 50 岁上下，整体来说各地区家庭农场主平均年龄普遍具有老龄化特征，其中金湖县家庭农场主的平均年龄

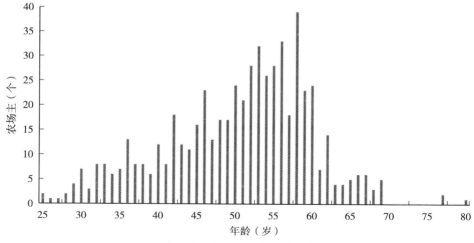

图 2-1　家庭农场主年龄分布

最高，达到 54.66 岁。按家庭农场的不同经营类型分析，各类家庭农场主的平均年龄存在一定差异。其中从事养殖和种养结合的家庭农场主平均年龄相对偏高，而从事种植的家庭农场主年龄相对略低，说明不同年龄段的家庭农场主对不同品种和不同技术等事物的接受和应用水平存在一定差别。

表 2-1 家庭农场主平均年龄

县 （市、区）	样本量 （个）	平均年龄 （岁）	种植类 （岁）	其中：粮食类 （岁）	养殖类 （岁）	种养结合类 （岁）
全省	584	50.45	50.23	50.54	51.28	51.50
铜山	84	47.82	46.05	45.32	—	51.17
泗洪	83	49.30	50.26	51.47	44.00	45.80
海门	83	52.25	51.42	50.25	53.57	55.92
兴化	87	50.54	49.90	50.20	57.00	50.90
江阴	78	49.35	47.79	48.67	51.82	54.82
金湖	85	54.66	55.51	55.98	—	53.25
句容	84	49.07	48.81	48.36	42.25	50.31

注：由于数据缺失，该部分有效样本为 584 户。

2. 农场主受教育程度 2022 年，江苏省家庭农场主普遍受教育程度较好。家庭农场主具体受教育年限的分布状况见图 2-2，没有接受过教育的家庭农场主人数占样本整体比例为 0.85%；最高接受过 1～6 年教育的家庭农场主人数占样本整体比例为 8.72%；最高接受过 7～9 年教育的家庭农场主人数最多，占样本整体比例为 42.74%；最高接受过 10～12 年教育的家庭农场主人数次之，占样本整体比例为 28.55%；最高接受过 13～16 年教育的家庭农场主人数占样本总体比例为 18.29%，接受过 17 年及以上教育的家庭农场主人数占样本整体比例为 0.85%。

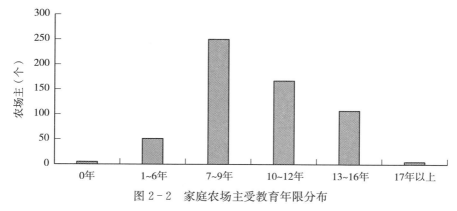

图 2-2 家庭农场主受教育年限分布

　　不同类型的家庭农场主受教育年限结构见表2-2。其中95％以上从事种养结合的家庭农场主接受过7年及以上程度的教育，整体接受教育程度较好。而从事种植的家庭农场主接受7年及以上程度教育的占比低于全省平均水平，说明从事种植的家庭农场主接受教育程度有待进一步提高。特别地，从事养殖的家庭农场主中有6.90％接受过17年及以上程度教育，较为突出。表2-3进一步比较了不同县域家庭农场主受教育年限的结构。其中海门区接受6年及以下程度教育的家庭农场主占比明显高于其他地区，而接受10年及以上程度教育的家庭农场主占比明显低于其他地区，说明海门区的家庭农场主接受教育程度有待提高。整体来说，其他地区中句容市、铜山区和江阴市的家庭农场主接受教育程度相对较高。

表2-2　不同类型家庭农场主受教育年限结构

类型	样本量 （个）	0年 （%）	1～6年 （%）	7～9年 （%）	10～12年 （%）	13～16年 （%）	17年及以上 （%）
全省	585	0.85	8.72	42.74	28.55	18.29	0.85
种植类	405	1.23	11.11	41.23	28.40	17.28	0.74
其中：粮食类	212	1.89	9.91	46.70	27.83	13.68	0.00
养殖类	29	0.00	3.45	48.28	27.59	13.79	6.90
种养结合类	151	0.00	3.31	45.70	29.14	21.85	0.00

表2-3　不同地区家庭农场主受教育年限结构

县 （市、区）	样本量 （个）	0年 （%）	1～6年 （%）	7～9年 （%）	10～12年 （%）	13～16年 （%）	17年及以上 （%）
全省	585	0.85	8.72	42.74	28.55	18.29	0.85
铜山	84	1.19	5.95	41.67	29.76	20.24	1.19
泗洪	83	1.20	10.84	37.35	28.92	21.69	0.00
海门	83	1.20	20.48	46.99	21.69	7.23	2.41
兴化	87	0.00	2.30	55.17	25.29	17.24	0.00
江阴	79	0.00	10.13	40.51	25.32	22.78	1.27
金湖	85	0.00	8.24	40.00	36.47	15.29	0.00
句容	84	2.38	3.57	36.90	32.14	23.81	1.19

二、家庭农场主经营特征

1. 农场主接受培训情况　2022 年，江苏省家庭农场主农业技术教育培训的情况普遍优于接受非农职业教育培训的情况。如表 2 - 4 所示，样本家庭农场中接受过农业技术教育培训的家庭农场主占比为 88.72%，与 2020 年（87.78%）相比有小幅上升。整体来说样本家庭农场主接受农业技术培训的比例较高，但仍然有 11.28% 的家庭农场主表示没有接受过农业技术教育培训。分区县看，其中泗洪县（95.18%）、兴化市（94.25%）、金湖县（91.76%）和铜山区（91.67%）地区的家庭农场主接受农业技术教育培训均超过 90%，且泗洪县农业技术培训比例与 2020 年一样位列第一，这与该地区粮食作物种植的主要经营特征具有密不可分的联系。样本中海门区（69.88%）地区家庭农场主接受农业技术教育培训的比例相对略低，有待进一步加强。此外，样本家庭农场中接受过非农职业教育培训的家庭农场主占比为 56.24%，与 2020 年基本持平。除了海门区（38.55%）以外，其他地区家庭农场主接受非农职业培训教育的比例均明显超过 50%，尤其是泗洪县非农职业教育培训情况（66.27%）相对 2020 年（41.67%）有了显著提升。海门区的家庭农场主接受非农职业技术培训情况相对较低，可能与其主要从事种植类的经营特征有关，针对种植地区政府部门将主要精力用于开展农业技术培训。

表 2 - 4　家庭农场主接受培训情况

县（市、区）	样本量（个）	农业技术教育培训		非农职业教育培训	
		数量（个）	占比（%）	数量（个）	占比（%）
全省	585	519	88.72	329	56.24
铜山	84	77	91.67	53	63.10
泗洪	83	79	95.18	55	66.27
海门	83	58	69.88	32	38.55
兴化	87	82	94.25	54	62.07
江阴	79	70	88.61	43	54.43
金湖	85	78	91.76	46	54.12
句容	84	75	89.29	46	54.76

不同经营类型的家庭农场主接受培训情况见表 2 - 5，其中从事种植的家庭农场主接受农业技术培训教育的比例高于全省平均水平，尤其是从事粮食种植的家庭农场主接受农业技术培训比例超过 90%，说明江苏省对传统种植类

型的农业技术培训机制相对完善。从事种养结合的家庭农场主接受农业技术培训的比例紧随其后，达到87.42%，说明地方政府对于种养结合等新型农业技术的培训较为全面。整体来说，从事养殖的家庭农场主表示接受农业技术培训的占比相对较低，仅有79.31%，但与2020年（63.33%）相比有了明显进步，说明政府部门已经意识到并采取相关措施来加强对养殖类家庭农场主相关农业技术的培训，成效显著。不同经营类型的家庭农场主接受非农技术培训的结果基本持平，均在56%左右，但从事养殖的家庭农场主接受非农技术培训的占比仍然略有落后，但同样比2020年（46.67%）有所进步。综上所述，对于从事养殖类家庭农场主的技术培训应该持续保持关注。

表2-5 不同经营类型家庭农场主接受培训情况

类型	样本量（个）	农业技术教育培训		非农职业教育培训	
		数量（个）	占比（%）	数量（个）	占比（%）
全省	585	519	88.72	329	56.24
种植类	405	364	89.88	226	55.80
其中：粮食类	212	196	92.45	118	55.66
养殖类	29	23	79.31	16	55.17
种养结合类	151	132	87.42	87	57.62

2. 农场主经营经验来源情况 2022年，江苏省家庭农场主主要通过从过往农业经历这一渠道获取经营经验。如表2-6所示，样本家庭农场中通过过往农业经历的方式来获取经营经验的家庭农场主占比为77.99%，其次是通过职业培训（40.83%）的方式，仅有8.49%的家庭农场主从企业管理经历中获取经营经验。除了上述3种方式，还有15.94%的家庭农场主也通过其他渠道获取经营经验，主要包括父辈传授经验、政府组织培训和互联网学习等方式。分区县看，其中铜山区（91.57%）、泗洪县（86.59%）和金湖县（86.59%）地区的家庭农场主从过往农业经历中获取经营经验的比例远超全省的平均值，而江阴市（65.82%）地区的家庭农场主虽然通过该方式的比例略低，但有20.25%的家庭农场主会从企业管理经历中获取经营经验，位列全省第一。除了泗洪县（29.27%）、海门区（35.37%）、句容市（35.37%）和兴化市（37.93%）以外，其他地区家庭农场主通过职业培训获取经营经验的比例均明显超过40%。通过企业管理经历获取经营经验的情况中，泗洪县（2.44%）、金湖县（3.66%）和句容市（4.88%）的比例也明显低于全省平均水平。结果表明，泗洪县的家庭农场主普遍从过往农业经历中获取经营经验，对于其他来源涉及较少。

表 2-6　家庭农场主经营经验来源情况

县 （市、区）	样本量 （个）	过往农业经历 （％）	职业培训 （％）	企业管理经历 （％）	其他 （％）
全省	577	77.99	40.38	8.49	15.94
铜山	83	91.57	56.63	9.64	10.84
泗洪	82	86.59	29.27	2.44	14.63
海门	82	80.49	35.37	9.76	12.20
兴化	87	67.82	37.93	9.20	22.99
江阴	79	65.82	44.30	20.25	15.19
金湖	82	86.59	43.90	3.66	7.32
句容	82	67.07	35.37	4.88	28.05

注：由于数据缺失，该部分有效样本为 577 户。

不同经营类型的家庭农场主经验来源情况如表 2-7 所示，其中从事粮食种植的家庭农场主从过往农业经历获取经验的比例超过 80％，其次是从事种养结合的家庭农场主（79.19％）也超过了全省平均水平。从事养殖的家庭农场主表示通过职业培训获取经营经验的占比相对较低，仅有 31.03％，说明提高对养殖类家庭农场经营的职业培训程度是未来需要加强的方向。整体来说，不同经营类型的家庭农场主很少通过企业管理经历来获取经营经验。

表 2-7　不同经营类型家庭农场主经验来源情况

类型	样本量 （个）	过往农业经历 （％）	职业培训 （％）	企业管理经历 （％）	其他 （％）
全省	577	77.99	40.38	8.49	15.94
种植类	399	77.94	41.10	7.77	17.04
其中：粮食类	209	83.25	36.84	6.70	13.88
养殖类	29	72.41	31.03	10.34	24.14
种养结合类	149	79.19	40.27	10.07	11.41

注：由于数据缺失，该部分有效样本为 577 户。

3. 农场主家庭人口结构情况　2022 年，江苏省家庭农场人口结构中非劳动力人口占比较高。不同地区家庭农场主所在家庭的人口结构情况见表 2-8，其中各类人口结构的数值均表示该类人口在其家庭农场主家庭总人口中所占比例的平均值。样本家庭农场中的非劳动力人口（儿童、少年、上大学子女和老人）整体占比接近 50％，其中老人占比约为 22.06％。分区县看，句容市的老人在家庭人口中占比最高，同时该地区各类人口所占家庭的比例之和均高于全省平均水平，由此可见该地区非劳动力人口占比偏高，且人口老龄化趋势略明显。反之，江阴市家庭农场中各类人口所占家庭的比例之和均明显低于其他地区，尤其是少年和老人的比例，说明该地区劳动力人口占比相对较高。整体来说，句容市（57.77%）非劳动力人口占比相对较高；而江阴市（35.99%）和金湖县（39.79%）非劳动力人口占比相对较低，具有明显的地域性，这可能与不同地区的生育率有关。不同经营类型家庭农场主所在家庭的人口结构情况见表 2-9，各家庭农场人口比例分布较为接近，非劳动力人口占比均超过47%。其中从事养殖的家庭农场主老人在家庭人口中占比最高，同时该地区各类人口所占家庭的比例之和也是最高，由此可见从事养殖的家庭农场非劳动力人口占比偏高。

表 2-8　家庭农场主家庭人口结构情况

县 （市、区）	样本量 （个）	儿童 （%）	少年 （%）	上大学子女 （%）	老人 （%）
全省	583	5.18	14.19	6.41	22.06
铜山	84	6.03	15.04	8.15	21.00
泗洪	83	5.19	19.00	6.63	19.92
海门	83	3.59	13.18	6.95	25.41
兴化	87	6.77	13.73	6.72	23.56
江阴	79	5.15	10.02	7.19	13.63
金湖	85	5.99	11.33	3.06	19.41
句容	82	3.41	16.92	6.26	31.18

注：①儿童指 7 周岁以下；少年指 7～18 周岁；老人指 60 周岁及以上。
　　②由于数据缺失，该部分有效样本为 583 户。

表 2-9　不同经营类型家庭农场主家庭人口结构情况

县 （市、区）	样本量 （个）	儿童 （%）	少年 （%）	上大学子女 （%）	老人 （%）
全省	583	5.18	14.19	6.41	22.06
种植类	404	5.41	13.96	6.74	21.74
其中：粮食类	212	6.04	14.64	5.96	21.64
养殖类	29	5.21	11.10	4.92	27.28
种养结合类	150	4.57	15.40	5.82	21.90

注：①儿童指 7 周岁以下；少年指 7～18 周岁；老人指 60 周岁及以上。
　　②由于数据缺失，该部分有效样本为 583 户。

4. 家庭农场自有劳动力和雇佣劳动力　2022 年，江苏省家庭农场雇佣劳动力主要以短期为主，这可能与大部分农业生产经营具有明显的季节性特征有关。样本中每个家庭农场长期雇佣劳动力的平均人数为 3.18 人，占总雇佣劳动力比例的平均水平为 18.41%，每个家庭农场最多雇佣长期劳动力 60 人，各项数据与 2020 年相比均有小幅下降。每个家庭农场短期雇佣劳动力明显高于长期雇佣劳动力，其平均人数为 40.51 人，占总雇佣劳动力比例的平均水平为 77.83%，每个家庭农场最多雇佣短期劳动力为 3 000 人，短期雇工各项指标均高于 2020 年时。

如表 2 - 10 所示，分区县看，江阴市（5.15 人）和兴化市（4.08 人）长期雇佣劳动力的数量明显高于全省平均值，长期雇佣劳动力比例平均水平分别为 25.06% 和 18.69%，海门区（1.60 人）和铜山区（1.83）长期雇佣劳动力的数量相对较低。铜山区（87.76%）和金湖县（85.95%）短期雇佣劳动力占比平均水平相对较高，而江阴市（68.61%）和海门区（69.28%）短期雇佣劳动力比例平均水平相对较低。此外，金湖县长期雇佣与短期雇佣劳动力平均值的差值处于全省最高水平，且短期雇佣劳动力平均值（119.62 人）和最大值（3 000 人）也位列全省第一，说明金湖县家庭农场主更倾向于周期性雇佣短期劳动力。从不同经营类型家庭农场来看，如表 2 - 11 所示，仅从事种植的家庭农场主长期雇佣劳动力的平均值高于全省平均水平，其长期雇佣劳动力占比平均水平为 17.45%。从事养殖的家庭农场主长期雇佣劳动力的平均占比最高，为 30.53%，但其短期雇佣劳动力的平均占比远低于全省平均水平（77.64%），仅为 59.13%。从事粮食种植的家庭农场主虽然长期雇佣劳动力平均占比相对较低，但其短期雇佣劳动力平均值（65.81 人）和最大值（3 000 人）均位列全省第一。

表 2 - 10　家庭农场主雇佣劳动力情况

县 （市、区）	样本量 （个）	长期雇工			短期雇工		
		平均值 （人）	最大值 （人）	平均占比 （%）	平均值 （人）	最大值 （人）	平均占比 （%）
全省	585	3.18	60	18.41	40.51	3 000	77.83
铜山	84	1.83	10	9.86	22.18	400	87.76
泗洪	83	3.83	50	22.05	62.47	3 000	76.75
海门	83	1.60	10	17.47	16.08	360	69.28
兴化	87	4.08	35	18.69	22.3	680	81.31
江阴	79	5.15	60	25.06	14.7	150	68.61
金湖	85	2.46	21	12.87	119.62	3 000	85.95
句容	84	3.39	18	23.36	24.33	700	74.26

表 2-11　不同经营类型家庭农场主雇佣劳动力情况

县 （市、区）	样本量 （个）	长期雇工			短期雇工		
		平均值 （人）	最大值 （人）	平均占比 （％）	平均值 （人）	最大值 （人）	平均占比 （％）
全省	585	3.18	60	18.70	40.51	3 000	77.64
种植类	405	3.25	60	17.45	43.16	3 000	78.85
其中：粮食类	212	2.61	35	14.36	65.81	3 000	83.28
养殖类	29	2.55	20	30.53	9.76	50	59.13
种养结合类	151	3.13	25	18.67	39.28	700	78.68

三、家庭农场主素质特征

1. 农场主其他就业情况　2022 年，江苏省家庭农场主非农工作收入总额主要集中在 0.1 万～10 万元，极少数家庭农场主有超过 50 万元的非农工作收入，且农场经营是多数家庭农场主的主要经济来源。不同地区家庭农场主非农工作收入分布情况见表 2-12，样本家庭农场中有 62.22％的家庭农场主没有非农工作收入，说明多数家庭农场主以农场经营为主要经济来源。分区县看，铜山区有非农工作收入的家庭农场主占比超过 50％，位列全省第一，表明该地区的家庭农场主通常也会选择其他的工作形式来增加收入。海门区和泗洪县无非农工作收入的农场主占比均超过 70％，远高于全省平均水平。不同经营类型家庭农场主非农工作收入分布情况见表 2-13，其中从事养殖和种植的家庭农场主中无非农工作收入的比例高于全省平均水平，说明从事养殖和种植的家庭农场主以农场经营活动为主业。整体上，不同经营类型的家庭农场主的非农工作收入总额主要集中在 0.1 万～10 万元，其次是 11 万～50 万元，极少数家庭农场主有超过 50 万元的非农工作收入。

表 2-12　不同地区家庭农场主非农工作收入情况

县 （市、区）	样本量 （个）	<0.1 万元 （％）	［0.1 万，10 万）元 （％）	［10 万，50 万）元 （％）	［50 万，100 万）元 （％）	≥100 万元 （％）
全省	585	62.22	25.13	10.26	1.37	1.03
铜山	84	42.86	38.10	15.48	1.19	2.38
泗洪	83	73.49	16.87	7.23	1.20	1.20
海门	83	77.11	18.07	3.61	0.00	1.20
兴化	87	58.62	31.03	10.34	0.00	0.00
江阴	79	69.62	13.92	11.39	5.06	0.00
金湖	85	55.29	32.94	11.76	0.00	0.00
句容	84	59.52	23.81	11.90	2.38	2.38

表 2 - 13　不同经营类型家庭农场主非农工作收入情况

类型	样本量（个）	<0.1万元（%）	[0.1万，10万）元（%）	[10万，50万）元（%）	[50万，100万）元（%）	≥100万元（%）
全省	585	62.22	25.13	10.26	1.37	1.03
种植类	405	63.70	24.69	9.38	1.48	0.74
其中：粮食类	212	57.55	29.72	9.91	1.42	1.42
养殖类	29	65.52	24.14	6.90	3.45	0.00
种养结合类	151	57.62	26.49	13.25	0.66	1.99

2. 农场主兼任情况　2022 年，江苏省家庭农场主兼任合作社理事长的比例较低。如表 2 - 14 所示，样本家庭农场主兼任合作社理事长的比例为30.60%。分区县看，不同县（市、区）家庭农场主对于兼任合作社理事长具有一定的差异，其中金湖县（41.18%）和兴化市（37.93%）家庭农场主对于兼任合作社理事长比例相对较高，而海门区（20.48%）和泗洪县（22.89%）明显低于全省平均水平，其他地区相对接近全省平均水平。

表 2 - 14　家庭农场主兼任情况

县（市、区）	样本量（个）	合作社理事长数量（个）	占比（%）
全省	585	179	30.60
铜山	84	25	29.76
泗洪	83	19	22.89
海门	83	17	20.48
兴化	87	33	37.93
江阴	79	25	31.65
金湖	85	35	41.18
句容	84	25	29.76

3. 家庭农场主金融素养情况　对于家庭农场主金融素养的调查，问卷中分别针对不同角度的考查内容具体设置以下相关金融问题："假设您现在有100 元，银行年利率是 4%，五年定期本息合计多少钱？""假设您现在有 100元，现在银行年利率是 5%，通货膨胀率每年 3%，这 100 元存入银行一年后，买到的东西和现在相比是怎样？""您是否认为单独买一只股票比买一只股票基金风险更大？""您是否认为一般而言，种植（经营）多种农作物比种植（经营）一种农作物风险更小？""您平常对经济、金融方面的信息关注程度如何？"

"您自己觉得您的金融知识水平在本村处于何种水平？"。以上问题均设置了不同选项，采用打分制统计调查结果。

家庭农场主金融素养情况具体通过对调查问卷设计的 6 个相关问题进行因子分析可以获得。在全省 585 个有效调查样本中，对所有数据进行因子分析，得到样本数据的 KMO 检验为 0.71，说明变量之间存在相关性。Bartlett 球形检验的概率为 0.00，小于显著性水平。综上，样本数据符合因子分析的要求。对样本数据通过主成分分析进行因子提取，得到解释总方差，如表 2-15 所示，据此可知应该提取 4 个因子解释变量的总方差，这 4 个因子的累积贡献率为 80.82%，此时得到成分得分系数矩阵及权重见表 2-16，其中 X1～X6 分别表示调查问卷所设计的 6 个相关问题。根据因子分析模型，可进一步得到各问题的权重，如表 2-15 所示，据此可以计算每个家庭农场主金融素养得分，整理后得到了全省和各个县（市、区）家庭农场主金融素养情况。

表 2-15　解释总方差

成分	初始特征值			提取载荷平方和		
	合计	方差的占比（%）	累计占比（%）	合计	方差的占比（%）	累计占比（%）
F1	2.11	35.10	35.10	2.11	35.10	35.10
F2	1.01	16.90	52.01	1.01	16.90	52.01
F3	0.92	15.34	67.34	0.92	15.34	67.34
F4	0.81	13.47	80.82	0.81	13.47	80.82
F5	0.72	11.92	92.73	—	—	—
F6	0.44	7.27	100.00	—	—	—

表 2-16　成分得分系数矩阵及权重

问题	成分				权重
	F1	F2	F3	F4	
X1	−0.10	−0.06	0.99	0.02	0.18
X2	−0.16	1.01	−0.07	−0.02	0.18
X3	0.53	−0.17	−0.24	−0.09	0.09
X4	−0.05	−0.02	0.02	1.00	0.19
X5	0.48	−0.16	0.06	0.04	0.17
X6	0.37	0.12	0.05	−0.03	0.18

2022 年，江苏省家庭农场主对于金融知识的了解和关注程度相对较低。

如表 2-17 所示，通过调查样本的因子分析，最终确定全省家庭农场主平均得分为 1.82。由于问题选项设置次序的影响，得分越低则对应家庭农场主金融素养越高，理论上最高金融素养水平对应的得分为 0.44，最低金融素养水平对应的得分为 2.66，中等金融素养水平对应的得分为 1.79，因此全省家庭农场主金融素养水平整体偏低。分区县看，江阴市（1.64）地区家庭农场主的金融素养处于中等水平，其他地区农场主金融素养水平相对偏低，其中海门区（1.95）地区家庭农场主的金融素养水平仍然具有较大的提升空间。从不同经营类型家庭农场主金融素养情况来看，如表 2-18 所示，从事养殖（1.68）的家庭农场主金融素养水平相对较好，而从事种植（1.84）的家庭农场主金融素养水平偏低，尤其是从事传统粮食种植的家庭农场主，这可能与不同生产类型的经营特征有关。

表 2-17 家庭农场主金融素养情况

县（市、区）	样本量（个）	加权得分		排序
		平均值	标准差	
全省	585	1.82	0.46	——
铜山	84	1.78	0.38	3
泗洪	83	1.88	0.48	4
海门	83	1.95	0.49	7
兴化	87	1.90	0.43	6
江阴	79	1.64	0.50	1
金湖	85	1.88	0.43	4
句容	84	1.69	0.46	2

表 2-18 不同经营类型家庭农场主金融素养情况

县（市、区）	样本量（个）	加权得分		排序
		平均值	标准差	
全省	585	1.82	0.46	——
种植类	405	1.84	0.46	3
其中：粮食类	212	1.88	0.46	4
养殖类	29	1.68	0.49	1
种养结合类	151	1.78	0.47	2

四、小结

（一）江苏省家庭农场主在年龄结构上呈现老龄化趋势，但受教育程度普遍良好

2022 年，江苏省家庭农场主老龄化程度较高，样本家庭农场主的平均年龄为 50.45 岁，且 51～60 岁的农场主占比最大。分区县来看，金湖县家庭农场主的平均年龄最高，达到 54.66 岁；分不同经营类型来看，从事养殖和种养结合的家庭农场主平均年龄也相对偏高。

江苏省家庭农场主超过 90％接受过 7 年以上教育，普遍受教育程度较高。其中接受过 7～9 年教育的家庭农场主人数最多，占比 42.74％。分区县来看，句容市、铜山区和江阴市的家庭农场主接受教育程度相对较高，海门区还有待提高；分不同经营类型来看，95％以上从事种养结合的家庭农场主接受过 7 年及以上程度的教育，但从事种植的家庭农场主接受 7 年及以上程度教育的比例低于全省平均水平。

（二）江苏家庭农场主普遍接受过农业技术教育培训，在实践中主要依靠过往的农业经验来经营，但家庭结构中非劳动力人口占比较高，倾向于雇佣短期劳动力

2022 年，江苏省家庭农场主接受过农业技术教育培训的比例为 88.72％，普遍优于接受非农职业教育培训的情况。分区县来看，泗洪县和兴化市家庭农场主接受农业技术教育培训的比例较大，但海门区明显低于全省平均水平；分不同经营类型来看，从事种植，尤其是从事粮食种植的家庭农场主接受农业技术培训比例最高，但从事养殖类的家庭农场主技术培训仍然需要进一步提高。

江苏省家庭农场主主要通过从过往农业经历这一渠道获取经营经验，占比为 77.99％，其次是通过职业培训方式，少有通过企业管理经历来获取经营经验。分区县来看，铜山区尤为明显，超过 90％的家庭农场主依赖过往农业经历，此外，江阴市有 20.25％的家庭农场主会从企业管理经历中获取经营经验。

江苏省家庭农场人口结构中非劳动力人口占比较高。分区县来看，句容市的非劳动力人口占比相对较高，而江阴市和金湖县的非劳动力人口占比相对较低。因此，除了自有劳动力，家庭农场存在雇佣劳动力的现象，且主要以短期为主。每个家庭农场长期雇佣劳动力的平均人数为 3.18 人，短期雇佣劳动力为 40.51 人。分区县来看，江阴市和海门区长短期雇佣劳动力的差距相对较小，金湖县二者差距最大。

（三）江苏省家庭农场主以农场经营为主要经济来源，兼任合作社理事长的比例较低，并且金融素养水平相对较低

2022年，江苏省家庭农场主拥有非农工作收入的比例不足40%，且非农工作收入总额主要集中在0.1万～10万元，普遍以农场经营为主要经济来源。分区县来看，铜山区有非农工作收入的家庭农场主比例超过50%，而海门区和泗洪县均不足30%。并且，江苏省家庭农场主兼任合作社理事长的比例较低，仅为30.60%。

江苏省家庭农场主对于金融知识的了解和关注程度相对较低。分区县来看，仅有江阴市家庭农场主的金融素养接近中等水平，而海门区家庭农场主的金融素养水平仍然具有较大的提升空间。分不同经营类型来看，从事种植，尤其是从事传统粮食种植的家庭农场主金融素养水平偏低。

第三章 CHAPTER 3

家庭农场土地经营及流转情况

　　家庭农场土地经营与利用情况有效样本在各部分略有差异，原因主要有两个：一是数据缺失；二是部分数据异常，因难以判断其异常原因，在相应部分将这些异常值删除处理，例如，土地经营面积填写 0 亩①，明显不合理，做删除处理。

一、家庭农场土地经营规模

（一）家庭农场土地经营规模总体情况

　　1. **整体情况**　2022 年，560 个样本家庭农场的平均土地经营面积为 347.09 亩，较 2020 年（268.69 亩）提高 29.18%；最小经营面积为 0.5 亩，最大经营面积为 4 000 亩（表 3-1），与 2020 年情况类似（分别为 0.7 亩、4 100 亩）。从家庭农场数量占比看，多数家庭农场的土地经营面积在 10～400 亩，这个区间内的农场数占比达 68.04%，但是其经营面积仅占 32.39%；经营面积低于 10 亩和高于 1 000 亩的家庭农场都较少（分别为 4.11% 和 5.18%）。从经营面积占比看，土地经营规模在 100～800 亩的家庭农场占比多，这个区间内家庭农场的经营面积占比达到 59.2%；100 亩以下家庭农场数占比为 13.93%，但是经营面积占比仅为 4.36%。整体而言，家庭农场规模化经营的特征明显。

　　2. **分类型情况**　按经营类型来看（表 3-2），种植类家庭农场数量最多（393 个）、平均土地经营面积较大（353.53 亩）；养殖家庭农场数量最少（24 个）、平均土地经营面积最小（119.70 亩），该类家庭农场的最大土地经营面积也最小（335 亩）；种养结合类家庭农场数量较多（143 个）、平均土地经营面积最大（367.57 亩）。表 3-3 进一步比较了不通过县域家庭农场土地经营面积的情况，其中淮安金湖县家庭农场的平均土地经营面积最大，镇江句容市

---

　　①　亩为非法定计量单位。1 亩＝1/15 公顷。

家庭农场的平均土地经营面积最小，宿迁泗洪县家庭农场土地经营面积的离散程度最大。整体来看，徐州铜山区、宿迁泗洪县、泰州兴化市、淮安金湖县家庭农场的平均土地经营面积相对较大。

表 3－1　2022 年全部家庭农场的土地经营面积分布

规模分组（亩）	有效样本			经营面积				
	样本量（个）	占比（％）	累计占比（％）	平均值（亩）	占比（％）	累计占比（％）	最小值（亩）	最大值（亩）
≤10	23	4.11	4.11	6.49	0.08	0.08	0.5	10
(10，50]	70	12.50	16.61	34.81	1.25	1.33	15	50
(50，100]	78	13.93	30.54	75.41	3.03	4.36	52	100
(100，200]	106	18.93	49.46	150.28	8.20	12.55	102.68	200
(200，300]	68	12.14	61.61	264.46	9.25	21.80	202	300
(300，400]	59	10.54	72.14	351.12	10.66	32.46	302	400
(400，500]	47	8.39	80.54	463.31	11.20	43.66	400.5	500
(500，600]	24	4.29	84.82	561.72	6.94	50.60	502	600
(600，700]	17	3.04	87.86	664.35	5.81	56.41	603	700
(700，800]	18	3.21	91.07	770.49	7.14	63.55	720	800
(800，900]	10	1.79	92.86	860.30	4.43	67.97	803	900
(900，1 000]	11	1.96	94.82	985.91	5.58	73.55	930	1 000
>1 000	29	5.18	100.00	1 772.69	26.45	100.00	1 050	4 000

表 3－2　2022 年按经营类型划分的家庭农场土地经营面积情况

类型	样本量（个）	平均值（亩）	最小值（亩）	最大值（亩）
合计	560	347.09	0.5	4 000
种植类	393	353.53	3	3 040
养殖类	24	119.70	0.5	335
种养结合类	143	367.57	4	4 000

表3-3　2022年分区域的家庭农场土地经营面积情况

县 （市、区）	样本量 （个）	平均值 （亩）	标准差	最小值 （亩）	最大值 （亩）
全省	560	347.09	433.66	0.5	4 000
铜山	83	349.22	327.36	10	2 018
泗洪	81	438.45	671.47	10	4 000
海门	80	222.19	303.38	0.5	1 700
兴化	84	429.64	377.52	6	2 200
江阴	74	297.32	421.11	5	2 300
句容	73	167.59	212.27	7	1 220
金湖	85	491.43	465.17	50	2 400

（二）粮食类家庭农场土地经营规模情况

212个粮食类家庭农场的平均土地经营面积为520.13，如表3-4所示，与2020年相比，平均土地经营面积提高38.20%。粮食类家庭农场中，土地经营面积在100～800亩的家庭农场占比达77.36%，经营土地面积占比达56.47%。土地经营面积在1 000亩以上的家庭农场数仅占9.43%，但是其土地经营面积占比高达29.91%。尽管土地经营面积在100亩以下的粮食类家庭农场占比为6.13%，但是其经营的土地面积仅占0.88%。分区县看（表3-5），无锡江阴市粮食类家庭农场的平均土地经营面积最大，镇江句容市粮食类家庭农场的平均土地经营面积最小，无锡江阴市粮食类家庭农场土地经营面积的离散程度最大。整体来看，南通海门区、无锡江阴市、淮安金湖县粮食类家庭农场的平均土地经营面积相对较高。

表3-4　2022年粮食类家庭农场的土地经营面积分布

规模分组 （亩）	有效样本			经营面积				
	样本量 （个）	占比 （%）	累计占比 （%）	平均值 （亩）	占比 （%）	累计占比 （%）	最小值 （亩）	最大值 （亩）
≤10	0	0.00	0.00	0.00	0.00	0.00	—	—
(10, 50]	4	1.89	1.89	47.50	0.17	0.17	40	50
(50, 100]	9	4.25	6.13	86.11	0.70	0.88	55	100
(100, 200]	37	17.45	23.58	155.55	5.22	6.09	103	200
(200, 300]	30	14.15	37.74	257.66	7.01	13.10	203	300

（续）

规模分组 （亩）	有效样本			经营面积				
	样本量 （个）	占比 （%）	累计占比 （%）	平均值 （亩）	占比 （%）	累计占比 （%）	最小值 （亩）	最大值 （亩）
（300，400]	30	14.15	51.89	346.69	9.43	22.54	302	400
（400，500]	30	14.15	66.04	467.33	12.71	35.25	400.5	500
（500，600]	15	7.08	73.11	565.49	7.69	42.94	506.5	600
（600，700]	10	4.72	77.83	673.30	6.11	49.05	603	700
（700，800]	12	5.66	83.49	762.25	8.30	57.35	720	800
（800，900]	6	2.83	86.32	863.00	4.70	62.04	803	900
（900，1 000]	9	4.25	90.57	985.56	8.04	70.09	930	1 000
＞1 000	20	9.43	100.00	1 649.30	29.91	100.00	1 050	3 040

表 3 - 5　2022 年分区域的粮食类家庭农场土地经营面积情况

县 （市、区）	样本量 （个）	平均值 （亩）	标准差	最小值 （亩）	最大值 （亩）
全省	212	520.13	464.22	40	3 040
铜山	34	431.92	420.42	50	2 018
泗洪	32	495.78	574.54	89	3 040
海门	12	671.56	493.81	300	1 700
兴化	54	481.86	381.33	40	2 200
江阴	21	729.99	575.49	100	2 300
句容	15	374.67	313.36	55	1 220
金湖	44	561.09	459.08	50	2 280

二、家庭农场土地细碎化情况

（一）家庭农场土地细碎化总体情况

家庭农场经营土地的细碎化程度仍然比较严重，每个家庭农场平均有 13.46 块地，平均每块地 82.74 亩（表 3 - 6），但是与 2020 年平均每块地 74.97 亩相比，地块平均面积提高了 10.36%，土地细碎化程度有所缓解。从表 3 - 6 还可以看出，家庭农场的地块平均面积随着土地经营面积的增加而增加。土地经营面积在 10 亩以下的家庭农场，其地块平均面积最小，只有 3.99

亩；土地经营面积在 1 000 亩以上家庭农场的地块平均面积最大，为 339.16 亩。可见，虽然在总规模上，家庭农场已经实现了适度规模经营，但是具体到地块层面，仍然是比较小的经营规模。这表明高标准农田建设、土地整理和连片流转经营工作仍需继续深入推进。表 3-7 进一步比较了不同县域家庭农场土地细碎化情况，淮安金湖县家庭农场的地块平均数最多（21.05 块），徐州铜山区家庭农场的地块平均数最少（6.81 块），无锡江阴市家庭农场的地块平均面积最大（127.89 亩），南通海门区家庭农场的地块平均面积最小（34.44 亩）。

表 3-6 2022 年家庭农场的土地细碎化情况

规模分组（亩）	样本量（个）	地块平均数（块）	地块平均面积（亩）	地块平均面积最小值（亩）	地块平均面积最大值（亩）
≤10	22	2.23	3.99	0.50	10.00
(10，50]	70	4.16	18.43	1.82	50.00
(50，100]	78	6.12	38.48	2.00	100.00
(100，200]	106	8.47	69.39	1.68	200.00
(200，300]	66	7.95	96.83	3.75	300.00
(300，400]	57	19.30	71.65	2.01	400.00
(400，500]	46	21.93	92.47	2.25	490.00
(500，600]	22	33.18	100.81	2.00	600.00
(600，700]	16	13.56	169.41	11.67	684.00
(700，800]	17	36.06	62.12	5.33	266.67
(800，900]	10	26.00	190.38	10.00	875.00
(900，1 000]	11	31.00	166.69	6.53	1 000.00
>1 000	27	32.11	339.16	5.83	2 100.00

表 3-7 2020 年分区域的家庭农场的土地细碎化情况

县（市、区）	样本量（个）	地块平均数（块）	地块平均面积（亩）	地块平均面积最小值（亩）	地块平均面积最大值（亩）
全省	548	13.46	82.74	0.50	2 100.00
铜山	83	6.81	77.48	1.25	672.67
泗洪	81	9.00	117.81	2.50	875.00
海门	80	13.90	34.44	0.50	255.00
兴化	80	14.39	77.50	2.00	557.50
江阴	70	13.29	127.89	2.01	1 800.00
句容	71	16.10	34.67	1.68	320.00
金湖	83	21.05	108.43	2.94	2 100.00

（二）粮食类家庭农场土地细碎化情况

粮食类家庭农场中，地块信息完整的样本有 203 个（表 3-8），其中，没有家庭农场的土地经营规模低于 10 亩。粮食类家庭农场平均地块数为 19.02 块，地块平均面积为 118.88 亩，高于各类家庭农场的地块平均面积（82.74 亩）。从表 3-8 还可以看出，粮食类家庭农场的地块平均面积随着土地经营面积的增加而增加。表 3-9 进一步比较了不同县域粮食类家庭农场土地细碎化情况，镇江句容市粮食类家庭农场的地块平均数最多（40.21 块），徐州铜山区家庭农场的地块平均数最少（7.32 块），无锡江阴市家庭农场的地块平均面积最大（268.97 亩），镇江句容市家庭农场的地块平均面积最小（39.21）。地块平均面积最大值为 2 100 亩，位于淮安金湖县；地块平均面积最小值为 1.68 亩，位于镇江句容市。

表 3-8　2022 年粮食类家庭农场的土地细碎化情况

规模分组（亩）	样本量（个）	地块平均数（块）	地块平均面积（亩）	地块平均面积最小值（亩）	地块平均面积最大值（亩）
≤10	0	—	—	—	—
(10, 50]	4	5.00	28.27	3.08	50.00
(50, 100]	9	12.33	28.70	2.25	100.00
(100, 200]	37	5.35	77.15	1.68	200.00
(200, 300]	28	9.89	82.62	3.75	300.00
(300, 400]	28	21.82	87.98	2.01	400.00
(400, 500]	29	20.28	100.38	2.94	490.00
(500, 600]	14	40.21	86.94	2.00	300.00
(600, 700]	9	12.44	176.44	11.67	650.00
(700, 800]	12	27.58	55.04	15.00	266.67
(800, 900]	6	22.67	237.49	14.17	875.00
(900, 1 000]	9	30.00	196.36	6.53	1 000.00
>1 000	18	35.78	364.53	5.83	2 100.00

表 3－9　2022 年分区域的粮食类家庭农场的土地细碎化情况

县 （市、区）	样本量 （个）	地块平均数 （块）	地块平均面积 （亩）	地块平均面积 最小值（亩）	地块平均面积 最大值（亩）
全省	203	19.02	118.88	1.68	2 100.00
铜山	34	7.32	92.28	22.22	672.67
泗洪	32	7.78	144.71	12.71	875.00
海门	12	18.92	62.49	15.00	200.75
兴化	50	16.56	82.91	2.00	530.00
江阴	18	33.11	268.97	2.01	1 800.00
句容	14	40.21	39.21	1.68	226.67
金湖	43	26.72	141.37	2.94	2 100.00

三、家庭农场土地来源构成

（一）家庭农场土地来源构成总体情况

整体来看（表 3－10），家庭农场有 88.46％的经营土地是通过转入获得，与 2020 年的 77.35％相比，提高了 11.11％。家庭农场转入土地面积的最大值是 3 040 亩，土地经营规模在 10 亩以上的家庭农场转入农户土地面积占比均超过六成。可见，转入土地已经成为家庭农场最主要的经营土地来源。见表 3－11 进一步分析各县域家庭农场土地来源构成，其中，转入土地平均面积最大的为淮安金湖县，为 482.71 亩；转入土地平均面积最小的为镇江句容市，为 134.86 亩。转入土地平均占比最大的为淮安金湖县，占比达 96.60％；转入土地平均占比最小的为宿迁泗洪县，占比为 70.65％。

表 3－10　2022 年家庭农场转入土地情况

规模分组 （亩）	有效样本			转入土地面积			
	样本量 （个）	占比 （％）	累计占比 （％）	平均值 （亩）	占经营面积比例 （％）	最小值 （亩）	最大值 （亩）
≤10	23	4.11	4.11	4.22	53.04	0	10
(10, 50]	70	12.52	16.64	29.63	82.10	0	50
(50, 100]	78	13.95	30.59	66.80	88.13	0	100
(100, 200]	106	18.96	49.55	135.44	89.87	0	200
(200, 300]	67	11.99	61.54	249.56	94.60	0	300

（续）

规模分组（亩）	有效样本			转入土地面积			
	样本量（个）	占比（%）	累计占比（%）	平均值（亩）	占经营面积比例（%）	最小值（亩）	最大值（亩）
(300，400]	59	10.55	72.09	324.30	92.20	0	400
(400，500]	47	8.41	80.50	427.28	92.31	0	500
(500，600]	24	4.29	84.79	510.72	91.05	0	600
(600，700]	17	3.04	87.84	582.01	87.66	0	700
(700，800]	18	3.22	91.06	727.09	94.56	400	800
(800，900]	10	1.79	92.84	769.50	89.90	0	900
(900，1 000]	11	1.97	94.81	894.55	90.63	0	1 000
>1 000	29	5.19	100.00	1 589.48	92.88	0	3 040

表 3-11　2022 年家庭农场转入土地分区域情况

县（市、区）	样本量（个）	转入土地平均面积（亩）	转入土地平均占比（%）
全省	559	315.82	88.46
铜山	83	338.80	95.54
泗洪	81	303.00	70.65
海门	80	215.00	85.37
兴化	83	411.27	93.53
江阴	74	292.84	95.10
句容	73	134.86	81.63
金湖	85	482.71	96.60

（二）粮食类家庭农场土地来源构成总体情况

211 个粮食类家庭农场样本经营的土地有 91.47% 是通过转入获得的（表 3-12），家庭农场转入土地面积的最大值是 3 040 亩，粮食类家庭农场没有转入土地面积低于 10 亩的样本，土地经营规模 10 亩以上家庭农场转入农户土地面积占比均超过八成。可见，转入土地是粮食类家庭农场最主要的经营土地来源。见表 3-13 进一步分析了各县域粮食类家庭农场土地来源构成，转入土地平均面积最大的为无锡江阴市，为 720.23 亩；转入土地平均面积最小的为镇江句容市，为 258.57 亩；转入土地平均占比最大的为南通海门区，占比达 99.80％；转入土地平均占比最小的为宿迁泗洪县，占比为 73.98％。

表 3－12　2022 年粮食类家庭农场转入土地情况

规模分组（亩）	有效样本			转入土地面积			
	样本量（个）	占比（％）	累计占比（％）	平均值（亩）	占经营面积比例（％）	最小值（亩）	最大值（亩）
≤10	0	0.00	0	—	—	—	—
(10，50]	4	1.90	1.90	43.90	92.38	36.6	50
(50，100]	9	4.27	6.16	70.50	83.81	0	93
(100，200]	37	17.54	23.70	139.78	88.50	0	200
(200，300]	29	13.74	37.44	235.40	91.73	0	300
(300，400]	30	14.22	51.66	329.29	94.97	0	400
(400，500]	30	14.22	65.88	428.02	91.90	0	500
(500，600]	15	7.11	72.99	490.82	86.87	0	600
(600，700]	10	4.74	77.73	603.86	89.35	0	700
(700，800]	12	5.69	83.41	726.01	95.45	400	800
(800，900]	6	2.84	86.26	711.67	83.17	0	900
(900，1 000]	9	4.27	90.52	983.11	99.75	930	1 000
＞1 000	20	9.48	100.00	1 586.21	94.80	20	3 040

表 3－13　2022 年粮食类家庭农场转入土地分区域情况

县（市、区）	样本量（个）	转入土地平均面积（亩）	转入土地平均占比（％）
全省	211	485.70	91.47
铜山	34	412.24	95.29
泗洪	32	391.19	73.98
海门	12	670.73	99.80
兴化	53	467.27	95.71
江阴	21	720.23	94.24
句容	15	258.57	84.36
金湖	44	548.44	94.94

四、家庭农场转入土地特征

(一) 转入土地面积情况

从561个家庭农场单个流转合约的转入土地面积来看 (表3-14)，单个流转合约的流转面积仍然以小面积为主，且以10~50亩居多，占比达30.37%，其次为50~100亩和100~200亩分别占比为22.56%、17.23%。单个流转合约流转土地在100亩以下的占比达到67.67%，91.65%的流转合约流转土地面积在300亩以下。

表 3-14　2022 年家庭农场转入土地面积情况

规模分组 (亩)	样本量 (个)	占比 (%)	累计占比 (%)	平均值 (亩)	最小值 (亩)	最大值 (亩)
≤10	83	14.74	14.74	6.10	0.5	10
(10, 50]	171	30.37	45.12	30.03	10.5	50
(50, 100]	127	22.56	67.67	77.15	51	100
(100, 200]	97	17.23	84.90	147.24	105	200
(200, 300]	38	6.75	91.65	255.07	203	300
(300, 400]	15	2.66	94.32	353.93	317	400
(400, 500]	10	1.78	96.09	461.15	400.5	500
(500, 600]	5	0.89	96.98	556.00	525	600
(600, 700]	5	0.89	97.87	661.20	642	684
(700, 800]	3	0.53	98.40	777.33	752	800
(800, 900]	2	0.36	98.76	887.50	875	900
(900, 1 000]	1	0.18	98.93	1 000.00	1 000	1 000
>1 000	6	1.07	100.00	1 665.33	1 100	2 100

(二) 转入土地类型情况

样本家庭农场转入土地类型以耕地为主 (表3-15)。563个样本中，转入耕地的样本为463个，占比达82.24%；其次是园地，有59个样本，占比10.48%；养殖水面和其他类型样本数分别为24和17，占比分别为4.26%和3.02%。

表 3－15　2022 年家庭农场转入土地类型情况

土地类型	样本量（个）	占比（%）	累计占比（%）
耕地	463	82.24	82.24
园地	59	10.48	92.72
养殖水面	24	4.26	96.98
其他	17	3.02	100.00
合计	563	100.00	—

五、家庭农场土地流转合约特征

（一）流转方式

1. **整体情况**　从 562 个家庭农场转入土地来源看（表 3－16），口头契约仍然占有一定比例，含口头契约特征的土地流转契约占比仍有 7.47%。转入土地来源以村内为主，占比达 90.75%，其中，28.65% 的流转合约是在本村民小组内缔结。来自外村的土地占比较少，只有 9.25%，其中，与外村农户缔结的契约有 11 笔，占比 1.96%；与外村村委会签订书面协议的契约有 13 笔，占比 2.31%。此外，与其他主体缔结的契约有 28 笔，占比 5%。值得注意的是，农场与村组集体签订协议的比例较高，其中，农场与本村村民小组签订书面协议 43 笔，占 7.65%；农场与本村村委会签订书面协议的流转合约 216 笔，占比高达 38.43%；农场与外村村委会签订书面协议 13 笔，占比 2.31%。

表 3－16　2022 年家庭农场转入土地流转方式

转入土地来源与流转方式	频数	百分比（%）
农场与本村民小组农户达成口头协议	15	2.67
农场与本村其他农户达成口头协议	24	4.27
农场与本村民小组农户签订书面协议	91	16.19
农场与本村农户签订书面协议	104	18.51
农场与本村村民小组签订书面协议	43	7.65
农场与本村村委会签订书面协议	216	38.43
农场与外村农户签订书面协议	11	1.96
农场与外村村委会签订书面协议	13	2.31
其他	28	5
如上两种或两种以上转入土地来源与流转方式	17	3.02
合计	562	100

2. 粮食类家庭农场情况　从 208 个粮食类家庭农场转入地块来源看（表 3－17），口头契约仍然占有一定比例，含口头契约特征的土地流转契约占比仍有 5.29％。转入土地来源仍然以村内为主，占比达 89.9％，其中，31.24％的流转合约是在本村民小组内缔结。来自外村的土地占比较少，只有10.1％，其中，与外村农户缔结的契约有 4 笔，占比 1.92％；与外村村委会签订书面协议的契约有 3 笔，占比 1.44％。此外，与其他主体缔结的契约有14 笔，占比 6.73％。值得注意的是，与全样本相比，粮食类农场与村组集体签订协议的比例略低，其中，农场与本村村民小组签订书面协议 12 笔，占5.77％；农场与本村村委会签订书面协议的流转合约 79 笔，占比为 37.98％；农场与外村村委会签订书面协议 3 笔，占比 1.44％。

表 3－17　2022 年粮食类家庭农场土地来源与流转方式

转入土地来源与流转方式	频数	百分比（％）
农场与本村民小组农户达成口头协议	3	1.44
农场与本村其他农户达成口头协议	8	3.85
农场与本村民小组农户签订书面协议	44	21.15
农场与本村农户签订书面协议	35	16.83
农场与本村村民小组签订书面协议	12	5.77
农场与本村村委会签订书面协议	79	37.98
农场与外村农户签订书面协议	4	1.92
农场与外村村委会签订书面协议	3	1.44
其他	14	6.73
如上两种或两种以上转入土地来源与流转方式	6	2.88
合计	208	100

（二）流转土地租金

1. 整体情况　家庭农场转入土地租金的区域差异明显（表 3－18）。镇江句容市家庭农场转入土地租金均值最低，为 686.32 元/亩，从租金的标准差可以看出其租金的离散程度大小。泰州兴化市家庭农场转入土地租金的均值最高，为 1 023.14 元/亩，从租金的标准差可以看出，其租金的离散程度较小。镇江句容市和无锡江阴市家庭农场转入土地租金的最大值分别达到了 8 000 元/亩和 2 000 元/亩。

整体看来，家庭农场转入土地租金的平均值为 900.30 元/亩，家庭农场转入土地存在零租金的情况。徐州铜山区、宿迁泗洪县、泰州兴化市和淮安金湖县家庭农场土地租金的离散程度较小，南通海门区、无锡江阴市和镇江句容市家庭农场转入土地租金的离散程度较大。

表 3 - 18　2022 年家庭农场土地流转租金情况

县 （市、区）	样本量 （个）	平均值 （元/亩）	标准差	最小值 （元/亩）	最大值 （元/亩）
全省	563	900.30	428.53	0	8 000
铜山	84	1 007.75	162.35	100	1 500
泗洪	77	841.90	182.34	300	1 233
海门	75	862.33	198.07	300	1 350
兴化	86	1 023.14	161.48	500	1 460
江阴	77	886.14	271.44	0	2 000
句容	79	686.32	1 001.16	0	8 000
金湖	85	967.94	186.67	100	1 300

2. **粮食类家庭农场情况**　从表 3 - 19 可以看出，粮食类家庭农场转入土地租金的区域差异明显。镇江句容市粮食类家庭农场转入土地租金均值最低，为 460.71 元/亩，从租金的标准差可以看出，其租金的离散程度较小。泰州兴化市粮食类家庭农场转入土地租金的均值最高，为 1 024.63 元/亩，从租金的标准差可以看出，其租金的离散程度较大。泰州兴化市和徐州铜山区粮食类家庭农场转入土地租金的最大值分别达到了 1 460 元/亩和 1 300 元/亩。

整体看来，粮食类家庭农场转入土地租金的平均值为 921.08 元/亩，粮食类家庭农场转入土地不存在零租金的情况。徐州铜山区、宿迁泗洪县和无锡江阴市粮食类家庭农场土地租金的离散程度较小，南通海门区、泰州兴化市、镇江句容市和淮安金湖县粮食类家庭农场转入土地租金的离散程度较大。

表 3 - 19　2022 年粮食类家庭农场土地流转租金情况

县 （市、区）	样本量 （个）	平均值 （元/亩）	标准差	最小值 （元/亩）	最大值 （元/亩）
全省	208	921.08	195.43	200	1 460
铜山	34	1 011.77	85.33	800	1 300
泗洪	30	929.83	85.73	800	1 095
海门	12	872.92	143.60	650	1 150
兴化	54	1 024.63	160.09	500	1 460
江阴	20	742.50	101.35	500	900
句容	14	460.71	121.18	200	650
金湖	44	958.75	146.66	530	1 250

（三）流转土地租期

1. **整体情况**　在剔除无固定期限等特殊情况样本后，流转土地租期有效样本为 552 个（表 3－20），流转土地平均租期为 8.86，较 2020 年的 10.31 年减少 1.45 年，流转土地租期最小值为 1 年，最大值为 70 年。分区县看，镇江句容市家庭农场转入土地租期均值最大（13.49 年）；淮安金湖县家庭农场转入土地租期均值最小（5.52 年）。整体而言，徐州铜山区、无锡江阴市、镇江句容市家庭农场转入土地的租期均值高于整体均值。

表 3－20　2022 年家庭农场流转土地租期情况

县 （市、区）	样本量 （个）	平均值 （年）	标准差	最小值 （年）	最大值 （年）
全省	552	8.86	6.35	1	70
铜山	82	10.66	5.00	3	30
泗洪	76	8.80	4.10	1	24
海门	75	7.17	4.62	1	28
兴化	85	7.32	7.35	2	70
江阴	76	9.46	6.32	1	30
句容	75	13.49	8.96	1	50
金湖	83	5.52	2.83	1	13

2. 粮食类家庭农场情况　粮食类家庭农场流转土地租期有效样本 204 个（表 3－21），流转土地平均租期为 6.97 年，流转土地租期最小值为 1 年，最大值为 20 年。分区县看，宿迁泗洪县粮食类家庭农场流转土地租期均值最大（9.50 年）；淮安金湖县粮食类家庭农场转入土地租期均值最小（4.99 年）。徐州铜山区、宿迁泗洪县、镇江句容市粮食类家庭农场流转土地的租期均值高于整体均值。

表 3－21　2022 年粮食类家庭农场流转土地租期情况

县 （市、区）	样本量 （个）	平均值 （年）	标准差	最小值 （年）	最大值 （年）
全省	204	6.97	3.64	1	20
铜山	34	8.76	3.07	3	18
泗洪	30	9.50	3.07	4	15
海门	12	6.58	2.81	3	10
兴化	53	6.30	2.54	2	15
江阴	19	5.79	5.34	1	15
句容	13	7.77	5.26	1	20
金湖	43	4.99	2.68	1	13

（四）续租情况

1. **整体情况** 样本家庭农场流转土地续租的比例为 87.48%（表 3-22）。分区县看，无锡江阴市家庭农场流转土地续租的比例最高（100.00%）；镇江句容市家庭农场流转土地续租的比例最低（64.56%）。徐州铜山区、宿迁泗洪县、南通海门区、无锡江阴市、淮安金湖县家庭农场流转土地续租的比例均值高于整体均值。

表 3-22　2022 年家庭农场流转土地续租情况

县（市、区）	样本量（个）	平均值（%）
全省	559	87.48
铜山	84	92.86
泗洪	77	93.51
海门	75	88.00
兴化	84	84.52
江阴	77	100.00
句容	79	64.56
金湖	83	89.16

2. **粮食类家庭农场情况** 样本粮食类家庭农场流转土地续租的比例为 89.32%（表 3-23）。分区县看，南通海门区、无锡江阴市粮食类家庭农场流转土地续租的比例最高（100.00%），镇江句容市粮食类家庭农场流转土地续租的比例最低（64.29%）。徐州铜山区、宿迁泗洪县、南通海门区、无锡江阴市、淮安金湖县粮食类家庭农场流转土地续租的比例均值高于整体均值。

表 3-23　2022 年粮食类家庭农场流转土地续租情况

县（市、区）	样本量（个）	平均值（%）
全省	206	89.32
铜山	34	91.18
泗洪	30	90.00
海门	12	100.00
兴化	53	86.79
江阴	20	100.00
句容	14	64.29
金湖	43	90.70

（五）租金形成方式

1. **整体情况**　样本家庭农场流转土地租金与粮价挂钩的比例为 11.19%（表 3-24）。分区县看，无锡江阴市家庭农场流转土地租金与粮价挂钩的比例最高（19.48%），镇江句容市家庭农场流转土地租金与粮价挂钩的比例最低（2.53%）。宿迁泗洪县、泰州兴化市、无锡江阴市、淮安金湖县家庭农场流转土地租金与粮价挂钩的比例均值高于整体均值。

表 3-24　2022 年家庭农场租金形成方式情况

县（市、区）	样本量（个）	与粮价挂钩（%）	不与粮价挂钩（%）
全省	563	11.19	88.81
铜山	84	8.33	91.67
泗洪	77	16.88	83.12
海门	75	5.33	94.67
兴化	86	11.63	88.37
江阴	77	19.48	80.52
句容	79	2.53	97.47
金湖	85	14.12	85.88

2. **粮食类家庭农场情况**　样本粮食类家庭农场流转土地租金与粮价挂钩的比例为 13.94%（表 3-25）。分区县看，无锡江阴市粮食类家庭农场流转土地租金与粮价挂钩的比例最高（30.00%），镇江句容市粮食类家庭农场流转土地租金与粮价挂钩的比例最低（0.00%）。宿迁泗洪县、无锡江阴市、淮安金湖县粮食类家庭农场流转土地租金与粮价挂钩的比例均值高于整体均值，分别为 16.67%、30.00%、15.91%。

表 3-25　2022 年粮食类家庭农场租金形成方式情况

县（市、区）	样本量（个）	与粮价挂钩（%）	不与粮价挂钩（%）
全省	208	13.94	86.06
铜山	34	8.82	91.18
泗洪	30	16.67	83.33
海门	12	8.33	91.67
兴化	54	12.96	87.04
江阴	20	30.00	70.00
句容	14	0.00	100.00
金湖	44	15.91	84.09

六、设施农业用地情况

（一）设施农业用地总体情况

样本家庭农场设施农业用地面积平均为 13.41 亩，最小值为 0 亩，最大值为 400 亩（表 3 - 26）。分区县看，南通海门区家庭农场设施农业用地面积最大（21.90 亩），淮安金湖县家庭农场设施农业用地面积最小（6.98 亩）。宿迁泗洪县、南通海门区、无锡江阴市、镇江句容市家庭农场设施农业用地面积均值高于整体均值，分别为 14.35 亩、21.90 亩、14.48 亩、15.74 亩。

表 3 - 26　2022 年家庭农场设施农业用地情况

县（市、区）	样本量（个）	平均值（亩）	标准差	最小值（亩）	最大值（亩）
全省	548	13.41	37.74	0	400
铜山	83	11.38	29.72	0	200
泗洪	80	14.35	30.33	0	138
海门	82	21.90	52.01	0	360
兴化	84	9.95	51.85	0	400
江阴	62	14.48	31.12	0	155
句容	72	15.74	22.50	0	103
金湖	85	6.98	31.87	0	220

（二）粮食类家庭农场设施农业用地情况

样本粮食类家庭农场设施农业用地面积平均为 2.04 亩，最小值为 0 亩，最大值为 220 亩（表 3 - 27）。分区县看，淮安金湖县粮食类家庭农业用地面积最大（6.30 亩）；无锡江阴市粮食类家庭农场设施农业用地面积最小（0 亩）。宿迁泗洪县、镇江句容市、淮安金湖县粮食类家庭农场设施农业用地面积均值高于整体均值，分别为 2.87 亩、2.23 亩、6.30 亩。

表 3 - 27　2022 年粮食类家庭农场设施农业用地情况

县（市、区）	样本量（个）	平均值（亩）	标准差	最小值（亩）	最大值（亩）
全省	209	2.04	16.81	0	220
铜山	33	0.45	1.92	0	10
泗洪	31	2.87	15.98	0	89

（续）

县 （市、区）	样本量 （个）	平均值 （亩）	标准差	最小值 （亩）	最大值 （亩）
海门	12	1.08	3.75	0	13
兴化	55	0.03	0.20	0	1.5
江阴	20	0.00	0.00	0	0
句容	14	2.23	8.00	0	30
金湖	44	6.30	33.69	0	220

七、小结

（一）土地经营规模较为适度，土地细碎化仍然比较严重

样本家庭农场平均土地经营面积为 347.09 亩，从经营规模来看，已经实现了适度规模经营，但是平均每户家庭农场拥有 13.46 块地，平均每块地的面积只有 82.74 亩，虽然较 2020 年的地块平均面积（74.97 亩）有所提高，但是在地块层面仍然是较小规模的经营。

地块分散的不利影响体现在 3 个方面：①增加了农场主和农户的土地流转交易成本；②使得机械作业难度增加，进而降低了耕作效率；③地块分散增加了家庭农场主管理土地的时间成本等，进而限制了家庭农场主扩大经营规模。如上因素无形中抵消了规模经营带来的规模效益，使得家庭农场仍然无法实现最优的规模化经营。

（二）经营流转土地为主，土地流转半径较小

从表 3-16 可以看出，家庭农场高达 90.75% 的土地流转契约发生在本村内，这说明土地流转半径仍然比较小，这一方面不利于土地流转市场发育；另一方面，在正式制度不断完善、政府对农地流转市场的服务措施日益丰富和规范的背景下，家庭农场仍然倾向于从本村流转土地，说明农地流转市场可能存在某些非正式因素制约了农地流转市场交易半径的扩大。

（三）土地流转交易缔约方式多样，仍有部分口头契约

家庭农场土地流转交易缔约以书面协议为主，但是仍有部分口头协议（7.47%）。口头协议方式流转的土地可能存在两方面潜在问题：一方面，在土地预期收益提高、土地流转纠纷逐年提高的背景下，口头协议可能更有意引发纠纷或纠纷发生后不易协调；另一方面，口头协议流入土地可能影响家庭农场

主购买农业保险和获得贷款，进而损害家庭农场主利益。

（四）土地流转价格过高，影响家庭农场经营稳定性

过高的土地流转价格直接增加了家庭农场的生产成本，降低了经营利润，也将势必影响家庭农场开展农业规模化生产的积极性。课题组调研发现，家庭农场主 2022 年经营状况较好，每亩地的纯收入在 100～300 元，但是遇到自然灾害或市场行情不好时，每亩地的纯收入不足 100 元甚至亏本。现在土地租金连年上涨（2022 年平均每亩租金较 2020 年上涨 8.77％），利润空间越来越小，给家庭农场主带来很大压力，从而影响了家庭农场从事粮食生产的积极性。

（五）租约期限短，阻碍农业生产效率提升

课题组调研发现，家庭农场流转土地租约期限有变短的趋势，从而不利于农业生产效率提升。调研数据显示，2022 年样本家庭农场土地流转的平均租约期限为 8.86 年，较 2020 年减少 1.45 年。调查还发现，兴化市近几年的土地流转的期限多为 6 年，超过期限就需要重新签约，这导致农场主不敢投入资金改良土壤或扩大种植规模。可以说，土地经营权流转期限的约束从总体上降低了农业综合生产效率，这进一步说明流转期限延长的重要性。

八、政策建议

针对家庭农场土地经营和流转方面存在的问题，结合调研实际情况，提出如下建议。

（一）开展土地整理，推进土地连片

农业机械化必须依靠连片土地才能产生效益，所以要实现规模经营需要推进土地连片。解决土地分散、细碎化困境的基础工作是土地整理，因此，地方政府应该积极筹措资金，推动土地整理以实现土地连片；因地制宜、因势利导地通过合理布局，完善产业布局；加强农田基础设施建设，提升土地质量，为土地流转创造有利条件。此外，在宣传土地流转过程中，要充分利用广播、电视等媒介，努力宣传土地流转政策，逐步消除农户不愿出让土地的事情发生，为实现规模经营、促进农业增产增收创造机会。

（二）加强服务管理，促进土地流转市场发育

建设土地流转有形市场是实现规范化流转和扩大交易半径的必要条件。建设农村土地流转有形市场可有效减少农地流转交易成本、扩大农地流转交易半

径。因此，各地需要在现有基础上，继续加快建立规范化的土地流转有形市场。

此外，政府需要制定统一的规范合同模板，辅以专业人士指导，保证农户可在专业人士指导下签署规范的法律文件，从而使土地流入方有更稳定的土地流转预期，进而更愿意到村外，甚至跨区域经营土地，从而实现更优的要素资源配置。同时，各基层干部须积极引导农民签署规范化合约，强化其责任及权利意识，让农户明白规范化流转可有效化解农地流转纠纷，切实保护其权益。

（三）完善和落实扶持政策，降低家庭农场主经营风险

政府在家庭农场经营过程中扮演着重要角色，有效推进家庭农场的稳定发展必然离不开政府的扶持。一方面，政府需完善落实相关扶持政策，采用以奖代补的方式，对登记注册的家庭农场发展特色农业、设施农业、土地流转等给予补贴，为参与流转的家庭农场提供积极的信贷支持，从而提高家庭农场的直接收益；另一方面，要进一步提高现有农业保险的理赔额度，并扩大收入保险的覆盖面，从而降低家庭农场的经营风险。

（四）突出土地经营者主体地位，鼓励土地长期流转

2014年底，中共中央办公厅、国务院办公厅印发《关于引导农村土地经营权有序流转发展农业适度规模经营的意见》，提出土地所有权、承包权、经营权"三权分置"的要求，并强调了流转农户的经营权，此后，多份中央政策文件进一步保障了土地经营者的土地经营权益。为进一步稳定家庭农场主的农业生产积极性，需进一步突出家庭农场在农业经营中的主体地位，切实维护其经营权益。

近年来，受土地预期价格上涨的影响，发包方（即村委会和村民等）都大幅缩短土地流转年限。为提升农业生产效率，实现规模经营，各级政府一方面要鼓励村委会等发包方主动延长流转年限；另一方面，作为土地经营者的家庭农场主应利用好优先续期权，与土地流出方洽谈土地价格，以期获得长期经营权，以便更好地开发利用土地。

家庭农场生产经营情况

一、家庭农场种植养殖结构分布

（一）家庭农场种植养殖结构分布

2022 年，江苏省家庭农场多种经营类型并存，种植养殖种类丰富。在多种家庭农场经营类型方面，种植类家庭农场、养殖类家庭农场和种养结合类家庭农场并存。在种植养殖种类方面，家庭农场种植养殖种类情况见表 4 - 1，种植类家庭农场种植种类在 1～6 种，平均种植作物种类为 2.21 种；养殖类家庭农场种植种类在 1～4 种，平均种植作物种类为 2.01 种；种养结合类家庭农场专业化程度较高，养殖种类在 1～5 种，平均养殖种类为 1.47 种，其中，种养结合类家庭农场养殖种类数量占比情况见图 4 - 1，养殖两种及以上动物占比达 29%。这表明，江苏省的家庭农场在经营上呈现出多样性和丰富性，种植与养殖相互结合，形成了复合型的经营模式，为当地农业经济的发展提供了多元化的支撑。

表 4 - 1　2022 年各县（市、区）家庭农场种植养殖种类情况

县（市、区）	样本量（个）	种植类农场作物种类数			养殖类农场作物种类数			种养结合类养殖种类数		
		平均值	最小值	最大值	平均值	最小值	最大值	平均值	最小值	最大值
全省	585	2.21	1	6	2.01	1	4	1.47	1	5
铜山	84	2.69	1	6	2.00	1	3	1.21	1	3
泗洪	83	2.53	1	6	2.06	2	3	1.07	1	2
海门	83	2.28	1	5	2.17	2	3	1.25	1	3
兴化	87	2.02	1	4	2.00	2	2	1.50	1	3
江阴	79	1.77	1	5	1.95	2	2	1.55	1	3
句容	84	1.94	1	5	1.93	2	2	1.97	1	5
金湖	85	2.21	1	6	2	2	2	1.44	1	4

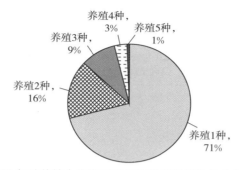

图 4-1　2022 年种养结合类家庭农场按养殖种类数量分组的农场分布

（二）粮食类家庭农场种植养殖结构分布

2022 年，江苏省各区县粮食类家庭农场种植种类丰富，地区差异不明显。家庭农场种植面积及作物种类情况见表 4-2，粮食类家庭农场平均种植面积约 1 008.20 亩，平均种植作物种类为 2.01 种，各区县之间在平均种植作物种类上的差异不是很明显，这可能反映了该地区农业生产的相对均衡性。

2022 年，江苏省粮食类家庭农场的专业化程度相对高于种植类家庭农场。各类家庭农场种植作物种类占比情况见图 4-2，样本粮食类家庭农场种植种类丰富，且种植 2 种及以上种类作物的农场占比为 98.00%，高于种植类家庭农场的 82.00%。由于粮食类家庭农场主要种植水稻、小麦和玉米这 3 种主要粮食作物，而种植类家庭农场可以种植的作物类型相对丰富，种植 5 种及以上种类作物的农场占比为 6.00%，因此，粮食类家庭农场的专业化程度相对高于种植类家庭农场。

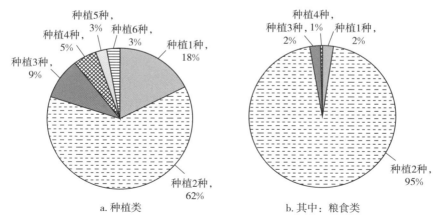

a. 种植类　　　　　　　　　b. 其中：粮食类

图 4-2　2022 年种植不同数量作物种类的农场占比

表 4-2　2022 年各县（市、区）家庭农场种植面积及作物种类情况

县 （市、区）	全部农场			粮食类农场		
	样本量 （个）	平均种植面积 （亩）	平均农场作物 种类数（个）	样本量 （个）	平均种植面积 （亩）	平均农场作物 种类数（个）
全省	585	606.56	2.21	212	1 008.20	2.01
铜山	84	2 220.81	2.69	34	746.79	2.00
泗洪	83	310.04	2.53	32	952.99	2.06
海门	83	579.94	2.28	12	1 271.78	2.17
兴化	87	11.01	2.02	55	1 002.97	2.00
江阴	79	139.56	1.77	21	1 373.79	1.95
句容	84	58.39	1.94	14	729.21	1.93
金湖	85	912.17	2.21	44	1 099.27	2.00

二、家庭农场农产品销售情况

（一）家庭农场农产品销售总体情况

2022 年，江苏省家庭农场农产品销售渠道多元，线上销售仍需发展。家庭农场中农产品销售渠道占比情况见图 4-3，采用洽谈方式销售农产品的样本家庭农场占比达到 90.43％，通过线下订单销售和线上销售的样本家庭农场的比例分别为 19.32％、15.38％，其中线上包括微商、线上直播平台、淘宝、其他线上销售渠道和拼多多销售，占比分别为 7.86％、3.25％、2.05％、1.71％、0.51％。随着互联网技术的发展和普及，农业领域也逐渐采用"互联网＋农业"的发展模式，以适应未来农业的趋势。为了帮助农户解决销售难

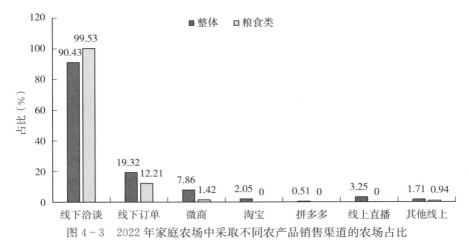

图 4-3　2022 年家庭农场中采取不同农产品销售渠道的农场占比

题，国家深入实施"数商兴农""快递进村"和"互联网＋"农产品出村进城等工程，推动农产品线上销售的发展以及促进农民增收。然而，农村地区的基础设施建设不完善以及农产品的物流配送体系相对滞后，农产品的运输效率和产品品质难以得到有效保障，制约着线上销售的发展。同时相对于城市居民，部分农场主缺乏电商意识和相关技能，很难理解和操作线上销售平台，这对于推广线上销售形式也造成了不小的影响。

2022 年，江苏省家庭农场订单农业参与率有待提高。订单农业销售，即家庭农场预先与个人、农民合作社或者农业龙头企业签订农产品销售合同，这种合作模式利用合同约束力和市场需求预测等手段，实现农产品生产和销售的精准对接。各类家庭农场采取订单农业销售渠道占比情况见表 4－3，总体来看，江苏省采取订单农业销售渠道销售农产品的家庭农场仅占比 19.32％，仍存在提升空间。其中，句容市采取订单农业销售渠道的家庭农场占比高于其他地区。可能的原因是：句容市供销合作总社依托便民超市、茅山人家等社会平台，通过展示展销会、公益助农直播、年货大集等活动，帮助本地农民销售农产品。同时句容市打造乡村农副产品展销中心，发展"线上＋线下＋直线送达"的新型购销模式，构建销售服务体系，打造地方特色品牌，比如当地的特产"野鸡红"桃子。

表 4－3　2022 年各县（市、区）家庭农场中采取订单农业销售渠道的农场数量及占比

县 （市、区）	全部农场			粮食类农场		
	样本量 （个）	采取订单农业销售 渠道的样本数（个）	占比 （％）	样本量 （个）	采取订单农业销售 渠道的样本数（个）	占比 （％）
全省	585	113	19.32	212	26	12.21
铜山	84	17	20.24	34	6	17.65
泗洪	83	13	15.66	32	1	3.16
海门	83	17	20.48	12	2	16.67
兴化	87	13	14.94	55	4	7.27
江阴	79	15	18.99	21	2	9.52
句容	84	24	28.57	14	5	35.71
金湖	85	14	16.47	44	4	0.91

（二）粮食类家庭农场农产品销售情况

2022 年，江苏省粮食类家庭农场在农产品销售方面主要倾向于传统的线下销售方式，而线上销售渠道的应用率相对较低。其中，粮食类家庭农场中农产品销售渠道占比情况见图 4－3，采用洽谈方式销售农产品的样本家庭农场占比达到 99.53%，相比之下，仅有极少数（约 2.36%）家庭农场选择线上销售渠道，而通过线下订单销售的家庭农场占比为 12.21%。和家庭农场整体销售情况相比，粮食类家庭农场几乎都是采用线下洽谈的销售渠道，通过线上销售的家庭农场占比非常少。这一数据呈现出明显的趋势：粮食类家庭农场普遍更偏好传统的面对面洽谈方式，而对于在线上销售的采用率较低。这或许反映了一些现实挑战，例如线上销售平台的推广程度、农产品线上交易的可行性，以及消费者对于线上购物的接受度等因素。然而，随着数字化技术的普及和农产品电商的发展，粮食类家庭农场或许可以逐渐探索线上销售的潜力，并寻求更多发展机遇。

三、家庭农场信息化发展情况

（一）家庭农场信息化发展总体情况

2022 年，江苏省家庭农场农业信息化基本设施建设较为完善，主要通过网络交流获取有关经营方面的信息。家庭农场农业基础设施建设情况见表 4-4，在农业信息化基础设施建设方面，样本家庭农场中安装农业生产相关的信息设备及软件系统的农场占比为 55.90%，使用在线农技信息或农技专家咨询服务的农场占比为 41.03%。其中，海门区安装农业生产相关的信息设备及软件系统的家庭农场占比明显低于其他地区，铜山区和江阴市农业基础设施建设水平相对较高。在网络交流经营信息方面，家庭农场线上渠道使用情况见表 4-5，样本家庭农场中使用线上交流渠道的家庭农场占比均在 60%～80%，表明家庭农场主要通过网络交流获取有关经营方面的信息。

表 4-4　2022 年各县（市、区）家庭农场安装农业生产相关的信息设备及软件系统占比及使用在线农技信息或农技专家咨询服务的农场占比

县（市、区）	样本量（个）	安装农业生产相关的信息设备及软件系统		使用在线农技信息或农技专家咨询服务	
		数量（个）	占比（%）	数量（个）	占比（%）
全省	585	327	55.90	240	41.03
铜山	84	65	77.38	34	40.48
泗洪	83	33	39.76	37	44.58
海门	83	31	37.35	22	26.51
兴化	87	40	45.98	40	45.98
江阴	79	61	77.22	38	48.10
句容	84	56	66.67	40	47.62
金湖	85	41	48.24	29	34.12

表 4 - 5　2022 年各县（市、区）全部家庭农场使用线上交流渠道的农场占比

县（市、区）	样本量（个）	使用线上交流渠道的农场	
		数量（个）	占比（%）
全省	585	416	71.11
铜山	84	63	75.00
泗洪	83	52	62.65
海门	83	58	69.88
兴化	87	59	67.82
江阴	79	60	75.95
句容	84	61	72.62
金湖	85	63	74.12

2022 年，微信和 QQ 群作为主要交流渠道在江苏省家庭农场中占据主导地位。家庭农场线上交流渠道占比情况见图 4 - 4，样本家庭农场中使用微信和 QQ 群进行线上交流的家庭农场占比最高，约为 69%。使用 APP 进行线上交流的家庭农场占比为 22%，使用网站和论坛进行线上交流的占比为 8%，而使用其他渠道进行线上交流的农场占比较少，仅为 1%。这显示了微信和 QQ 在家庭农场交流中的普遍性和便捷性，可能是因为这两个平台的用户基数庞大，功能丰富，易于使用，并且可以满足家庭农场主之间的即时交流和信息分享需求。

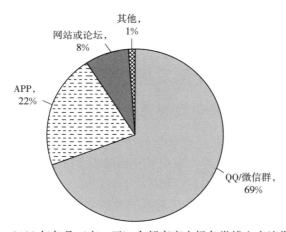

图 4 - 4　2022 年各县（市、区）全部家庭农场各类线上交流渠道占比

（二）粮食类家庭农场信息化发展情况

2022 年，江苏省粮食类家庭农场农业信息化基本设施建设较为完善。在农业信息化基本设施建设方面，粮食类家庭农场农业信息化基本设施建设情况

见表 4-6，样本粮食类家庭农场中安装农业生产相关的信息设备及软件系统的农场占比 47.17％，使用在线农技信息或农技专家咨询服务的农场占比为 41.04％。其中，江阴市和句容市在安装农业生产相关的信息设备及软件系统的家庭农场占比以及在线农技信息或农技专家咨询服务的农场占比均高于全省平均水平。这些数据表明，江苏省粮食类家庭农场利用现代科技手段提高生产效率和农业管理水平的意识正在增强，较为完善的农业信息化基本设施建设为提高粮食生产质量和效益提供了良好的技术支持和保障。

表 4-6　2022 年各县（市、区）粮食类家庭农场安装农业生产相关的信息设备及软件系统占比及使用在线农技信息或农技专家咨询服务的农场占比

县（市、区）	粮食类家庭农场数（个）	安装农业生产相关的信息设备及软件系统		使用在线农技信息或农技专家咨询服务	
		数量（个）	占比（％）	数量（个）	占比（％）
全省	212	100	47.17	87	41.04
铜山	34	27	79.41	14	41.18
泗洪	32	10	31.25	10	31.25
海门	12	4	33.33	4	33.33
兴化	55	22	40.00	23	41.82
江阴	21	13	61.90	12	57.14
句容	14	7	50.00	8	57.14
金湖	44	17	38.64	16	36.36

四、家庭农场机械化发展情况

（一）家庭农场机械化发展总体情况

2022 年，江苏省家庭农场机械化发展水平日益提高，机械化设备数量持续递增，机械化结构不断改进。在机械化设备数量方面，江苏省家庭农场的总体农机拥有率较高，在样本家庭农场中，有 77.95％的家庭农场至少拥有 1 台农机；在机械化结构方面，家庭农场不同种类农机平均数量见图 4-5，拖拉机是家庭农场最常见的农机，平均拥有数量最多；其次是旋耕机和插秧机，这些农机主要用于土地的耕作和种植作物的种植；收割机和脱粒机的平均拥有数量相对较高，反映了家庭农场在收获和加工环节的机械化水平较高；植保机、烘干机、果/茶树修剪机和果园管理机等辅助性农机的平均拥有数量相对较低，但也有一定数量的配置，这些农机主要用于农作物的保护、加工和管理，为农业生产提供了必要的支持。

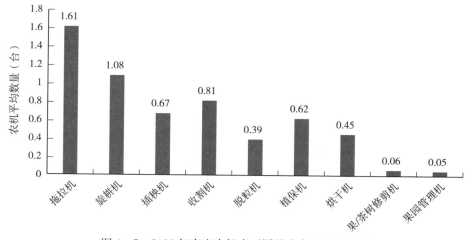

图 4-5　2022 年家庭农场中不同种类农机平均数量

2022 年，江苏省家庭农场正在向规模化和专业化经营进一步迈进。各类家庭农场平均每个农场拥有农机数量见表 4-7，样本家庭农场平均农机拥有量都在 3 台以上，这归功于江苏省始终高度重视农业机械化发展水平，不断加强对农机的补贴力度，省内各地不断加强购机补贴政策实施的组织领导，完善风险防控机制。2019 年 7 月 21 日江苏省人民政府颁布《省政府关于加快农业机械化和农机装备产业转型升级的实施意见》，提出要坚持改革创新，着力打造江苏特色农机装备产业，形成现代农业机械化率先发展新格局。2021 年江苏省农业农村厅印发《江苏省农业生产全程全面机械化推进行动实施方案》和《江苏省农机装备智能化绿色化提升行动实施方案》，明确"两大行动"是"十四五"农机化发展的重中之重，为全省"基本实现农业机械化"勾画了时间表和路线图。

表 4-7　2022 年各县（市、区）全部家庭农场平均每个农场拥有农机数量

县 （市、区）	全部农场		粮食类农场	
	样本量（个）	平均农机数量（台）	样本量（个）	平均农机数量（台）
全省	585	6.13	212	5.85
铜山	84	7.31	34	7.35
泗洪	83	4.95	32	4.75
海门	83	3.27	12	7.92
兴化	87	8.76	55	9.67
江阴	79	7.33	21	16.62
句容	84	5.68	14	13.87
金湖	85	5.22	44	6.59

（二）粮食类家庭农场机械化发展情况

2022年，江苏省粮食类家庭农场总体农机拥有率较高。粮食类家庭农场平均每个农场拥有农机数量见表4-7，样本粮食类家庭农场平均农机拥有量5.85台，其中，江阴市粮食类家庭农场平均拥有16.62台农机，是平均拥有农机数量最多的县（市、区），而泗洪县粮食类家庭农场平均拥有农机数量相对较少。高农机拥有率反映了农民对现代农业生产技术的认可和采纳，同时也反映了政府对农机化发展的支持力度。农机化的发展有助于提高农业生产效率，减轻劳动强度，提升农产品质量和产量。因此，可以得出结论，江苏省粮食类家庭农场总体农机拥有率较高，为推动农业现代化进程提供了有力支持。

五、家庭农场绿色生产情况

（一）家庭农场绿色生产总体情况

2022年，江苏省家庭农场绿色生产水平有待提高。在家庭农场农产品资质认证方面，2022年，江苏省家庭农场绿色生产水平有待提高，在全省585个样本中，仅有113个家庭农场农产品通过了资质认证。家庭农场农产品各认证类型占比情况见图4-6，在样本家庭农场中有，有47%的家庭农场农产品通过了绿色食品认证，有29%的家庭农场农产品通过了无公害农产品认证，有13%的家庭农场农产品通过了有机食品认证，最后，仅有11%的家庭农场的农产品获得了农产品地理标志。

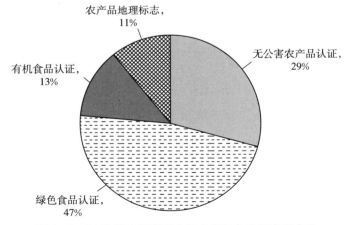

图4-6　2022年全部家庭农场农产品各认证类型占比

2022年，江苏省绿色农机使用率有待提高。家庭农场绿色农机使用情况见表4-8，在全省585个样本家庭农场中，只有约30.60％家庭农场使用了绿色农机。其中，绿色农机是指采用清洁能源、绿色节能技术、环保材料等思路，通过技术手段降低能耗、减少污染、提高效率的农机装备。此外，江苏省各区县家庭农场绿色农机使用率存在差异性显著。江阴市和句容市使用率都达到了45％以上，遥遥领先于其他区县；泗洪县绿色农机使用率只有16.87％，机械化水平有待提高。这些数据表明江苏省不同区县在农业现代化进程中的差异，需要采取相应措施促进绿色农机在农业生产中的广泛应用。

表4-8　2022年各县（市、区）全部家庭农场使用绿色农机情况

县（市、区）	样本量（个）	使用绿色农机样本数（个）	占比（％）
全省	585	179	30.60
铜山	84	26	30.95
泗洪	83	14	16.87
海门	83	24	28.92
兴化	87	18	20.69
江阴	79	38	48.10
句容	84	40	47.62
金湖	85	19	22.35

（二）粮食类家庭农场绿色生产情况

2022年，江苏省粮食类家庭农场绿色生产水平不高。在粮食类家庭农场农产品资质认证方面，粮食类家庭农场农产品通过任一认证的只有23个，仅占粮食类家庭农场总样本数约10.85％。从粮食类家庭农场农产品通过的各认证类型来看，粮食类家庭农场农产品各认证类型占比情况见图4-7，通过绿色食品认证的粮食类家庭农场占比最高，达到了48％，通过无公害农产品认证的家庭农场占比26％，通过农产品地理标志的家庭农场占比16％，通过有机农产品认证的家庭农场相对较少，仅占10％；在粮食类家庭农场绿色农机使用率方面，江苏省粮食类家庭农场绿色农机使用率也低于全样本水平。粮食类样本家庭农场中，粮食类家庭农场绿色农机使用情况见表4-9，使用绿色农机的家庭农场有46个，只占了粮食类家庭农场的21.70％。分区县看，2022年，江苏省各区县粮食类家庭农场绿色农机使用率差异性显著。海门区粮食类家庭农场绿色农机使用率明显高于其他地区，遥遥领先；而泗洪县绿色农机使用率远低于其他地区，绿色农机使用率有待提高。

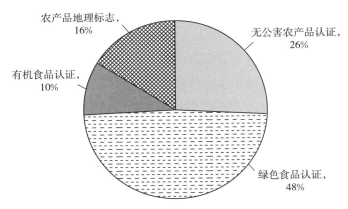

图 4 - 7　2022 年全省粮食类家庭农场农产品各认证类型占比

表 4 - 9　2022 年各县（市、区）粮食类家庭农场使用绿色农机情况

县（市、区）	样本量（个）	使用绿色农机样本量（个）	占比（％）
全省	212	46	21.70
铜山	34	6	17.65
泗洪	32	3	9.38
海门	12	6	50.00
兴化	55	11	20.00
江阴	21	8	25.81
句容	14	3	21.43
金湖	44	9	20.45

六、家庭农场产业融合情况

（一）家庭农场产业融合总体情况

2022 年，江苏省家庭农场产业融合发展势头良好，开展产业融合主体占比适中。家庭农场从事新业态经营情况见表 4 - 10，从事新业态经营的样本家庭农场有 152 个，占样本总数约 25.98％，表明有相当数量的家庭农场正在积极开展产业融合，涉足新的经营领域。这种趋势表明，农民对于拓展农业产业链、增加附加值的意识日益增强。适度的产业融合有助于提升农业产业链的完整性和竞争力，促进农业经济的多元化发展。因此，可以得出结论，江苏省家庭农场产业融合为农业经济的转型升级提供了有力支撑。

表4-10　2022年各县（市、区）家庭农场从事新业态经营情况

县 （市、区）	全部农场			粮食类农场		
	样本量 （个）	新业态经营样本量 （个）	占比 （%）	样本量 （个）	新业态经营样本量 （个）	占比 （%）
全省	585	152	25.98	212	38	17.92
铜山	84	33	39.29	34	11	32.35
泗洪	83	9	10.84	32	0	0.00
海门	83	7	8.43	12	1	8.33
兴化	87	26	29.89	55	12	21.82
江阴	79	33	41.77	21	7	33.33
句容	84	35	41.67	14	3	21.43
金湖	85	10	11.76	44	4	9.09

（二）粮食类家庭农场产业融合情况

2022年，江苏省粮食类家庭农场产业融合模式丰富。在产业融合模式方面，粮食类家庭农场新业态经营占比情况见图4-8，在从事新业态经营的家庭农场中，有33％的家庭农场从事育苗育种，有16％的家庭农场经营旅游观光，有11％开展农家乐，有10％使用绿色包装，有9％采用仓储物流，有8％经营农资供应，有7％进行产品加工，有6％开展创意农业。多元化的产业融合模式反映了农民在经营中的创新意识和应对市场需求的能力，丰富的产业融合模式有助于提升农业产业链的附加值和竞争力，促进农村经济的多元发展。

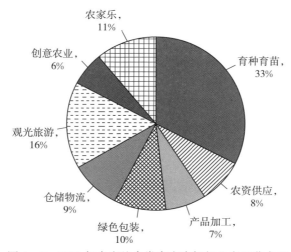

图4-8　2022年全省粮食类家庭农场新业态经营占比

因此，可以得出结论，江苏省粮食类家庭农场产业融合模式丰富，为农业经济的创新发展提供了丰富的实践路径和经验借鉴。

七、小结

（一）江苏省家庭农场种植养殖结构分布呈多样化特征，不仅多种经营类型并存，而且种植作物和养殖牲畜的种类丰富

2022 年，江苏省家庭农场种植类家庭农场、养殖类家庭农场和种养结合类家庭农场并存，种植作物和养殖牲畜的种类丰富。种植类家庭农场在种植上较为多样化，平均种植作物种类为 2.21 种；养殖类家庭农场平均种植作物种类为 2.01 种；种养结合类家庭农场专业化程度较高，平均养殖种类为 1.47 种，养殖两种及以上动物占比达 29%，有相当一部分种养结合类家庭农场同时从事多种动物的养殖。种植与养殖相互结合，不同类型的农业活动相互补充和支持，形成了复合型的经营模式。

（二）江苏省家庭农场农产品销售呈多元化趋势，主要通过线下销售渠道实现，而线上销售仍需进一步发展，特别是订单农业参与率有待提高

2022 年，江苏省家庭农场的销售方式呈现多元化趋势。除了传统的线下洽谈和线下订单销售渠道外，还涌现出了诸如微商、线上直播平台、淘宝等多种线上销售渠道。虽然存在多种农产品销售方式，但是江苏省家庭农场 2022 年农产品销售主要以线下渠道为主，线上销售比例较低。其中，线下洽谈方式是最主要的销售方式，占比高达 90.43%；其次是线下订单销售，占比为 19.32%。相比之下，采用线上销售方式的家庭农场比例仅为 15.38%。

作为一种特殊的销售方式，江苏省家庭农场 2022 年参与订单农业的比率有待提高。585 个样本家庭农场中采取订单农业销售渠道销售农产品的家庭农场仅 113 个，占比 19.32%。分区县看，各区县家庭农场订单农业参与率存在地区差异。其中，句容市采取订单农业销售渠道的家庭农场占比相对较高，为 28.57%，兴化市采取订单农业销售渠道的家庭农场占比相对较低，为 14.94%。

（三）江苏省家庭农场信息化发展水平高，不仅经常通过线上交流渠道获取信息，而且农业信息化基础设施建设较为完善

2022 年，江苏省家庭农场农业信息化基本设施建设较为完善。其中，在样本家庭农场中的 585 个样本中，有 327 个家庭农场安装了与农业生产相关的

信息设备及软件系统，占比达 55.90％；同时，有 240 个家庭农场使用了在线农技信息或农技专家咨询服务，占比为 41.03％。分地区看，江阴市和句容市在家庭农场农业生产相关信息设备及软件系统安装、在线农技信息使用或农技专家咨询服务占比均高于全省平均水平。

2022 年，江苏省家庭农场在获取信息方面主要通过线上交流渠道。在样本家庭农场中的 585 个样本中，有 416 个家庭农场使用线上交流渠道，占比达 71.11％。其中，以微信和 QQ 群为代表的即时通信工具是最受欢迎的线上交流方式，占比约为 69％。此外，还有 22％的家庭农场选择使用各类 APP 进行线上交流，8％的家庭农场选择通过网站或论坛获取信息。相比之下，其他线上交流渠道的使用率相对较低，仅占 1％。

（四）江苏省家庭农场机械化发展水平持续提升，不仅农业机械数量多，而且机械化结构较为均衡

2022 年，江苏省家庭农场总体机械化设备拥有率较高。在样本家庭农场中的 585 个样本中，有 77.95％的家庭农场至少拥有 1 台农机，平均拥有农机的数量为 6.13 台；分地区看，家庭农场农机平均拥有量都在 3 台以上，兴化市家庭农场拥有农机数量相对较多，平均拥有 8.76 台农机，海门区家庭农场拥有农机数量相对较少，平均拥有 3.27 台农机。

2022 年，江苏省家庭农场总体机械化结构较为均衡，每种农机的平均拥有数量都在一个相对均衡的范围内。拖拉机是家庭农场最常见的农机，平均拥有数量最多；其次是旋耕机和插秧机，用于土地的耕作和种植作物；收割机和脱粒机的平均拥有数量相对较高，反映了家庭农场在收获和加工环节的机械化水平较高；植保机、烘干机、果/茶树修剪机和果园管理机等辅助性农机的平均拥有数量相对较低，但也有一定数量的配置，为农业生产提供了必要的支持。

（五）江苏省家庭农场绿色生产水平有待提高，进行农产品资质认证的家庭农场占比还不高，而且绿色农机的使用率也不高

2022 年，江苏省家庭农场绿色生产水平有待提高。在样本家庭农场中的 585 个样本中，仅有 113 个家庭农场农产品通过了资质认证，占比为 19.32％。其中，47％的家庭农场农产品通过了绿色食品认证，29％的家庭农场农产品通过了无公害农产品认证，13％的家庭农场农产品通过了有机食品认证，11％的家庭农场的农产品获得了农产品地理标志；分地区看，句容市通过农产品资质认证的家庭农场占比较高，泗洪县通过农产品资质认证的家庭农场占比较低。

2022 年，江苏省家庭农场绿色农机使用率有待提高。在样本家庭农场中的 585 个样本中，仅有 179 个家庭农场使用了绿色农机，占比为 30.60％。分地区看，江阴市和句容市使用率都达到了 45％以上，遥遥领先于其他区县；泗洪县绿色农机使用率只有 16.87％，机械化水平有待提高。

（六）江苏省家庭农场产业融合水平有待提高，从事新业态经营的家庭农场占比不高，但是产业融合模式较为丰富

作为一种新的活动形态，江苏省家庭农场 2022 年从事新业态经营的比率有待提高。在样本家庭农场中的 585 个样本中，仅有 152 个家庭农场从事新业态经营，占比为 25.98％。分地区看，江苏省各区县家庭农场产业融合发展水平存在地理性差异。其中，江阴市和句容市从事新业态经营的比率最高，分别为 41.77％和 41.67％，高于全省平均水平；其次是铜山区 39.29％；泗洪县和海门区从事新业态经营的比率最低，分别为 10.84％和 8.43％。

2022 年，江苏省家庭农场的产业融合模式十分丰富，涵盖了育苗育种、旅游观光、农家乐、绿色包装等多种形式。其中，在从事新业态经营的粮食类家庭农场中，育苗育种为最受青睐的产业融合模式，占比为 33％，其次是农场开展旅游观光项目，占比为 16％，另外，农家乐、绿色包装、仓储物流等形式也占有一定比例，占比分别为 11％、10％和 9％。农资供应、产品加工、创意农业等形式也在一定程度上丰富了家庭农场的产业融合模式。

家庭农场收入和补贴情况

一、总体成本收益

2022年全省各类型家庭农场的总体成本收益情况见表5-1。从总收入来看，2022年全省家庭农场平均总收入为165.66万元，种植类家庭农场平均总收入为132.40万元，其中粮食类家庭农场平均总收入为149.31万元，养殖类家庭农场为275.86万元，种养结合类家庭农场为232.83万元。从总成本来看，2022年全省家庭农场平均总成本为102.79万元，种植类家庭农场平均总成本为87.24万元，其中粮食类家庭农场平均总成本为118.12万元，养殖类家庭农场为210.32万元，种养结合类家庭农场为123.30万元。综合成本和收入后，2022年全省家庭农场平均纯收入62.87万元，种植类家庭农场平均纯收入为45.15万元，其中粮食类家庭农场平均纯收入为31.19万元，养殖类家庭农场为65.54万元，种养结合类家庭农场为109.53万元。

在家庭农场土地生产率方面，2022年全省家庭农场亩均纯收入为4 308.17元，种植类家庭农场亩均纯收入为5 293.05元，其中粮食类家庭农场亩均纯收入为329.35元，种养结合类家庭农场为1 684.03元。在家庭农场劳动生产率方面，2022年全省家庭农场劳均纯收入为350 416.70元，种植类家庭农场劳均纯收入为218 321.10元，其中粮食类家庭农场为153 526.70元，养殖类家庭农场为461 385.20元，种养结合类家庭农场为680 778.30元。

表5-1 2022年各类型家庭农场亩均纯收入和劳均纯收入

	全省	种植类	其中：粮食类	养殖类	种养结合类
有效样本数	575	397	209	29	149
平均经营亩数	336.67	343.58	517.45	99.96	364.33
自有劳动力个数	2.39	2.37	2.37	2.59	2.40

（续）

	全省	种植类	其中：粮食类	养殖类	种养结合类
平均总收入（万元）	165.66	132.40	149.31	275.86	232.83
平均总成本（万元）	102.79	87.24	118.12	210.32	123.30
平均纯收入（万元）	62.87	45.15	31.19	65.54	109.53
亩均纯收入（元）	4 308.17	5 293.05	329.35	—	1 684.03
劳均纯收入（元）	350 416.70	218 321.10	153 526.70	461 385.20	680 778.30

注：在计算成本收入过程中剔除了数据缺失和数字逻辑有问题的样本，考虑到养殖类的特点，不对其进行亩均纯收入计算，种养结合类的亩均纯收入是其中种植作物的亩均纯收入。

由表 5-2 可知，2022 年不同地区间的各类型家庭农场成本收益情况存在着较大差异。从纯收入来看，种植类家庭农场中，江阴市、兴化市的平均纯收入较大，分别为 87.43 万元、88.37 万元，金湖县的平均纯收入小于零，为 -3.27 万元；粮食类家庭农场中，兴化市、句容市的平均纯收入相对其他地区较大，分别为 82.90 万元、41.26 万元，金湖县和海门区的平均纯收入小于零，分别为 -6.06 万元和 -6.55 万元；种养结合类家庭农场中，兴化市的平均纯收入最高，达到了 197.06 万元，其余地区的平均纯收入均在 20 万元以上。

在土地生产率方面，种植类家庭农场中，江阴和句容两市的亩均纯收入分别为 19 551.93 元和 6 583.33 元，实现较大的亩均纯收入，金湖县的亩均纯收入较低，只有 274.86 元；粮食类家庭农场中，兴化市的亩均纯收入为 694.01 元，而海门区的亩均收入仅有 6.42 元；种养结合类家庭农场中，江阴市、海门区的亩均纯收入较大，分别为 10 004.39 元、4 294.50 元，金湖县的亩均纯收入为 -1 972.59 元，其他地区的亩均纯收入均在 1 000～2 000 元。

在劳动生产率方面，种植类家庭农场中，兴化和江阴两市的劳均纯收入远大于其他地区，分别为 388 421.80 元和 412 190.60 元，金湖县的平均收入仅有 19 714.29 元；粮食类家庭农场中，兴化市的劳均纯收入为 376 500.10 元，是 7 个地区中最大的，江阴市和金湖县的劳均纯收入小于零，分别为 -12 307.29 元和 -4 396.24 元，地区差异较大；种养结合类家庭农场中，金湖和泗洪两县的劳均纯收入较大，超过 100 万元（表 5-3）。

二、按土地经营规模分组的成本收益

家庭农场的成本收益在一定程度上会受到土地经营规模的影响。因此，下

表 5 - 2　2022 年各县（市、区）种植类和粮食类家庭农场亩均纯收入和劳均纯收入

县（市、区）	样本量（个）		平均总收入（万元）		平均总成本（万元）		平均纯收入（万元）		亩均纯收入（元）		劳均纯收入（元）	
	种植类	其中：粮食类	种植类	其中：粮食类	种植类	其中：粮食类	种植类	其中：粮食类	种植类	其中：粮食类	种植类	其中：粮食类
铜山	55	34	124.85	118.96	84.64	95.86	40.21	23.10	3 262.75	271.64	158 534.70	123 509.10
泗洪	64	31	105.21	124.70	74.88	101.09	30.33	23.61	2 556.36	247.06	180 019.90	137 009.00
海门	62	11	83.84	162.41	60.16	168.96	23.67	-6.55	3 736.32	6.42	95 668.09	654.20
兴化	62	55	190.08	182.90	101.71	100.00	88.37	82.90	2 266.65	694.01	388 421.80	376 500.10
江阴	54	20	177.11	152.13	89.68	144.36	87.43	7.77	19 551.93	52.68	412 190.60	-12 307.29
句容	48	15	98.85	122.27	51.43	81.02	47.42	41.26	6 583.33	375.12	273 662.30	224 065.40
金湖	52	43	147.50	152.84	150.77	158.90	-3.27	-6.06	274.86	163.19	19 714.29	-4 396.24

表 5 - 3　2022 年各县（市、区）种养结合类家庭农场亩均纯收入与劳均纯收入

县（市、区）	样本量（个）	平均总收入（万元）	平均总成本（万元）	平均纯收入（万元）	亩均纯收入（元）	劳均纯收入（元）
铜山	29	211.40	119.92	91.48	1 390.80	434 636.40
泗洪	15	419.01	269.19	149.82	1 806.47	1 229 682.00
海门	11	147.43	59.36	88.07	4 294.50	287 665.70
兴化	20	303.66	106.60	197.06	1 472.07	987 717.40
江阴	11	242.48	87.26	155.22	10 004.39	389 666.60
句容	32	89.22	64.71	24.51	1 809.73	80 665.14
金湖	31	292.23	162.60	129.63	-1 972.59	1 309 677.00

面将进一步分析家庭农场的成本收益如何随土地经营规模的变化而变化。

总体来看，家庭农场的总收入、总成本和纯收入都随着土地经营规模的扩大而呈现不同程度的增加趋势。从全部家庭农场的平均水平来看，土地经营规模由 50 亩以下到 200 亩左右这一阶段，总收入、总成本缓慢上升，纯收入先上升然后下降，土地经营规模在 200～1 000 亩，总收入、总成本和纯收入变动趋势较为平缓，超过 1 000 亩后快速增加，总收入、总成本和纯收入的平均值分别达到 590.01 万元、417.52 万元和 172.49 万元，远大于其他土地经营规模。

种植类家庭农场的总成本随土地经营规模扩大而不断增加，土地经营规模小于 500 亩时，增速较为平缓，土地经营规模超过 500 亩后，增速明显加快；总收入总体上呈现上升趋势，在土地经营规模为 150～200 亩时降低，之后呈现不断上升趋势；纯收入在土地经营规模小于 200 亩时有升有降，呈现出一定的波动性，当土地经营规模大于 200 亩后快速增加。粮食类家庭农场的总收入、总成本呈现较为平滑的增长趋势，总收入与总成本在土地经营规模小于 150 亩时增速较小，超过 150 亩后增速上升；纯收入有升有降，整体上有增加的趋势。种养结合类家庭农场总收入和总成本整体上呈现随土地规模扩大而增加的趋势，在土地经营规模低于 150 亩时小幅下降，之后随着土地经营规模增加而不断增加，增速较大；纯收入随着土地经营规模的增加呈现出较为平缓的趋势，在超过 200 亩后增长较快，整体上呈上升趋势。

不同类型家庭农场的亩均纯收入与劳均纯收入随土地经营规模的变化呈现不同的变化趋势，总体而言，家庭农场的亩均纯收入随土地经营规模的扩大而下降，而劳均纯收入随土地经营规模的扩大而呈现增加趋势。从全部家庭农场的平均水平来看，在 200 亩之前，亩均纯收入呈现出随土地经营规模的增加而下降，且降速较大，超过 200 亩后下降趋势趋于平缓；劳均纯收入随土地经营规模的增加呈现出波浪式上升的趋势，土地经营规模在 200 亩之前，劳均纯收入有升有降，超过 200 亩后增速加快。其中，种植类家庭农场的亩均纯收入呈现下降趋势，其劳均纯收入随土地经营规模变化情况与全部家庭农场类似。粮食类家庭农场的亩均纯收入在土地经营规模小于 200 亩时有升有降，超过 200 亩之后随土地经营规模的增加而不断下降，劳均纯收入变化趋势同亩均收入类似。种养结合类家庭农场的亩均纯收入不断波动，整体随着土地经营规模的增加而下降，劳均纯收入随土地经营规模的增加而增加，土地经营规模小于 100 亩时呈现小幅上升趋势，在 100～150 亩时劳均纯收入下降，超过 200 亩后劳均纯收入激增，整体为上升趋势。

2022 年全省全部家庭农场经营规模分组成本收益情况以及种植类和粮食类、种养结合类家庭农场经营规模分组的成本收益情况见表 5-4 至表 5-6。

表 5-4 2022 年全省全部家庭农场经营规模分组成本收益情况

经营规模 （亩）	总收入 （万元）	总成本 （万元）	纯收入 （万元）	亩均纯收入 （元）	劳均纯收入 （元）
＜50	65.87	30.57	35.30	16 290.88	162 593.30
[50，100)	104.75	49.60	55.15	8 341.42	267 839.30
[100，150)	90.53	48.57	41.96	1 894.35	193 273.30
[150，200)	96.30	71.75	24.55	937.85	94 282.41
[200，500)	167.29	104.40	62.89	1 413.95	295 964.90
[500，1 000)	235.91	150.87	85.04	726.11	389 571.80
≥1 000	590.01	417.52	172.49	344.11	1 752 059.00

表 5-5 2022 年种植类和粮食类家庭农场经营规模分组的成本收益情况

经营规模 （亩）	总收入（万元）		总成本（万元）		纯收入（万元）		亩均纯收入（元）		劳均纯收入（元）	
	种植类	其中：粮食类	种植类	其中：粮食类	种植类	其中：粮食类	种植类	其中：粮食类	种植类	其中：粮食类
＜50	60.10	11.04	15.39	10.32	44.71	0.72	19 978.59	90.00	204 814.70	3 600.00
[50，100)	96.85	15.08	32.66	12.69	64.19	2.39	9 956.68	−38.91	328 037.50	−468.26
[100，150)	102.96	33.23	48.89	27.60	54.07	5.63	3 726.18	183.44	257 916.50	16 669.87
[150，200)	79.28	40.40	56.57	49.38	22.71	−8.98	1 113.22	−269.92	66 640.15	−38 087.92
[200，500)	120.18	110.90	76.55	71.35	43.63	39.55	1 105.01	573.25	202 512.10	212 745.30
[500，1 000)	182.45	186.84	146.62	140.75	35.83	46.09	249.26	335.31	150 100.90	190 411.80
≥1 000	410.34	393.31	373.11	373.20	37.23	20.12	76.43	32.97	304 847.80	130 981.70

表 5-6 2022 年种养结合类家庭农场经营规模分组的成本收益情况

经营规模 （亩）	总收入 （万元）	总成本 （万元）	纯收入 （万元）	亩均纯收入 （元）	劳均纯收入 （元）
＜50	67.99	56.18	11.81	1 785.92	49 647.60
[50，100)	66.89	31.84	35.05	4 268.16	138 035.80
[100，150)	65.02	43.25	21.77	−2 135.67	83 804.67
[150，200)	137.72	101.92	35.80	552.03	194 630.10
[200，500)	218.34	126.90	91.44	2 242.18	338 542.70
[500，1 000)	368.51	161.42	207.09	1 908.70	983 459.70
≥1 000	1 109.05	545.82	563.23	1 117.43	5 932 893.00

三、成本收益结构

家庭农场的成本收益结构对于调整经营规模有一定的影响，因此下面将进一步分析家庭农场的成本收益结构。

2022 年种植类和种养结合类家庭农场的成本收益结构情况见表 5－7。从成本结构来看，2022 年全省种植类和种养结合类家庭农场的物质与服务成本占总成本的比例达到了 51.64％，土地成本和雇工成本占总成本的比例分别为 34.79％、13.57％，因此，物质和服务成本对家庭农场总成本的影响较大。不同类型家庭农场的成本结构有所差异，其中粮食类家庭农场的雇工成本占比最低，种养结合类家庭农场的雇工成本占比最高。具体来看，种植类家庭农场的物质与服务成本占总成本 52.68％，土地成本占比为 34.62％，雇工成本占比为 12.70％；其中粮食类家庭农场的物质与服务成本占比为 52.63％，土地成本占比为 38.86％，雇工成本占比为 8.51％；种养结合类家庭农场的物质与服务成本占比为 49.03％、土地成本占比为 35.21％，雇工成本占比为 15.76％。

从收入结构来看，2022 年全省种植类和种养结合类家庭农场的线上收入占比为 7.98％，线下收入占比为 92.02％，这说明当前家庭农场的销售渠道仍以线下为主。其中，粮食类家庭农场的线上收入占比最低，种养结合类家庭农场的线上收入占比最高。

表 5－7　2022 年种植类和种养结合类家庭农场成本收益结构

成本收益结构	全省		种植类		其中：粮食类		种养结合类	
	数值（万元）	占比（％）	数值（万元）	占比（％）	数值（万元）	占比（％）	数值（万元）	占比（％）
总成本	84.02	100	87.24	100	118.11	100	91.79	100
物质与服务成本	43.39	51.64	45.96	52.68	62.16	52.63	45.00	49.03
雇工成本	11.40	13.57	11.08	12.70	10.05	8.51	14.47	15.76
土地成本	29.23	34.79	30.20	34.62	45.90	38.86	32.32	35.21
总收入	141.19	100	132.39	100	149.30	100	192.10	100
线上收入	11.26	7.98	3.73	2.82	0.59	0.40	33.51	17.44
线下收入	129.93	92.02	128.66	97.18	148.71	99.6	158.59	82.56

由表 5－8 可知，2022 年不同地区间的家庭农场成本收益结构存在着较大差异。不同地区间家庭农场的物质与服务成本占比差距较小，均在 50％左右；不同地区间家庭农场的雇工成本占比差距较大，相对于苏北、苏中地

区而言，苏南地区家庭农场的雇工成本较高，占比也较大，其中金湖县（8.92％）地区家庭农场的雇工成本占比最低，句容市（31.82％）地区家庭农场的雇工成本占比最高，大约为金湖县的3.5倍；句容市（18.29％）地区的家庭农场的土地成本占比最低，兴化市（43.62％）地区的家庭农场的土地成本占比最高。

在收入结构方面，相较于苏北、苏中地区而言，苏南地区家庭农场的线上收入占比整体上更高一些。金湖县（29.98％）和江阴市（9.98％）两地的家庭农场线上收入占比较高，兴化市（0.14％）地区的家庭农场线上收入占比最低。

表5-8　2022年各县（市、区）家庭农场成本收益结构

县（市、区）	总成本（万元）	物质与服务成本		雇工成本		土地成本		总收入	线上收入		线下收入	
		数值（万元）	占比（％）	数值（万元）	占比（％）	数值（万元）	占比（％）	数值（万元）	数值（万元）	占比（％）	数值（万元）	占比（％）
铜山	91.98	48.40	52.62	8.27	8.99	35.31	38.39	146.91	1.61	1.10	145.30	98.90
泗洪	88.24	45.36	51.41	8.26	9.36	34.62	39.23	137.31	3.85	2.80	133.46	97.20
海门	50.28	26.27	52.25	6.62	13.17	17.39	34.58	79.49	0.51	0.64	78.98	99.36
兴化	94.22	41.93	44.50	11.19	11.88	41.10	43.62	201.64	0.29	0.14	201.35	99.86
江阴	73.94	37.04	50.46	17.81	24.09	19.09	25.82	157.42	15.71	9.98	141.71	90.02
句容	48.97	24.43	49.89	15.58	31.82	8.96	18.29	82.14	3.38	4.11	78.76	95.89
金湖	138.38	79.45	57.41	12.35	8.92	46.58	33.66	180.18	54.02	29.98	126.16	70.02

四、补贴情况

2022年全省家庭农场获得补贴的情况见表5-9。在全部家庭农场中，60.35％的家庭农场获得了政府补贴，每个家庭获得补贴的平均数为9.85万元，中位数为4万元。单个家庭农场获得补贴的最小值为0.01万元，最大值为534.00万元。分区县来看，句容市（32.14％）获得补贴的农场占比最低，金湖县（80.72％）和兴化市（76.74％）两地获得补贴的农场占比均在75％以上，其中金湖县获得补贴的农场占比最高。泗洪县、江阴市和兴化市的农场获得补贴的平均值都在6万元以上，且江阴市的家庭农场获得补贴的平均值最高，为40.88万元。

表 5 - 9　2022 年各县（市、区）全部家庭农场中获得补贴的农场情况

县（市、区）	样本量（个）	获得各类补贴农场占比（％）	获得政府补贴金额（万元）			
			平均数	中位数	最小值	最大值
全省	575	60.35	9.85	4.00	0.01	534.00
铜山	84	67.86	4.08	2.90	0.04	20.00
泗洪	81	62.96	6.98	2.00	0.01	80.00
海门	80	46.25	4.85	2.00	0.05	24.00
兴化	87	76.74	7.15	5.00	0.02	36.00
江阴	76	53.95	40.88	10.00	0.02	534.00
句容	84	32.14	5.25	3.00	0.06	20.00
金湖	83	80.72	5.25	4.00	0.05	24.36

从表 5 - 10 可以看出，种植类家庭农场获得补贴的农场占比为 64.56％，比全部家庭农场高出 4.21 个百分点，种植类家庭农场获得补贴的农场占比上升，但是每个家庭农场获得补贴的平均值有所下降，为 9.24 万元。各县（市、区）的种植类家庭农场获得补贴的农场占比情况与全部家庭农场类似，句容市（37.50％）获得补贴的农场占比最低，铜山区（72.22％）、兴化市（83.61％）和金湖县（82.70％）地区获得补贴的农场占比均在 70％以上，且兴化市获得补贴的农场占比最高。句容市、江阴市和兴化市的种植类家庭农场获得补贴的平均数都在 6 万元以上，其中江阴市的家庭农场获得各类补贴的平均值最高，为 36.85 万元。

表 5 - 10　2022 年各县（市、区）种植类家庭农场中获得补贴的农场情况

县（市、区）	样本量（个）	获得各类补贴农场占比（％）	获得政府补贴金额（万元）			
			平均数	中位数	最小值	最大值
全省	395	64.56	9.24	4.18	0.02	534.00
铜山	56	72.22	4.00	2.34	0.04	20.00
泗洪	64	67.19	4.84	1.78	0.05	62.00
海门	62	50.00	5.58	3.00	0.05	24.00
兴化	61	83.61	6.80	4.95	0.02	36.00
江阴	54	55.56	36.85	10.00	0.02	534.00
句容	48	37.50	6.72	4.00	0.06	20.00
金湖	52	82.70	5.74	5.00	0.15	24.36

根据表 5 - 11 可知，粮食类家庭农场获得补贴的农场占比进一步上升到了 87.50％，比全部家庭农场高出 27.15 个百分点，比种植类家庭农场高出 22.94 个百分点。但是每个家庭获得补贴的平均值相较于全部家庭农场下降了

2.9万元。从各县（市、区）的粮食类家庭农场来看，各县（市、区）获得补贴的农场占比均在80%以上，除了海门区外，其余5个县（市、区）获得补贴的农场占比都达到了85%以上，其中泗洪县（90.32%）和江阴市（90.00%）两地获得补贴的农场占比最高。江阴市的粮食类家庭农场获得补贴的平均值达到了17.48万元。

表 5-11 2022年各县（市、区）粮食类家庭农场中获得补贴的农场情况

县（市、区）	样本量（个）	获得各类补贴农场占比（%）	获得政府补贴金额（万元）			
			平均数	中位数	最小值	最大值
全省	208	87.50	6.95	4.77	0.02	50.00
铜山	34	88.24	6.73	2.32	0.20	20.00
泗洪	31	90.32	3.23	2.50	0.30	9.00
海门	11	81.82	10.76	9.00	1.90	24.00
兴化	54	87.04	7.19	5.00	0.01	36.00
江阴	20	90.00	17.48	11.46	0.30	50.00
句容	15	86.67	5.61	3.00	0.06	20.00
金湖	43	86.05	6.11	5.00	0.40	24.36

由表 5-12可知各县（市、区）种养结合类家庭农场获得政府补贴的情况，种养结合类家庭农场获得补贴的农场占比为56.38%，比种植类与粮食类家庭农场的分别低8.18个和31.12个百分点。分区县来看，兴化市（75.00%）和金湖县（77.42%）两地获得政府补贴的农场占比较大，句容市（28.13%）地区获得政府补贴的农场占比较低。泗洪县和江阴市获得补贴的平均值最大，分别为18.48万元和27.64万元，而海门区只有1.37万元。

表 5-12 2022年各县（市、区）种养结合类家庭农场获得政府补贴情况

县（市、区）	样本量（个）	获得各类补贴农场占比（%）	获得政府补贴金额（万元）			
			平均数	中位数	最小值	最大值
全省	149	56.38	7.66	4.00	0.01	120.00
铜山	29	62.07	4.27	4.00	0.07	10.00
泗洪	15	53.33	18.48	5.90	0.01	80.00
海门	11	36.36	1.37	0.20	0.07	5.00
兴化	20	75.00	8.15	6.20	0.27	20.10
江阴	11	54.55	27.64	10.93	2.00	120.00
句容	32	28.13	2.30	1.30	0.06	6.50
金湖	31	77.42	4.36	3.32	0.05	19.20

五、小结

（一）全省家庭农场总收入、总成本和纯收入进一步增加，其中种养结合类家庭农场纯收入最高、增幅最大

与 2020 年相比，2022 年全省各类家庭农场总收入、总成本和纯收入都有所提升，其中种养结合类家庭农场的增幅最大。在家庭农场生产率方面，全省各类家庭的亩均收入从 2020 年的 3 880.38 元提高到 2022 年的 4 308.17 元，种植类家庭农场亩均收入增加，但粮食类和种养结合类家庭农场的亩均收入有所下降。在家庭劳动生产率方面，相对于 2020 年，2022 年全省各类家庭农场的劳均收入大幅增加，种植类家庭农场劳均收入略微下跌，种养结合类家庭农场的劳均收入增速最快。

从家庭农场类型来看，2022 年种养结合类家庭农场的纯收入和劳均纯收入比其他类型农场高，粮食类家庭农场的纯收入、亩均纯收入和劳均纯收入远低于其他类型的家庭农场，可能是因为粮食的价格较低，利润空间较小。不同地区各类家庭农场的成本收益情况存在较大差异，相比苏北、苏中和苏南地区的兴化和江阴两市的种植类家庭农场实现了较好的收益，平均纯收入和劳均纯收入均较其他地区高；粮食类家庭农场中苏南的句容市和苏中的兴化市收益情况较其他地区好；种养结合类家庭农场中兴化和江阴市实现较好的收益，而句容市收益较小；按土地经营规模分组来看成本收益，全部家庭农场和各类型的家庭农场的总收入、总成本和纯收入随经营规模的增加而呈现不同的上升趋势，其中粮食类家庭农场的总收入、总成本和纯收入随经营规模增加而增加的趋势更为平滑。整体而言，家庭农场的亩均纯收入随经营规模的增加而下降，劳均纯收入随经营规模的增加而增加。

在家庭农场成本收入结构方面，粮食类家庭农场的雇工成本占比、线上收入占比均最低，种养结合类家庭农场雇工成本占比、线上收入占比相对较高，可能是种植粮食多依靠家庭自有劳动力。相对于苏北、苏中地区，苏南地区家庭农场的雇工成本较高，线上收入占比也相对较高，这反映出了苏南地区雇工难、雇工贵的问题，也体现出苏北地区销售渠道较为单一。

（二）全省家庭农场获得的政府补贴规模逐年扩大，其中种植类家庭农场获得补贴金额最多，粮食类家庭农场获得补贴占比最高

2022 年全部家庭农场获得的政府补贴平均金额比 2020 年的多 1.2 万元，海门和江阴两地获得政府补贴农场占比有所上升。其中，种植类家庭农场获得

政府补贴平均金额比 2020 年多 1.31 万元，铜山区、海门区和句容市获得政府补贴的家庭农场占比小幅增加。

对于获得各类政府补贴的农场占比情况，全省有 60.35％的家庭农场获得政府补贴，各地区获得政府补贴的农场占比存在差异，金湖县和兴化市家庭农场获得各类补贴的占比较高，苏南地区获得政府补贴的农场占比相对于苏中和苏北地区较小。分不同类型家庭农场来看，粮食类家庭农场获得各类政府补贴的占比最高，全省家庭农场占比为 87.50％，除了海门区，其他地区获得各类政府补贴的农场占比均在 85％以上，全省的种植类和种养结合类家庭农场获得政府补贴的农场占比分别为 64.56％和 56.38％，远低于粮食类家庭农场。各地区获得各类政府补贴的农场占比也存在较大差异，苏南地区种植类家庭农场和种养结合类家庭农场获得各类政府补贴的农场占比小于苏北和苏中地区。

第六章 CHAPTER 6

信贷支持家庭农场情况

一、贷款规模与贷款需求

2022 年，江苏省样本家庭农场贷款规模主要以中小额度为主。各地区家庭农场中不同贷款额度的农场数量及占比情况见表 6-1。2022 年全省样本家庭农场中贷款额度在 50 万元及以下的农场占比高达 81.54％，贷款额度在 100 万元以上的农场占比仅为 8.37％，其中，贷款额度在 500 万元以上的农场占比只有千分之六。与 2020 年相比，2022 年全省样本家庭农场贷款额度在 50 万元及以下的农场占比提高了，而贷款额度在 100 万元以上的占比却呈现下降趋势。分区县看，2022 年泗洪县家庭农场的贷款需求额度较高，贷款需求在 100 万元以上的农场占比达 12％以上，但在 2020 年江阴市、句容市等苏南经济发达地区家庭农场的贷款需求额度较高，即上述地区贷款需求额度有所减少；在泗洪县、江阴市等地区，贷款需求在 50 万元以下的农场占比要低于省内七县（市、区）平均水平，这一现象与 2020 年呈现的结果相似，这可能与粮食种植规模不够大有关。

表 6-1　2022 年各县（市、区）家庭农场中不同贷款额度的农场数量及占比

县（市、区）	样本量（个）	＞500 万元		（100 万，500 万］元		（50 万，100 万］元		（10 万，50 万］元		≤10 万元	
		样本量（个）	占比（％）	样本量（个）	占比（％）	样本量（个）	占比（％）	样本量（个）	占比（％）	样本量（个）	占比（％）
全省	585	4	0.68	45	7.69	59	10.09	162	27.69	315	53.85
铜山	84	0	0.00	9	10.71	5	5.95	35	41.67	35	41.67
泗洪	83	1	1.20	10	12.05	7	8.43	34	40.96	31	37.35
海门	83	0	0.00	3	3.61	3	3.61	12	14.46	65	78.31
兴化	87	0	0.00	5	5.75	13	14.94	28	32.18	41	47.13
江阴	79	2	2.53	5	6.33	13	16.46	10	12.66	49	62.03
句容	84	1	1.19	6	7.14	8	9.52	24	28.57	45	53.57
金湖	85	0	0.00	7	8.24	10	11.76	19	22.35	49	57.65

2022 年，江苏省种植类家庭农场对中小额度贷款规模需求更高。各县（市、区）种植类家庭农场中不同贷款额度的农场数量及占比情况见表 6-2，2022 年在各县（市、区）种植类家庭农场中，贷款额度在 50 万元及以下的农场占比为 84.45%，略高于全部家庭农场中的农场占比水平（81.54%）。这说明总体上看，养殖类、种养结合类家庭农场对中小额度贷款规模需求更高，这一现象与 2020 年统计结果相似。

表 6-2　2022 年各县（市、区）种植类家庭农场中
不同贷款额度的农场数量及占比

县（市、区）	样本量（个）	>500 万元		（100 万，500 万］元		（50 万，100 万］元		（10 万，50 万］元		≤10 万元	
		样本量（个）	占比（%）	样本量（个）	占比（%）	样本量（个）	占比（%）	样本量（个）	占比（%）	样本量（个）	占比（%）
全省	405	2	0.49	25	6.17	36	8.89	118	29.14	224	55.31
铜山	55	0	0.00	5	9.09	4	7.27	24	43.64	22	40.00
泗洪	66	0	0.00	6	9.09	5	7.58	29	43.94	26	39.39
海门	64	0	0.00	1	1.56	2	3.13	9	14.06	52	81.25
兴化	62	0	0.00	4	6.45	9	14.52	20	32.26	29	46.77
江阴	57	1	1.75	4	7.02	7	12.28	7	12.28	38	66.67
句容	48	1	2.08	1	2.08	5	10.42	16	33.33	25	52.08
金湖	53	0	0.00	4	7.55	4	7.55	13	24.53	32	60.38

2022 年，江苏省粮食类家庭农场对较大贷款额度的需求在不同地区存在差异。各县（市、区）粮食类家庭农场中不同贷款额度的农场数量及占比情况见表 6-3，在 2022 年样本粮食类家庭农场中，贷款额度在 50 万元（含）以下的农场占比为 82.07%，略高于全部家庭农场中的农场占比水平（81.54%）；贷款额度在 50 万元以上的农场占比为 17.93%，略低于全部家庭农场中的农场占比水平（18.46%）。在 2020 年的调查中，粮食类家庭农场也呈现出以上现象，这说明，粮食类家庭农场对较大额度贷款的需求程度低于全部家庭农场，但是分区县看，在家庭农场发展较好、发展规模较大的地区，如句容市，贷款额度在 50 万元（含）以上的农场占比明显高于省内七县（市、区）平均水平，高出 6.67 个百分点。

表 6 - 3　2022 年各县（市、区）粮食类家庭农场中不同贷款额度的农场数量及占比

县（市、区）	样本量（个）	＞500 万元		（100 万，500 万］元		（50 万，100 万］元		（10 万，50 万］元		≤10 万元	
		样本量（个）	占比（%）	样本量（个）	占比（%）	样本量（个）	占比（%）	样本量（个）	占比（%）	样本量（个）	占比（%）
全省	212	1	0.47	16	7.55	21	9.91	66	31.13	108	50.94
铜山	34	0	0.00	2	9.91	2	5.88	15	44.12	15	44.12
泗洪	32	0	0.00	4	12.50	2	6.25	15	46.88	11	34.38
海门	12	0	0.00	1	8.33	0	0.00	2	16.67	9	75.00
兴化	55	0	0.00	3	5.45	8	14.55	17	30.91	27	49.09
江阴	21	0	0.00	1	4.76	3	14.29	2	9.52	15	71.43
句容	14	1	7.14	1	7.14	2	14.29	4	28.57	6	42.86
金湖	44	0	0.00	4	9.09	4	9.09	11	25.00	25	56.82

2022 年，江苏省养殖类家庭农场贷款需求呈现明显分化。各县（市、区）养殖类家庭农场中不同贷款额度的农场数量及占比情况见表 6 - 4，在 2022 年样本养殖类家庭农场中，贷款需求在 50 万元（含）以下的农场占比为 68.96%，大幅低于全部家庭农场中的农场占比水平（81.71%）；贷款需求在 50 万元以上的农场占比为 31.04%，大幅高于全部家庭农场中的农场占比水平（18.29%）。这一情况与 2020 年调查所得数据呈现相同趋势。这说明养殖类家庭农场对较大额度贷款的需求程度高于全部家庭农场，可能是养殖类家庭农场前期投入成本较高，另外养殖大多属于高效农业，政府补贴相较种植类家庭农场尤其是粮食类家庭农场较少。

表 6 - 4　2022 年各县（市、区）养殖类家庭农场中不同贷款额度的农场数量及占比

县（市、区）	样本量（个）	（100 万，500 万］元		（50 万，100 万］元		（10 万，50 万］元		≤10 万元	
		样本量（个）	占比（%）	样本量（个）	占比（%）	样本量（个）	占比（%）	样本量（个）	占比（%）
全省	29	2	6.90	7	24.14	5	17.24	15	51.72
铜山	0	0	—	0	—	0	—	0	—
泗洪	2	0	0.00	1	50.00	1	50.00	0	0.00
海门	7	1	14.29	1	14.29	0	0.00	5	71.43
兴化	5	0	0.00	1	20.00	2	40.00	2	40.00
江阴	11	0	0.00	3	27.27	1	9.09	7	63.64
句容	4	1	25.00	1	25.00	1	25.00	1	25.00
金湖	0	0	—	0	—	0	—	0	—

2022 年，江苏省家庭农场贷款需求有所增加。各县（市、区）家庭农场中有无贷款需求的农场数量及占比情况见表 6-5，总体上看 2022 年有贷款需求的家庭农场占比 60.68%，没有贷款需求的占比 39.32%。各县（市、区）家庭农场中不同贷款需求的农场数量及占比情况见表 6-6，贷款需求主要集中在 50 万元以下，占比达 56.61%，其中 10 万～50 万元范围内的需求最显著，占比达到 37.46%。

相较于 2020 年，2022 年家庭农场的贷款需求呈现上升趋势，无贷款需求的家庭农场占比降低。

表 6-5　2022 年各县（市、区）家庭农场中有无贷款需求的农场数量及占比

县（市、区）	样本量（个）	有贷款需求		无贷款需求	
		样本量（个）	占比（%）	样本量（个）	占比（%）
全省	585	355	60.68	230	39.32
铜山	84	63	75.00	21	25.00
泗洪	83	61	73.49	22	26.51
海门	83	35	42.17	48	57.83
兴化	87	51	58.62	36	41.38
江阴	79	43	54.43	36	45.57
句容	84	50	59.52	34	40.48
金湖	85	52	61.18	33	38.82

表 6-6　2022 年各县（市、区）家庭农场中不同贷款需求的农场数量及占比

县（市、区）	样本量（个）	＞100 万元		（50 万，100 万] 元		（10 万，50 万] 元		≤10 万元	
		样本量（个）	占比（%）	样本量（个）	占比（%）	样本量（个）	占比（%）	样本量（个）	占比（%）
全省	355	97	27.32	57	16.06	133	37.46	68	19.15
铜山	63	18	28.57	7	11.11	26	41.27	12	19.05
泗洪	61	8	13.11	11	18.03	34	55.74	8	13.11
海门	35	5	14.29	7	20.00	10	28.57	13	37.14
兴化	51	13	25.49	10	19.61	21	41.18	7	13.73
江阴	43	21	48.84	6	13.95	8	18.60	8	18.60
句容	50	16	32.00	10	20.00	14	28.00	10	20.00
金湖	52	16	30.77	6	11.54	20	38.46	10	19.23

二、有贷款的农场占比情况

2022 年，江苏省各类型家庭农场贷款需求占比存在差异。不同类型家庭农场中有贷款的农场占比情况见图 6-1，在样本家庭农场中，2022 年在养殖类家庭农场中有贷款的农场占比为 58.62%；但是在粮食类和种养结合类家庭农场中，这一占比高于 60%；而在种植类家庭农场中，这一占比仅为 56.79%。

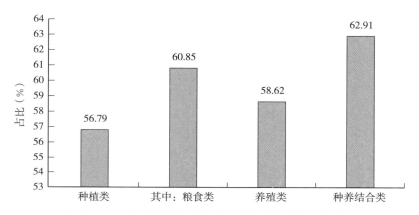

图 6-1　2022 年不同类型家庭农场中有贷款的农场占比

三、贷款主要用途

2022 年，江苏省各类型家庭农场在贷款用途上存在共性，主要用于农林牧渔等生产领域。不同类型家庭农场中不同贷款用途的农场占比情况见图 6-2，

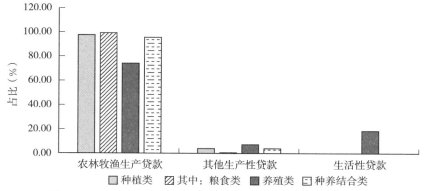

图 6-2　2022 年不同类型家庭农场中不同贷款用途的农场占比

在种植类（含粮食类）、养殖类和种养结合类家庭农场中，大部分家庭农场将所得的贷款主要投入农林牧渔等生产中，其次用于其他生产性需求中，而生活性贷款占比较低，此趋势与2020年的调查结果相符。

四、贷款渠道

2022年，江苏省家庭农场的贷款渠道呈现多样化，但农村商业银行仍然是主要贷款渠道，尽管其在总体占比中有所下降。不同类型家庭农场中不同贷款渠道的农场占比情况见图6-3，在有贷款的家庭农场中，其最主要的贷款渠道为农村商业银行，占比高达62.87%，其次是私人借贷，农场占比27.78%；然后是银行（非农商行）贷款（农场占比23.39%）、其他渠道的农场占比仅约1.46%。与2020年相比，农商行仍然是主要的贷款渠道，但是比例由60.63%升为62.87%。值得注意的是，在养殖类家庭农场中，从私人借贷的渠道贷款的农场占比为41.18%，大幅高于其他类型家庭农场，这一结果与2020年类似，可能与其较大的贷款规模和缺乏有效抵押物有关。

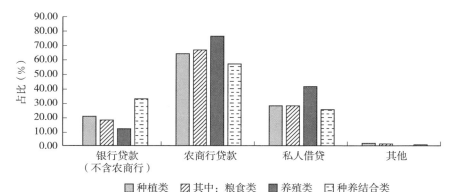

图6-3　2022年不同类型家庭农场中不同贷款渠道的农场占比

五、贷款难的主要原因

2022年，江苏省家庭农场贷款难的问题有所减轻。不同类型家庭农场中不同贷款难的主要原因占比情况见图6-4，2022年样本种植类家庭农场的贷款困难主要集中在高利息（22.66%）、烦琐的贷款申请程序和长时间审批等待（21.88%），以及担忧预期贷款不会被批准（9.38%）等因素。然而，相对较大比例的农场（33.59%）表示他们没有面临融资困难，且与2020年相比，这一比例上升了5.04%，表明贷款难题在该地区有所减轻。

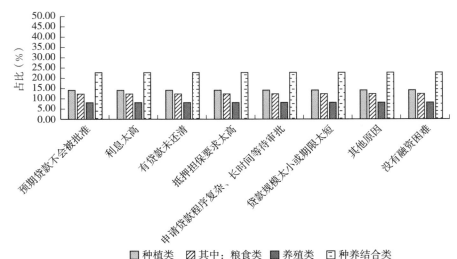

图 6-4 2022 年不同类型家庭农场中不同贷款难的主要原因占比

六、其他实物融资情况

2022 年，江苏省家庭农场采用赊购方式购买生产资料的比例有所下降。各县（市、区）全部家庭农场中采用赊购方式购买生产材料和存货数量及占比情况见表 6-7，2022 年样本家庭农场中未采用赊购方式购买生产材料和存货的农场占比高达 70.72%，相较于 2020 年，所调查的农场中未采用赊购方式购买生产材料和存货的农场占比上涨了 16.17%，可能的原因是农场主在生产经营过程中对于赊购生产材料和存货的主观意愿不够强烈，更青睐于"一手交钱、一手交货"的交易模式；与此同时，采取赊购方式购买生产材料和存货的农场占比为 29.28%，其中以 10%～50% 范围内的占比最高，达 14.21%；赊购占比低于 10% 的家庭农场最少，仅占 4.97%。

表 6-7 2022 年各县（市、区）全部家庭农场中采用
赊购方式购买生产材料和存货数量及占比

县（市、区）	样本量（个）	(80%，100%]		(50%，80%]		(10%，50%]		(0，10%]		0	
		样本量（个）	占比（%）	样本量（个）	占比（%）	样本量（个）	占比（%）	样本量（个）	占比（%）	样本量（个）	占比（%）
全省	584	30	5.14	29	4.97	83	14.21	29	4.97	413	70.72
铜山	84	3	3.57	2	2.38	17	20.24	3	3.57	59	70.24
泗洪	83	6	7.23	4	4.82	14	16.87	7	8.43	52	62.65
海门	83	2	12.50	2.41	0.00	5	6.02	3	3.61	73	87.95

（续）

县 （市、区）	样本量 （个）	(80%，100%]		(50%，80%]		(10%，50%]		(0，10%]		0	
		样本量 （个）	占比 （%）	样本量 （个）	占比 （%）	样本量 （个）	占比 （%）	样本量 （个）	占比 （%）	样本量 （个）	占比 （%）
兴化	86	4	4.65	8	9.30	18	20.93	2	2.33	54	62.79
江阴	79	8	10.13	6	7.59	10	12.66	9	11.39	46	58.23
句容	84	6	7.14	5	5.95	9	10.71	2	2.38	62	73.81
金湖	85	1	1.18	4	4.71	10	11.76	3	3.53	67	78.82

2022年，江苏省家庭农场赊购的主要渠道仍为农资店。各县（市、区）全部家庭农场中各类赊购渠道占比情况见图6-5，在171个采用赊购方式购买生产材料和存货的家庭农场中，赊购渠道即赊购方占比最高的是"农资店"，占比高达66.67%，其次是"上游供应商"，占比为28.65%，占比最少的是"有合同关系的农业企业或合作社"，仅有7.02%的家庭农场。这一趋势与2020年的数据结果相符，显示出农资店在提供赊销服务方面的主导地位。2022年各县（市、区）家庭农场中各类赊购渠道占比情况见图6-6，兴化市家庭农场中向农资店赊购农资产品的农场占比高达78.13%，而向有合同关系的农业企业或合作社赊购的农场占比为3.13%，这可能是当地这类农业企业或合作社较少提供此类赊购服务，而当地的农资店较为常见，也经常对农场主赊购农资产品。

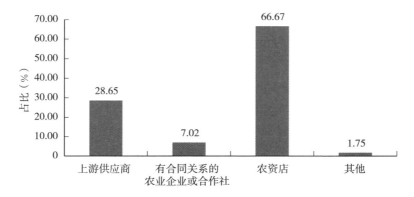

图6-5 2022年各县（市、区）全部家庭农场中各类赊购渠道占比

2022年，江苏省家庭农场更倾向于即时销售模式。各县（市、区）全部家庭农场中采用赊购方式销售农产品或商品数量及占比情况见表6-8，2022年样本家庭农场中未采用赊销方式销售农产品或商品的农场占比达74.02%，比2020年上升了11.46%，可能的原因是农场主更青睐于"一手交钱、一手

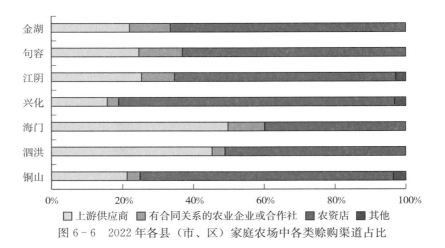

图6-6　2022年各县（市、区）家庭农场中各类赊购渠道占比

交货"的交易模式，或者采取交付订单、预付定金、即时交易等形式进行销售；采取赊销方式出售农产品或商品的农场占比为25.98％，其中赊销农产品或商品占比在50％以下的占比为19.14％，6.83％的农场赊销占比在50％以上。分区县看，处于苏中的兴化市家庭农场中以赊销方式销售农产品或商品占比在80％以上的农场高达8.05％，明显高于全省家庭农场4.27％的平均水平。值得注意的是，与2020年相比，兴化市家庭农场中赊销占比80％以上的比例下降了19个百分点。

表6-8　2022年各县（市、区）全部家庭农场中采用
赊购方式销售农产品或商品数量及占比

县（市、区）	样本量（个）	(80%，100%]		(50%，80%]		(10%，50%]		(0，10%]		0	
		样本量（个）	占比（%）	样本量（个）	占比（%）	样本量（个）	占比（%）	样本量（个）	占比（%）	样本量（个）	占比（%）
全省	585	25	4.27	15	2.56	57	9.74	55	9.40	433	74.02
铜山	84	5	5.95	1	1.19	5	5.95	3	3.57	70	83.33
泗洪	83	6	7.23	4	4.48	9	10.84	12	14.46	52	62.65
海门	83	2	2.41	1	1.20	4	4.82	3	3.61	73	87.95
兴化	87	7	8.05	4	4.60	15	17.24	9	10.34	52	59.77
江阴	79	0	0.00	3	3.80	8	10.13	17	21.52	51	64.56
句容	84	4	4.76	2	2.38	14	16.67	8	9.52	40	60.61
金湖	85	1	1.18	0	0.00	2	2.35	3	3.53	79	92.94

七、小结

（一）江苏省家庭农场贷款需求有所增加，且贷款规模以中小额为主

2022 年，有贷款需求的家庭农场占比 60.68%，其中实际进行了贷款的家庭农场主占比为 58.12%，且贷款规模主要以中小额度为主。2022 年全省样本家庭农场中贷款额度在 50 万元及以下的农场占比高达 81.54%，贷款额度在 100 万元以上的农场占比仅为 8.37%，其中，贷款额度在 500 万元以上的农场占比只有千分之六。

（二）贷款渠道呈现多样化趋势，且总体上看贷款难的问题有所缓解

不同类型的家庭农场在贷款用途上存在共性：主要将所得的贷款用于农林牧渔等生产领域，其次是其他生产性需求，而生活性贷款占比较低。2022 年家庭农场主的主要贷款渠道是农村商业银行，占比达 62.87%，其次是私人借贷，占比 27.78%。银行（非农商行）贷款的比例为 23.39%，而其他渠道仅占 1.46%。总体上看，贷款难的问题有所缓解，相对较大比例的农场（33.59%）表示他们没有面临融资困难，而对于有借贷的农场主而言，认为贷款困难主要集中在高利息（22.66%）、烦琐的贷款申请程序和长时间审批等待（21.88%），以及担忧贷款不会被批准（9.38%）等原因。

第七章 CHAPTER 7

保险支持家庭农场情况

一、种植类家庭农场参保情况

2022 年，江苏省种植类家庭农场保险覆盖范围扩大，平均保费支出上升，但各地保费支出差异显著，可能与地区农业特点有关。种植类家庭农场中有种植业保费支出的农场占比及保费支出情况见表 7－1，2022 年样本种植类家庭农场中，有种植业保费支出的农场占比为 74.57%，这些家庭农场的平均保费支出为 1.39 万元。尽管有种植业保费支出的农场占比略有下降，但平均保费支出有所上升，这表明家庭农场通过参加保险来进行风险防范的意识有所增强。分区县看，铜山区种植类家庭农场投保比例最高，达 96.36%；并且其平均保费支出为 1.31 万元，相比于 2020 年有所提升。这可能与徐州地处平原，作为江苏省重要供粮城市，种植业比较发达有关；相对而言苏南的江阴市、句容市的有保费支出的农场占比均低于 70%，并且相比于 2020 年呈现下降趋势，可能的原因是该地区不适合种植粮食。

表 7－1　2022 年种植类家庭农场中有种植业保费支出的农场占比及保费支出情况

县 （市、区）	样本量 （个）	有种植业保费支出的农场占比		保费支出金额（万元）	
		样本量（个）	占比（%）	平均数	中位数
全省	405	302	74.57	1.39	0.58
铜山	55	53	96.36	1.31	0.52
泗洪	66	50	75.76	1.47	0.60
海门	64	45	70.31	0.53	0.20
兴化	62	47	75.81	1.31	0.76
江阴	57	35	61.40	1.84	0.90
句容	48	28	58.33	2.96	1.1
金湖	53	44	83.02	1.02	0.66

二、水稻收入保险参保情况

2022 年，江苏省水稻收入保险参保率有所上升，农业经营主体的风险意识有所增强。种植水稻类家庭农场中购买水稻收入保险等相关情况见表 7 - 2，总体而言，在江苏省各县（市、区）337 个种植水稻类家庭农场中，有 29.08％的农场购买了水稻收入保险，尽管覆盖率相对较低，但是相比于 2020 年，参保率有所上升，反映出农业经营主体对风险意识有所增强。覆盖率较低的原因可能是水稻收入保险属于新型保险品种，调研各县（市、区）中仅有很少的地方开展了水稻收入保险。分区县看，2022 年铜山区的家庭农场水稻收入保险参与率最高，达 45.45％，该保险参与率比 2020 年将近翻一番。相反，苏南的江阴市参与率最低，仅为 4％，不同地区的参保率存在显著差异，且不同地区的变化也不尽相同。

此外，水稻收入保险的保费支出均值为 485.83 元/亩，参保面积均值为 318.23 亩，保额均值为 12 068.33 元/亩，获得赔付金额均值为 13 775.19 元。总体上看，购买水稻收入保险的家庭农场获得赔付金额的均值达到保额均值的 114％左右，远高于 2020 年的 44％。分区县看，不同地区的保费支出均值、保额均值和获得赔付金额均值存在巨大差异，如保费支出均值最低的为江阴市，仅为 9.45 元/亩，最高的为句容市达 4 903 元/亩；保额均值中最小的是海门区为 643.14 元/亩，最大的为铜山区达 41 619.43 元/亩。

表 7 - 2　2022 年种植水稻类家庭农场中购买水稻收入保险等相关情况

县（市、区）	有水稻收入保险保费支出的农场占比（％）	水稻收入保险保费支出均值（元/亩）	投保面积均值（亩）	保额均值（元/亩）	获得赔付金额均值（元）
全省	29.08	588.87	485.83	12 068.33	13 775.19
铜山	45.45	170.28	344.23	41 619.43	16 250.00
泗洪	38.46	775.15	475.96	3 392.50	15 760.71
海门	42.31	189.64	480.36	643.14	21 500.00
兴化	29.73	23.39	570.81	1 970.00	6 746.00
江阴	4.00	9.45	529.00	1 000.00	—
句容	7.41	4 903.00	390.00	—	18 500.00
金湖	21.79	1 378.88	635.98	2 963.55	14 069.83

注：表中"—"表示数据缺失。

三、生猪保险参保情况

2022 年，江苏省养殖类家庭农场生猪保险参保率地区差异较大。经营生猪家庭农场中购买生猪相关保险占比及保费均值情况见表 7 - 3，2022 年在经营生猪的家庭农场中购买生猪保险的农场占比为 46.15%，相较于 2020 年下降了 18.81%。分区县看，海门区经营生猪的家庭农场全部购买了生猪保险，而泗洪县和江阴市经营生猪的家庭农场中则全部没有购买生猪保险，可见地区差异较大。此外样本家庭农场购买生猪保险的保费均值为 825 元，其中兴化市最高为 2 750 元，与 2020 年相比其保费均值大幅下降。样本家庭农场购买的生猪保险中能繁母猪养殖保险、育肥猪养殖保险和仔猪养殖保险的占比分别为 30.77%、19.23% 和 3.85%，由此可见经营生猪的家庭农场主们对于能繁母猪这一点最为看重，而对于仔猪养殖这一点持有信心，投保意愿较低；另外，相较于 2020 年没有一个家庭农场购买生猪价格保险，2022 年样本家庭农场购买生猪价格保险占比达到 7.69%，这说明各地开始重视生猪价格保险并且当地可能积极开展生猪价格保险的宣传，促使各县（市、区）的部分农场主们参与其中。

表 7 - 3　2022 年经营生猪家庭农场中购买生猪相关保险占比及保费均值

县 （市、区）	购买生猪保险的农场占比 （%）	生猪保险保费均值 （元）	能繁母猪养殖保险 （%）	育肥猪养殖保险 （%）	仔猪养殖险 （%）	生猪价格保险 （%）
全省	46.15	825.00	30.77	19.23	3.85	7.69
铜山	66.67	338.89	44.44	11.11	11.11	22.22
泗洪	0	—	—	—	—	—
海门	100.00	1 466.67	66.67	66.67	0.00	0.00
兴化	50.00	2 750.00	50.00	50.00	0.00	0.00
江阴	0	—	—	—	—	—
句容	16.67	750.00	16.67	0.00	0.00	0.00
金湖	20.00	800.00	0.00	20.00	0.00	0.00

注：表中"—"表示数据缺失。

四、养老保险参保情况

2022 年，江苏省家庭农场主养老保险参保比例有所下降。全部家庭农场中养老保险及家庭农场主特殊养老保险补贴情况见表 7－4，整体来看在样本家庭农场中有养老保险的家庭农场占比达 83.93%，其中有新农保的农场为49.91%。相较于 2020 年调查数据，有养老保险的农场及新农保的农场占比均降低。分区县看，不同地区的养老保险参保率存在显著差异。泗洪县的养老保险参保率最高，达 92.77%；金湖县和铜山区的参保率也较高，句容市的养老保险参保率最低，仅为 69.41%，但是新农保的参保率较高。由此可见不同地区养老保险参保率存在较大差异。

另外，2022 年新增了针对家庭农场主特殊的养老保险补贴政策的问题，结果显示有 110 个家庭农场主表示有该类补贴政策，主要集中于铜山、泗洪和金湖地区，但是实际享受到家庭农场主养老保险补贴政策的农场主只有 13 位，占比较低，说明针对家庭农场主的养老补贴政策仍需进一步推动。

表 7－4　2022 年全部家庭农场中养老保险及家庭农场主特殊养老保险补贴情况

县（市、区）	样本量（个）	有养老保险		其中：新农保		有针对家庭农场主特殊的养老保险补贴政策		其中：家庭农场主养老保险补贴	
		样本量（个）	占比（%）	样本量（个）	占比（%）	样本量（个）	占比（%）	样本量（个）	占比（%）
全省	585	491	83.93	292	49.91	110	18.80	13	2.22
铜山	84	74	88.10	46	54.76	65	77.38	7	8.33
泗洪	83	77	92.77	59	71.08	22	26.51	1	1.20
海门	83	65	78.31	55	66.27	0	0.00	0	0.00
兴化	87	75	86.21	43	49.43	2	2.30	0	0.00
江阴	79	66	83.54	7	8.86	0	0.00	0	0.00
句容	85	59	69.41	32	37.65	1	1.18	1	1.18
金湖	85	75	88.24	50	58.82	20	23.53	4	4.71

五、小结

（一）江苏省家庭农场保险覆盖范围扩大，但养殖类家庭农场生猪保险参保率下降

在 337 个种植水稻类家庭农场中，有 29.08% 的农场购买了水稻收入保险，表明农业经营主体对风险意识有所增强。此外，购买水稻收入保险的家庭农场获得赔付金额的均值达到保额均值的 114% 左右。然而，在养殖类家庭农场中，购买生猪保险的农场占比为 46.15%，相较于 2020 年下降了 18.81%。

虽然 2022 年有更多的家庭农场购买了生猪价格保险，但该政策的实施效果仍然值得关注。

（二）江苏省家庭农场养老保险参保率下降，且特殊养老保险政策推广效果有限

2022 年，有养老保险的家庭农场占比达 83.93％，其中有新农保的农场为 49.91％，但相较于 2020 年调查数据，这两个指标均有所下降。此外，110 个家庭农场主表示有特殊养老保险补贴政策，但实际享受到的农场主数量较低，说明该政策的推广仍然存在挑战。

第八章 CHAPTER 8

数字金融支持家庭农场情况

一、移动支付情况

2022 年，江苏省家庭农场主在生产经营中使用手机支付的比例有所上升。全部家庭农场生产经营支出中手机支付比例情况见表 8-1，2022 年样本家庭农场生产经营支出中手机支付比例为 76.48％，这一比例相较 2020 年有所增长，显示手机支付在家庭农场经营中不断普及；分区县看，句容市的家庭农场以 84.41％的手机支付比例居首，而江阴市比例最低，仅为 70.49％。值得注意的是，海门区在手机支付方面取得了显著的增长，由 2020 年的 54.05％上升到 76.95％。

表 8-1　2022 年全部家庭农场生产经营支出中手机支付比例

县（市、区）	样本量（个）	使用手机支付的比例（％）
全省	585	76.48
铜山	84	76.41
泗洪	83	74.57
海门	83	76.95
兴化	87	74.92
江阴	79	70.49
句容	84	84.41
金湖	85	77.00

2022 年，江苏省家庭农场主购物时的首选支付方式仍为微信支付宝，但在不同地区存在差异。各县（市、区）全部家庭农场家庭在购物时支付方式选择占比情况见表 8-2，2022 年样本家庭农场在购物时偏好使用微信和支付宝，这两种支付方式占比高达 89.57％。尽管微信和支付宝支付仍然是首选，但与 2020 年相比，这一比例有所下降。其次，现金支付占比为 30.94％；手机银行

支付占比为15.21％，使用电脑网银支付占比最低，为2.05％。分区县看，除海门区外，其他地区的前三大支付方式仍然是微信、支付宝和现金支付，且占比与2020年的数据基本持平。与此同时，海门区的手机银行支付方式显著增加，占比达到了78.31％，而现金支付的占比基本保持不变，微信和支付宝支付的占比则大幅下降。

表8-2　2022年各县（市、区）全部家庭农场家庭在购物时支付方式选择占比

县 （市、区）	样本量 （个）	现金 （％）	刷卡 （％）	电脑网银 （％）	手机银行 （％）	微信、支付宝 （％）	其他电子钱包 （％）
全省	585	30.94	6.15	2.05	15.21	89.57	0.34
铜山	84	33.33	15.48	8.33	23.81	96.43	0.00
泗洪	83	42.17	4.82	1.20	21.69	87.95	1.20
海门	83	48.19	4.82	2.41	78.31	9.64	0.00
兴化	87	32.18	8.05	1.15	17.24	94.25	0.00
江阴	79	22.78	5.06	1.27	13.92	94.94	1.27
句容	84	16.67	2.38	0.00	10.71	94.05	0.00
金湖	85	21.18	2.35	0.00	9.41	81.18	0.00

二、数字信贷情况

2022年，江苏省家庭农场主在2022年的资金筹集方式呈现多元化特点，其中选择银行等正规渠道贷款的占比较高。全部家庭农场正规和非正规贷款渠道样本量及占比情况见表8-3，2022年样本家庭农场主约86.26％通过银行等正规渠道进行贷款，而29.24％选择了私人等方式进行借贷，与2020年类似，这表明有部分家庭农场主在进行筹集资金时并不局限于某一单一渠道，而是通过在正规或非正规渠道同时进行借贷。

2022年，江苏省不同贷款渠道的利率存在一些差异。一般银行的线上贷款平均年利率较低，而农商行的线上贷款则多数情况下低于传统渠道，反映了金融市场的多样性。全部家庭农场线上和传统贷款渠道占比及平均年利率情况见表8-4，2022年样本家庭农场在银行（非农商行）和农商行的贷款利率方面存在一些差异。在银行（非农商行）贷款方面，线上贷款的平均年利率为4.31％，而传统渠道的平均年利率为4.52％。农商行的情况略有不同，线上贷款的平均年利率为5.00％，传统渠道的平均年利率为5.23％。总体而言，银行（非农商行）的平均年利率（4.42％）低于农商行的平均年利率

（5.12%），这可能是因为大银行通常拥有更高的信誉和更严格的审核标准，因此线上渠道的利率较低。另一方面，农商行的线上贷款利率多数情况下低于传统渠道，这可能是因为农商行主要服务中小企业和农业经营者，他们的信用状况一般较差，因此农商行在线上渠道上愿意提供更有竞争力的利率。

表 8-3　2022 年全部家庭农场正规和非正规贷款渠道样本量及占比

县（市、区）	样本量（个）	正规贷款		非正规贷款	
		样本量（个）	占比（%）	样本量（个）	占比（%）
全省	342	295	86.26	100	29.24
铜山	61	50	81.97	26	42.62
泗洪	61	55	90.16	16	26.23
海门	30	20	66.67	13	43.33
兴化	53	49	92.45	10	18.87
江阴	38	29	76.32	17	44.74
句容	48	44	91.67	11	22.92
金湖	51	48	94.12	7	13.73

表 8-4　2022 年全部家庭农场线上和传统贷款渠道占比及平均年利率

单位：%

县（市、区）	银行（非农商行）贷款					农商行贷款				
	线上贷款占比	线上贷款年利率均值	传统贷款占比	传统贷款年利率均值	平均年利息率均值	线上贷款占比	线上贷款年利率均值	传统贷款占比	传统贷款年利率均值	平均年利息率均值
全省	10.24	4.31	92.91	4.52	4.42	9.77	5.00	91.63	5.23	5.12
铜山	3.70	3.80	96.30	4.25	4.03	3.23	—	96.77	5.06	—
泗洪	16.00	5.55	92.00	5.53	5.54	13.64	5.96	88.64	7.19	6.58
海门	12.50	—	87.50	4.91	—	0.00	—	100.00	4.60	—
兴化	17.65	3.90	88.24	3.95	3.93	10.81	3.36	89.19	4.29	3.83
江阴	8.33	3.60	91.67	4.01	3.81	5.56	—	94.44	4.14	—
句容	10.00	0.22	90.00	4.10	2.16	12.12	5.63	90.91	4.83	5.23
金湖	5.56	3.65	100.00	4.70	4.18	12.82	4.46	89.74	5.00	4.73

注：表中"—"表示数据缺失。

三、数字理财情况

2022 年，江苏省家庭农场主对数字理财的参与度较低。全部家庭农场中参与数字理财占比情况见表 8-5，样本家庭农场中通过互联网渠道购买过理财产品的仅有 5.64％，与 2020 年调研数据相比数字理财参与度进一步降低，这说明农场主们对数字理财的参与度不高，可能的原因是他们对互联网渠道的理财产品不太了解、不够信任。分区县看，江阴市数字理财参与度最高达 12.66％，兴化市位居第二，参与度为 8.05％；铜山区和句容市数字理财参与度略高于全省样板家庭平均水平，均为 5.95％；而海门区数字理财参与度最低，仅为 1.20％。

表 8-5 2022 年全部家庭农场中参与数字理财占比

县（市、区）	样本量（个）	通过互联网购买理财产品	
		样本量（个）	占比（％）
全省	585	33	5.64
铜山	84	5	5.95
泗洪	83	3	3.61
海门	83	1	1.20
兴化	87	7	8.05
江阴	79	10	12.66
句容	84	5	5.95
金湖	85	2	2.35

四、小结

（一）江苏省家庭农场主的支付方式以手机支付为主，微信和支付宝仍然是首选支付方式

2022 年样本家庭农场中手机支付比例达到 76.48％，海门区取得了显著增长，从 54.05％升至 76.95％。微信支付宝仍是首选支付方式，2022 年这两种支付方式占比高达 89.57％。江苏省家庭农场主在购物支付方式的选择上表现出一定的地区差异，句容市的家庭农场以 84.41％的手机支付比例居首，而江阴市比例最低，仅为 70.49％。

（二）江苏省家庭农场主在资金筹集方面以正规渠道贷款为主，且不同贷款渠道的利率存在差异

调研显示大约 86.26％的农场主选择银行等正规渠道贷款，而 29.24％选择了私人等非正规方式借贷。不同渠道的贷款利率存在差异，一般银行（非农

商行）的线上贷款平均年利率（4.31%）低于传统渠道贷款利率（4.52%），而农商行的情况略有不同，线上贷款利率（5.00%）低于传统渠道贷款利率（5.23%）。与此同时，家庭农场主对于数字理财的参与度较低，仅有5.64%的家庭农场通过互联网渠道购买过理财产品，且参与度与2020年相比有所下降，可能受限于对互联网渠道的理财产品的认知和信任程度。

第九章 CHAPTER 9

家庭农场发展中面临的
挑战与政策期待

一、家庭农场经营面临的最主要制约因素

(一) 制约因素现状

根据表 9-1 可知各县（市、区）家庭农场提出的不同制约因素占比情况。从全省家庭农场来看，家庭农场面临的最主要制约因素按照选择频率排序，依次是资金问题（农场占比 18.12%）、成本高（农场占比 15.73%）、难以获得销售渠道（农场占比 15.04%）、土地流转难（农场占比 10.77%）、基础设施落后（农场占比 10.09%）、缺乏劳动力（农场占比 9.57%）、获取技术难（农场占比 7.69%）、自然灾害（农场占比 7.01%）、保险不健全（农场占比 2.05%）。从各县（市、区）的情况来看，7 个地区面临的主要问题均为资金问题、难以获得销售渠道和成本高的问题，铜山区、江阴市和兴化市提出面临

表 9-1　2022 年各县（市、区）家庭农场中提出不同制约因素的农场占比

单位:%

项目	全省	铜山	金湖	泗洪	海门	兴化	江阴	句容
有效样本量	585	84	85	83	83	88	79	84
资金问题	18.12	39.29	12.94	13.25	12.05	16.09	21.52	11.90
基础设施落后	10.09	21.43	8.24	9.64	3.61	14.94	2.53	9.52
成本高	15.73	25.00	17.65	18.07	13.25	22.99	8.86	3.57
难以获得销售渠道	15.04	15.48	15.29	14.46	13.25	14.52	20.25	27.38
缺乏劳动力	9.57	8.33	8.24	1.20	3.61	20.69	11.39	13.10
获取技术难	7.69	8.33	8.24	6.02	2.41	8.05	13.92	7.14
土地流转难	10.77	11.90	15.29	19.28	3.61	9.20	10.13	5.95
保险不健全	2.05	4.76	0	2.41	6.02	0	1.27	0
自然灾害	7.01	9.52	2.35	7.23	14.46	5.75	6.33	3.57
其他	16.07	19.05	21.18	21.69	9.62	20.69	10.13	9.52

注：其他包括价格波动、补贴少、秸秆还田等。

资金问题的家庭农场占比高达 39.29％、21.52％和 16.09％，铜山区提出难以获得销售渠道和成本高的问题农场占比较高，为 15.48％和 25.00％，江阴市面临难以获得销售渠道的家庭农场占比为 20.25％，兴化市提出成本高问题的家庭农场占比高达 22.99％，同时，铜山区还面临较为严重的基础设施落后问题，面临基础设施落后的家庭农场占比为 21.43％。句容市提出难以获得销售渠道的家庭农场占比为 27.38％，销售问题最为严重。除此之外，面临土地流转难问题的农场占比也较高，达到了 10.77％，金湖县和泗洪县分别达到较高的 15.29％和 19.28％。兴化市除了上述主要的 3 个问题外，缺乏劳动力的农场占比也达到 20.69％，江阴市的家庭农场也还面临着获取技术难的问题，占比为 13.92％。面临其他类型制约因素的家庭农场占比均在 10％以下，不是农场主要面临的问题。

由表 9－2 进一步分析不同类型家庭农场面临的制约因素的情况。其中种植类和粮食类家庭农场面临的最主要的制约因素是资金问题和成本高，面临这 3 类问题的家庭农场占比均在 15％以上，粮食家庭农场面临的成本高问题显著高于其他类型家庭农场，农场占比为 23.00％，大部分农场主反映农资价格高和雇工费用高导致生产成本高，出现投入资金大，回报小的现象，加之资金不足，可能导致农场无法正常运转。除此之外，种植类家庭农场还存在获取销售渠道难和土地流转难的问题，占比达到了 14.07％和 11.11％。养殖类家庭农场中资金问题、成本高和获取技术难这 3 个因素较为突出，农场占比分别达到了 44.83％、13.79％和 13.79％，相较于其他类型农场，土地流转难和缺乏劳动力这两个问题并不突出。种养结合类家庭农场面临的主要问题除了资金问题和难以获得销售渠道外，还有基础设施落后和土地流转难的问题，占比均超过 10％。

表 9－2　2022 年不同类型家庭农场中提出不同制约因素的农场占比

单位：％

项目	种植类	其中：粮食类	养殖类	种养结合类
有效样本量	405	213	29	151
资金问题	15.31	16.43	44.83	20.53
基础设施落后	9.38	11.74	6.90	12.58
成本高	17.28	23.00	13.79	11.92
难以获得销售渠道	14.07	5.63	6.90	19.21
缺乏劳动力	9.38	12.21	6.90	10.60
获取技术难	8.89	5.16	13.79	3.31
土地流转难	11.11	15.49	3.45	11.26
保险不健全	2.22	1.41	3.45	1.32
自然灾害	6.91	3.76	6.90	7.28
其他	16.79	18.78	6.90	15.89

通过表 9 - 3 可以进一步了解不同经营规模家庭农场中提出不同制约因素的农场占比。资金问题是所有经营规模的家庭农场面临的主要制约因素，各种规模的家庭农场中提出资金有困难的农场占比均在 10% 以上，资金问题在经营规模为 100～150 亩、500～1 000 亩以及超过 1 000 亩的家庭农场中较为严重，均达到了 19% 以上，尤其是规模为 100～150 亩的农场，可能因为农场经营有一定规模，但是规模不足够大，尚未形成规模经济，因此生产投入大，所需资金也较多；成本高的问题在经营规模超过 500 亩的家庭农场中较为突出，这种规模的农场中有 38.59% 的农场面临着这一问题，因为规模较大的家庭农场更容易受到成本高的影响；经营规模较小的家庭农场相对于经营规模较大的农场更多地面临着难以获得销售渠道的问题，经营规模小于 150 亩的家庭农场中面临这一问题的农场占比均在 19% 以上；土地流转难和缺乏劳动力的问题在经营规模较大的农场中较为常见，经营规模为 500～1 000 亩和超过 1 000 亩的农场中面临土地和劳动力问题的农场占比均超过 10%，经营规模越大需要的劳动力就会越多，而愿意从事农业劳动的人数并不多，出现供不应求的情况，此外，土地的需求量上升会引起土地获取难度升高；保险不健全和获取技术难以及自然灾害问题在不同规模农场中都差不多，不是家庭农场面临的主要问题。

表 9 - 3　不同经营规模的家庭农场中提出不同制约因素的农场占比

单位：%

经营规模（亩）	资金问题	基础设施落后	难以获得销售渠道	缺乏劳动力	土地流转难	保险不健全	获取技术难	自然灾害	成本高	其他
<50	16.98	8.49	26.42	4.72	3.77	1.89	10.38	9.43	5.66	11.32
[50，100)	11.39	5.06	20.25	7.59	7.59	3.80	8.86	11.39	11.39	15.19
[100，150)	33.87	6.45	19.35	6.45	14.52	0	6.45	9.68	14.52	12.90
[150，200)	18.42	7.89	10.53	7.89	10.53	5.36	10.53	0	7.79	21.05
[200，500)	15.43	13.14	10.86	12.00	9.71	1.71	5.71	6.86	23.43	18.86
[500，1 000)	19.10	13.48	5.62	14.61	22.25	2.25	6.74	2.25	21.35	19.10
≥1 000	24.14	13.79	10.34	10.34	10.34	0	10.34	6.90	17.24	10.34

（二）制约因素小结

结合地区、经营规模、经营类型这 3 个维度考虑，可以发现家庭农场面临的主要制约因素包括以下几个方面：资金问题、成本高、销售渠道难以获得和土地流转难度较大。由于农业生产效率低下、不确定性风险较高，其取得的收入在长期处在一个较低的水平，这就导致大部分的家庭农场都面临较为严峻的资金问题。根据前文的数据可以发现，相较于经济发展水平较高的苏南地区，资金短缺这一现象在经济水平较差的苏北地区更为常见；从经营类型角度来看，养殖类家庭农场资金问题最为突出。另外，不管是何种经营规模的家庭农场都面临不同程度的资金问题。此外，成本高也是制约家庭农场发展的重要因素之一。依据成本部分的内容，显而易见地，不同地区面临的成本种类有所差异，苏南地区用工成本相对较高，苏北地区购买农资的成本相对较高；从经营类型来看，粮食类农场由于劳动密集属性面临较为严重的成本问题。且随着土地经营规模的扩大，成本高的难题没有得到有效缓解，反而呈现出明显的规模不经济现象。与此同时，难以获得销售渠道，也抑制了家庭农场的发展，这一问题在苏南地区尤为突出。从承包土地规模这一角度来看，经营规模越小的家庭农场这一问题相对而言更为严重。然而相较于养殖类和粮食类家庭农场，种养结合类家庭农场由于经营物产种类较为丰富，可能粮食作物和禽畜养殖的规模有限，在销售过程中，难以获得较大的议价权。土地流转难也是家庭农场发展过程中普遍面临的问题，其中尤以粮食类较为突出，且随着经营规模的扩大，这一问题愈加严峻。

二、家庭农场土地经营意愿

从表 9-4 可知，从全省家庭农场来看，有计划扩大规模的农场占比为 38.97%，主要是通过增加土地面积来扩大生产，选择这种方式的农场达到了 27.35%，其次是通过引进新品种或者提升品质，农场占比为 5.13%，选择其余方式的农场占比均在 5% 以下。从各县（市、区）的情况来看，铜山区、泗洪县有计划扩大规模的农场占比均在 50% 以上，超过一半的农场想要扩大自己农场的规模，江阴市、句容市和海门区只有 1/4 左右的家庭农场有意愿扩大规模，扩展意愿较低；扩大规模的主要方式均为增加土地面积，均达到了 10% 以上，其中铜山区、泗洪县、金湖县和兴化市达到了 32% 以上，铜山区和泗洪县分别有 13.10% 和 6.02% 的家庭农场选择引进新品种或者提升品质来扩大规模，江阴市除了增加土地面积外，还有 6.33% 的农场通过增强生产性基础设施建设来扩大规模。

表 9-4　2022 年各县（市、区）家庭农场不同的扩大规模方式的农场占比

单位：%

项目	全省	铜山	金湖	泗洪	海门	兴化	江阴	句容
有效样本量	585	84	85	83	83	87	79	84
有计划扩大规模	38.97	55.95	38.92	56.63	25.30	43.68	25.32	26.19

（续）

	全省	铜山	金湖	泗洪	海门	兴化	江阴	句容
增加土地面积	27.35	36.90	32.94	42.17	19.28	35.63	11.39	11.90
引入新品种/提升品质	5.13	13.10	4.71	6.02	3.61	2.30	1.27	4.76
增强生产性基础设施建设	3.59	7.14	4.71	3.61	0.00	2.30	6.33	1.19
引进技术	1.71	2.38	1.18	2.41	1.20	0.00	3.80	1.19
添置设备	2.74	4.76	4.71	3.61	0.00	3.45	1.27	1.19
其他	3.76	8.33	3.53	2.41	2.41	2.30	3.80	3.57

注：其他包括建加工企业、转型（发展休闲农业）、依靠周边发展等。

从表 9-5 可知各类型家庭农场扩大规模的方式。种植类家庭农场和种养结合类家庭农场有计划扩大规模的农场占比分别为 42.47% 和 48.36%，种养结合类家庭农场有计划扩大规模的占比也达到了 33.11%，而养殖类家庭农场扩大规模的意愿相较于其他类型家庭农场较低，为 20.69%。对于选择何种方式扩大规模，各类型家庭农场都首选通过增加土地面积来扩大规模，占比均在13% 以上，其中粮食类家庭农场达到了 39.44%。其次是选择引入新品种或者提升农产品品质来扩大规模，占比均在 3% 以上。粮食类家庭农场选择添置设备的方法占比显著高于其他类型的农场，为 4.23%，种养结合类家庭农场通过增强基础设施建设的占比高于其他类型家庭农场，为 3.97%。

表 9-5　2022 年不同类型家庭农场不同的扩大规模方式的农场占比

单位：%

项目	种植类	其中：粮食类	养殖类	种养结合类
有效样本量	405	213	29	151
有计划扩大规模	42.47	48.36	20.69	33.11
增加土地面积	31.36	39.44	13.79	19.21
引入新品种/提升品质	5.19	5.16	10.34	3.97
增强生产性基础设施建设	3.70	2.35	0.00	3.97
引进技术	2.22	1.41	0.00	0.66
添置设备	2.96	4.23	0.00	2.65
其他	3.46	2.35	3.45	4.64

根据表 9-6 进一步分析不同经营规模家庭农场中选择不同扩大规模方式的农场占比情况。不同经营规模的家庭农场中有计划扩大规模的农场占比均在21% 以上，其中规模超过 1 000 亩的家庭农场中有 50% 的农场想要扩大规模。

各种规模的家庭农场首选的扩大规模的方式依然是增加土地面积,尤其是规模在150~500亩的农场和规模超过1 000亩的农场;引进新品种或者提升品质的方式在不同规模农场中占比也较高,经营规模为50~100亩和150~200亩占比均达到了9%左右;各种规模的家庭农场选择引进技术和添置设备这两种方式的占比均较小,不超过9%。

表9-6 2022年不同经营规模家庭农场中不同的扩大规模方式的农场占比

单位:%

经营规模 (亩)	是否有计划 扩大规模	增加土地 面积	引进 技术	增强生产性 基础设施建设	引入新品种/ 提升品质	添置 设备	其他
<50	21.70	7.55	2.83	4.72	1.89	0.94	3.77
[50,100)	39.24	22.78	0.00	2.53	8.86	0.00	3.80
[100,150)	45.16	35.48	0.00	3.23	9.68	0.00	1.61
[150,200)	36.84	21.05	5.26	2.63	5.26	0.00	7.89
[200,500)	43.43	36.57	1.14	3.43	4.00	4.57	2.86
[500,1 000)	42.70	29.21	3.37	1.12	5.62	4.49	4.49
≥1 000	50.00	38.89	0.00	11.11	2.78	8.33	5.56

三、家庭农场对政府政策支持的期待

(一)政策期待现状

由表9-7可知各县(市、区)家庭农场对政府政策期待的情况。从全省来看,关于家庭农场对政府政策支持的期待,增加政府补贴的占比最高,为17.34%,家庭农场均希望能够增加各类政府补贴来减轻自身的负担。其次是土地流转扶持与优惠,占比为10.58%,家庭农场希望能够土地流转情况更为稳定,从而实现安心生产。农业信贷服务与优惠占比也较高,为8.21%,各类型农场都面临资金问题,从而希望政府在信贷服务方面能够出台相关政策,缓解农场的资金约束。基础设施建设和维护占比为7.48%,家庭农场希望在更好的环境下生产,从而提高产量。调控价格占比为5.66%,针对农资价格高、农产品价格偏低的问题,各类型农场希望政府能对相应的价格进行调控,以及保持价格稳定,降低生产成本。除此之外,各类型家庭农场提出的对政府政策支持的期待还有技术和管理培训、完善保险或保险补贴与优惠和提供销售渠道,家庭农场希望可以通过政府的扶持获得最新的技术的销售渠道,从而提高产品质量,增加效益,并且解决产品可能面临滞销的问题。从各县(市、区）来看，对于政府政策的期待跟全省总体情况差不多，主要的期待都是希望政府补贴能够增加，尤其是铜山区和金湖县，占比高达 39.24％和 21.69％，兴化市对于这一政策期待较低，只有 8.11％的农场进行选择，对于农业信贷服务与优惠的政策，铜山区有 20.25％的家庭农场希望能够对这一政策进行完善，兴化市希望除了得到土地流转扶持和优惠外，还希望政府调控价格和建设维护基础设施，江阴市希望能够安排技术和管理培训以及提供销售渠道，句容市的家庭农场希望能够提高技术和管理培训以及提供销售渠道，占比分别为 13.75％和 16.25％。

表 9 - 7　2022 年各县（市、区）家庭农场中选择不同期待的农场占比

单位：％

项目	全省	铜山	金湖	泗洪	海门	兴化	江阴	句容
有效样本量	548	79	83	75	81	74	76	80
增加政府补贴	17.34	39.24	21.69	10.67	9.88	8.11	17.11	13.75
农业信贷服务与优惠	8.21	20.25	3.61	8.00	2.47	4.05	5.26	13.75
调控价格	5.66	8.86	8.43	8.00	2.47	5.41	6.58	0.00
基础设施建设和维护	7.48	16.46	7.23	4.00	0.00	9.46	5.26	10.00
土地流转扶持与优惠	10.58	10.13	13.25	9.33	11.11	12.16	11.84	6.25
技术和管理培训	7.12	10.13	6.02	5.33	3.70	4.05	6.58	13.75
完善保险或保险补贴与优惠	3.65	5.06	0.00	6.67	9.88	0.00	1.32	2.50
提供销售渠道	6.39	2.53	6.02	6.67	3.70	1.35	7.89	16.25
其他	19.34	27.85	21.69	18.67	6.17	22.97	17.11	21.25

注：其他包括提高政府办事效率、加快物流速度、及时通知天气情况等。

通过表 9 - 8 可知不同类型关于家庭农场对政府政策支持的期待，跟全省家庭农场的情况差不多，期待较多的是增加政府补贴、农业信贷服务与优惠、调控价格和基础设施建设和维护，选择其他的政策的家庭农场占比相对较低。种养结合类家庭农场选择调控价格这一政策的农场占比小于其他类型的家庭农场，希望进行技术和管理培训的家庭农场中，养殖类家庭农场占比显著高于其他类型家庭农场，为 11.54％，种养结合类家庭农场希望能够完善保险或保险补贴与优惠的占比显著高于其他类型家庭农场，为 4.20％，粮食类家庭农场希望政府进行土地流转扶持与优惠的占比显著高于其他类型家庭农场，为 15.15％，粮食类家庭农场和种养结合类家庭农场希望提供销售渠道的占比低于其他类型家庭农场，种植类和养殖类家庭农场这个占比均达到了 6％以上。

表 9 - 8　2022 年不同类型家庭农场中选择不同期待的农场占比

单位:%

项目	种植类	其中：粮食类	养殖类	种养结合类
有效样本量	379	198	26	143
增加政府补贴	17.41	22.22	11.54	18.18
农业信贷服务与优惠	6.60	4.04	19.23	10.49
调控价格	5.80	9.60	7.69	4.90
基础设施建设和维护	7.65	9.60	3.85	7.69
土地流转扶持与优惠	11.08	15.15	0.00	11.19
技术和管理培训	7.65	3.54	11.54	4.90
完善保险或保险补贴与优惠	3.69	1.52	0.00	4.20
提供销售渠道	6.60	2.53	7.69	5.59
其他	17.68	21.21	23.08	23.08

由表 9 - 9 进一步了解不同规模家庭农场对不同政策的期待情况。增加政府补贴在各个规模家庭农场中占比均较高，特别是在规模大于 50 亩的家庭农场中；对于农业信贷服务与优惠的期待在经营规模为 100 亩到 150 亩的家庭农场中占比较高，达到了 17.86%；经营规模超过 1 000 亩的家庭农场较为期待能够进行基础设施建设和维护与政府能够稳定土地流转政策，规模越大对于生产环境与土地流转政策的稳定性要求越高；规模较小的家庭农场相对于规模较大的农场来说希望能够提供销售渠道和完善保险。规模在 50 亩到 200 亩的家庭农场希望能够有相关的技术和管理培训，可能这个规模的家庭农场不如大型家庭农场成熟，对于相关技术还不够了解，希望得到技术上的支持来扩大生产或者提高产量。

表 9 - 9　2022 年不同经营规模家庭农场中选择不同期待的农场占比

单位:%

经营规模（亩）	技术和管理培训	调控价格	完善保险或保险补贴与优惠	基础设施建设和维护	土地流转扶持与优惠	农业信贷服务与优惠	提供销售渠道	增加政府补贴	其他
<50	9.28	2.06	4.12	3.09	2.06	11.34	13.40	8.25	11.34
[50，100)	9.21	3.95	7.89	3.95	3.95	7.89	13.16	17.11	18.42
[100，150)	7.14	1.79	3.57	12.50	7.14	17.86	7.14	25.00	16.07
[150，200)	11.76	5.88	2.94	2.94	5.88	5.88	8.82	11.76	20.59
[200，500)	4.71	7.06	2.35	8.82	12.35	6.47	1.18	23.53	22.35
[500，1 000)	4.65	10.47	2.33	8.14	23.36	4.65	3.49	13.95	25.58
≥1 000	12.50	4.17	4.17	20.83	25.00	4.17	0.00	16.67	20.83

（二）政策期待小结

从地区、经营规模、经营类型这3个方面来看，可以发现家庭农场对政策的期待主要包含以下几个部分：增加政府补贴、农业信贷服务与优惠、技术和管理培训以及土地流转扶持和优惠。从地区方面来看，经济落后的苏北地区对增加政府补贴的诉求更为强烈，结合前文苏北地区农村空心化的实际情况，希望政府的补贴可以更为多元化，对小型农业机械设定专项补贴，加大对年轻人返乡就业创业的扶持力度，以缓解农村地区用工难、用工成本高的问题。另外，鼓励有条件的地区通过现有渠道安排资金，采取以奖代补等方式，积极扶持家庭农场发展，扩大家庭农场受益面。支持符合条件的家庭农场作为项目申报和实施主体参与涉农项目建设。支持家庭农场开展绿色食品、有机食品、地理标志农产品认证和品牌建设。对符合条件的家庭农场给予农业用水精准补贴和节水奖励。对不同经营类型和经营规模的家庭农场的补贴应该有所侧重，而不仅仅只是简单地根据土地面积进行加总。农业信贷服务与优惠也是家庭农场主的普遍诉求之一。鼓励金融机构针对不同经营类型和规模的家庭农场开发专门的信贷产品，鼓励金融机构对资信良好、资金周转量大的家庭农场扩大信用贷款，并且对贷款期限做出更为灵活的调整，以满足更多家庭农场主的信贷需求。技术和管理培训也是众多家庭农场主期待得到的支持之一。鼓励农业科研人员、农技推广人员通过技术培训、定向帮扶等方式，为家庭农场提供先进适用技术。考虑到家庭农场面临的土地流转难题，在政策法规方面，健全土地经营权流转服务体系，以及鼓励土地经营权有序向家庭农场流转。此外对土地用途的限定适当放宽，支持家庭农场开展农产品产地初加工、精深加工、主食加工和综合利用加工，自建或与其他农业经营主体共建集中育秧、仓储、烘干、晾晒以及保鲜库、冷链运输、农机库棚、畜禽养殖等农业设施，开展田头市场建设。应对家庭农场难以获得销售渠道的难题，鼓励"互联网＋"家庭农场这一新型模式的发展，提升家庭农场经营者互联网应用水平，推动电子商务平台通过降低入驻和促销费用等方式，支持家庭农场发展农村电子商务。鼓励市场主体开发适用的数据产品，为家庭农场提供专业化、精准化的信息服务。鼓励发展互联网云农场等模式，这样能够帮助家庭农场优化配置生产要素、合理安排生产计划。

四、小结

第一，在家庭农场面临的主要制约因素方面，从全省和各县（市、区）的家庭农场来看，家庭农场面临的主要制约因素是资金问题、难以获得销售渠道和成本高。各县（市、区）面临的情况有一定差异，除了上面这 3 个主要因素外，不同地区还面临着一些不同的主要问题，比如兴化市、江阴市和句容市还面临着缺乏劳动力的问题，句容市和兴化市还面临着难以获得基础设施落后的问题；从不同类型家庭农场来看，各类家庭农场同样主要面临着资金问题、成本高以及基础设施落后的问题，缺乏劳动力和难以获得销售渠道也是较为严重的问题，其他类型的问题在各类型家庭农场中占比比较低；对于不同经营规模的家庭农场，资金问题是所有规模家庭农场都面临的较为严重的问题，基础设施落后和缺乏劳动力在经营规模较大的家庭农场中较为突出，难以获得销售渠道在经营规模较小的农场中较为常见，其他问题在各个规模的家庭农场中相差不大且占比较小。

第二，不论是从全省和各县（市、区）家庭农场来看，还是从不同类型和不同规模家庭农场来看，大部分家庭农场都有计划扩大规模，并且扩大规模的方式主要是增加土地面积，其次是选择引进新品种或者提升品质，选择添置设备来扩大规模的家庭农场很少。

第三，关于家庭农场对政府政策支持的期待，首先从全省和各县（市、区）家庭农场，以及不同类型家庭农场来看，对于增加政府补贴的期待最高，其次是土地流转扶持和维护、基础设施建设和维护、农业信贷服务与优惠，再次是技术与管理培训。对于其他类型的政府政策，不同类型家庭农场有一定的差异，种养结合类家庭农场对农业信贷与服务和土地流转扶持与优惠有着较高的期待，养殖类家庭农场对技术与管理培训和农业信贷服务与优惠有着较高的期待，种植类家庭农场对土地流转扶持与优惠有着较高的期待；不同规模家庭农场同样对增加政府补贴的期待最大，经营规模较大的家庭农场对基础设施建设和维护以及土地流转扶持与优惠期待较大，中小规模家庭农场对技术、提供销售渠道和管理培训和农业信贷服务与优惠有着较大的期待。对于其他政府政策的期待程度差不多，且相对较小。

第二篇
江苏金融支持家庭农场调研专题报告

第十章 CHAPTER 10

粮食类家庭农场土地
经营与利用情况

一、粮食类家庭农场土地经营与利用的背景

粮食是国家安全和人民生活的基本保障,党的十八大以来,中央把解决好十几亿人的吃饭问题作为治国理政的头等大事,提出了"确保谷物基本自给、口粮绝对安全"的新粮食安全观。而家庭农场作为农业生产的重要主体,对于提高粮食产量和质量、保障粮食安全具有重要作用。因此,推进家庭农场的适度规模经营成为保障国家粮食安全的题中之义。

2021年中央1号文件要求"推进现代农业经营体系建设。突出抓好家庭农场和农民合作社两类经营主体,鼓励发展多种形式适度规模经营。实施家庭农场培育计划,把农业规模经营户培育成有活力的家庭农场。"2023年2月,农业农村部发文(农发〔2023〕1号)要求,"扩大第二轮土地承包到期后再延长30年试点范围,研究制定关于延包试点工作指导意见。印发农村土地承包合同管理办法,健全农村承包地信息平台和数据库,完善承包经营纠纷调解仲裁体系"。但是在中央和各级部门高度重视之下,家庭农场的适度规模经营仍然面临一些现实问题,尤其是关系到粮食安全的粮食类家庭农场的土地经营与利用问题特别值得关注。例如,土地租金连年上涨、土地细碎化问题仍有待改进等问题成为粮食类家庭农场发展和效率提升的瓶颈。

本报告以江苏省粮食类家庭农场为例,试图通过对这些问题的分析,提出相应的政策建议和解决方案,以促进粮食类家庭农场的可持续发展,进而为优化农业生产方式、提高粮食产能和质量、推动粮食安全和农业可持续发展提供政策参考。

二、粮食类家庭农场土地经营与利用的基本情况

(一)土地来源和经营面积方面

1. **土地来源方面** 样本粮食类家庭农场经营土地有91.47%通过转入获得

（表 3－12），转入土地面积的最大值是 3 040 亩，粮食类家庭农场没有转入土地面积低于 10 亩的样本，土地经营规模 10 亩以上家庭农场转入农户土地面积占比均超过八成，可见，转入土地是粮食类家庭农场最主要的经营土地来源。分区域来看（表 3－13），各地粮食类家庭农场经营土地都以转入土地为主。其中，转入土地平均面积最大的为无锡江阴市，平均每个家庭农场转入720.23 亩；转入土地平均面积最小的为镇江句容市，均值为 258.57 亩。转入土地占比最大的为南通海门区，占比达 99.80％；转入土地占比最小的为宿迁泗洪县，占比为 73.98％。

2. **土地经营面积方面**　样本粮食类家庭农场 2022 年的平均土地经营面积为 520.13 亩（表 3－4），较 2020 年的 376.35 亩增加 38％。分区域来看（表 3－5），无锡江阴市粮食类家庭农场的平均土地经营面积最大，为 729.99亩；镇江句容市粮食类家庭农场的平均土地经营面积最小，为 374.67 亩。整体来看，南通海门区、无锡江阴市、淮安金湖县粮食类家庭农场的平均土地经营面积大于平均值（520.13 亩），徐州铜山区、宿迁泗洪县、泰州兴化市、镇江句容市粮食类家庭农场的平均土地经营面积小于平均值。

3. **地块数量和面积方面**　粮食类家庭农场中，地块信息完整的样本有 203个（表 3－8），其平均地块数为 19.02 块，地块平均面积为 118.88 亩，高于全样本家庭农场的地块平均面积（82.74 亩），且地块平均面积随着土地经营面积的增加而增加。分区域来看（表 3－9），镇江句容市粮食类家庭农场的地块平均数最多（40.21 块），徐州铜山区家庭农场的地块平均数最少（7.32 块）。从地块平均面积看，无锡江阴市家庭农场的地块平均面积最大（268.97 亩），镇江句容市家庭农场的地块平均面积最小（39.21 亩）。地块平均面积最大值为 2 100 亩，位于淮安金湖县；地块平均面积最小值为 1.68 亩，位于镇江句容市。

（二）流转土地租金和价格形成机制方面

1. **流转土地租金方面**　粮食类家庭农场转入土地租金的平均值为 921.08元/亩，且不存在零租金的情况。分区域来看，粮食类家庭农场转入土地租金的区域差异明显（表 3－19）。镇江句容市粮食类家庭农场转入土地租金均值最低，为 460.71 元/亩，从租金的标准差可以看出，其租金的离散程度较小。泰州兴化市粮食类家庭农场转入土地租金的均值最高，为 1 024.63 元/亩，从租金的标准差可以看出，其租金的离散程度较大。泰州兴化市和徐州铜山区粮食类家庭农场转入土地租金的最大值分别达到了 1 460 元/亩和 1 300 元/亩。

2. **流转土地租金的价格形成机制方面**　样本粮食类家庭农场流转土地租金与粮价挂钩的比例为 13.94％（表 3－25）。分区域来看，粮食类家庭农场流转土地租金与粮价挂钩的区域差异明显。无锡江阴市粮食类家庭农场流转土地租金与粮价挂钩的比例最高，为 30.00％；镇江句容市粮食类家庭农场流转土地租金与粮价挂钩的比例最低，为 0.00％。整体而言，宿迁泗洪县、泰州兴化市、无锡江阴市、淮安金湖县粮食类家庭农场流转土地租金与粮价挂钩的比例均值高于整体均值，分别为 16.67％、12.96％、30.00％、15.91％；徐州铜山区、南通海门区、镇江句容市粮食类家庭农场流转土地租金与粮价挂钩的比例均值低于整体均值，分别为 8.82％、8.33％、0.00％。

（三）土地长期稳定经营方面

1. **流转土地租期方面**　粮食类家庭农场流转土地平均租期为 6.97 年（表 3-21），流转土地租期最小值为 1 年，最大值为 20 年。分区域来看，粮食类家庭农场流转土地租期的区域差异明显。宿迁泗洪县粮食类家庭农场流转土地租期均值最大，为 9.50 年；淮安金湖县粮食类家庭农场转入土地租期均值最小，为 4.99 年。整体而言，徐州铜山区、宿迁泗洪县、镇江句容市粮食类家庭农场流转土地的租期均值高于整体均值，分别为 8.76 年、9.50年、7.77 年；南通海门区、泰州兴化市、无锡江阴市、淮安金湖县粮食类家庭农场流转土地的租期均值低于整体均值，分别为 6.58 年、6.30 年、5.79年、4.99 年。

2. **流转土地续租情况**　样本粮食类家庭农场流转土地续租的比例为89.32％（表 3-23）。分区域来看，粮食类家庭农场流转土地续租的区域差异明显。南通海门区、无锡江阴市粮食类家庭农场流转土地续租的比例最高，均为 100.00％；镇江句容市粮食类家庭农场流转土地续租的比例最低，为64.29％。整体而言，徐州铜山区、宿迁泗洪县、南通海门区、无锡江阴市、淮安金湖县粮食类家庭农场流转土地续租的比例均值高于整体均值，分别为91.18％、90.00％、100.00％、100.00％、90.70％；泰州兴化市、镇江句容市粮食类家庭农场流转土地续租的比例均值低于整体均值，分别为86.79％、64.29％。

三、粮食类家庭农场土地经营与利用存在的问题

（一）土地细碎化严重，制约了粮食类家庭农场实现适度规模经营

样本粮食类家庭农场的平均土地经营规模为 520.13 亩，从土地经营规模来看，已经实现了适度规模经营，但是每个家庭农场平均拥有 19.02 块地，地块的平均面积只有 118.88 亩，因此，在地块层面仍然是较小的经营规模。分

区域来看，镇江句容市的土地细碎化最严重，其粮食类家庭农场的地块平均面积最小，均值仅为 39.21 亩。土地细碎化不仅限制了粮食类家庭农场实现适度规模经济，还提高了粮食生产成本，降低了农产品的竞争力，从而不利于实现农民增收和农业高质量发展。

（二）土地流转价格较高，降低了粮食类家庭农场主土地规模经营的积极性

过高的土地流转价格直接增加了家庭农场的生产成本，影响了家庭农场主实现土地规模经营的积极性。课题组调研发现，粮食类家庭农场 2022 年经营状况较好，每亩地的纯收入在 100～300 元，但是遇到自然灾害或市场行情不好时，每亩地的纯收入不足 100 元甚至亏本。这几年粮食价格上涨，土地流出方也相应涨价，以 2022 年为例，粮食类家庭农场平均每亩土地的租金已经达到 921.08 元。这样的成本在粮食价格高时农场主可以承受，但是因为粮价下跌时流转土地租金很难下降，这给农场主带来很大压力，进而导致农场主不愿意继续扩大经营规模，甚至选择兼业经营，以降低家庭的收入风险。

土地流转价格过高还提高了流入方的违约风险，这不仅不利于家庭农场的可持续发展，还形成了土地撂荒风险。由于农业生产有农时性，且土地流转市场是薄市场，如果农场主亏损进而选择违约，寻找新的经营者往往要耗费较长时间，可能引发土地撂荒的风险。

（三）土地流转期限较短、续租情况区域差异大，阻碍了农业生产效率提升

调研发现，近年来，受土地流转预期价格上涨的影响，流出方缩短土地流转年限的情况较普遍。例如，泰州兴化市家庭农场主多希望获得 10 年甚至更长的土地流转合同，但是流出方（多为农户）一般只同意 5～6 年的流转期限。

目前，江苏各地粮食类家庭农场流转土地续租的比例已经达到 87.48％，但是区域差异明显。无锡江阴市粮食类家庭农场的流转土地可以实现 100％的续租，但是镇江句容市粮食类家庭农场的流转土地只有 64.56％以续租方式获得，说明部分区域在流转土地续租方面仍然有较大的提升空间。

土地流转期限短、续租比例低的直接后果是降低了农场主对土地进行长期投资的积极性。由于土地流转期限短、续租存在不确定性，农场主不仅不愿意投入资金改良土壤，甚至会有短期行为（如掠夺式经营），从而不利于地力的保护和改善，并从总体上降低了农业综合生产效率。

四、政策建议

（一）多措并举，促进土地连片经营

推动高标准农田建设，为土地连片流转创造条件。解决土地细碎化困境的基础工作是土地整理。各级政府应该积极筹措资金，推动土地整理以实现土地连片；加强农田基础设施建设，提升土地质量，为土地连片流转创造有利条件。

通过宣传和政策引导，促进土地连片流转。基层要充分利用广播、电视等传统媒介和短视频等新媒体工具宣传土地流转政策，逐步消除农户不愿流出土地的事情发生。

鼓励相邻地块家庭农场共同生产，从而在农机作业层面实现规模经济。在土地细碎化现象可能长期存在的背景下，应鼓励相邻地块家庭农场通过自主协商或建立小范围合作经营组织的方式进行共同生产，以增加农机作业地块面积，减少土地细碎化给农机作业带来的不便，从而使不同家庭农场实现规模经济的共享。

（二）完善和创新扶持政策，降低家庭农场经营风险

政府在家庭农场经营过程中扮演着重要角色，有效推进家庭农场的稳定发展必然离不开政府的扶持。一方面，政府要进一步提高现有农业保险的理赔额度，并扩大收入保险的覆盖面，从而降低家庭农场的经营风险。另一方面，建议政府实行土地流转价格补贴，根据当地经济发展状况制定土地流转基准价格，当种粮土地实际成交价格超出基准价格时，对转入户给予一定比例的补贴，以提高其种粮积极性。

（三）突出土地经营者主体地位，鼓励土地长期流转

自 2014 年底中共中央办公厅、国务院办公厅印发《关于引导农村土地经营权有序流转发展农业适度规模经营的意见》以来，保障土地经营者的土地经营权益受到各级政府部门的重视。为进一步稳定家庭农场主的农业生产积极性，需进一步突出家庭农场在农业经营中的主体地位，切实维护其土地经营权益。

为实现规模经营和提高农业投资效率，各级政府要从如下 3 个方面入手来促进土地长期流转合约的形成。①鼓励村委会等发包方主动延长流转年限；②作为土地经营者的家庭农场主应利用好优先续期权，与土地流出方洽谈土地流转价格，以期获得长期经营权；③提高农民的社会保障水平，减少土地流出户对土地的社会保障性需求，从而使其更愿意签订长期流转合同。

粮食类家庭农场设施农业用地使用情况研究报告

一、设施农业用地的基本情况

本部分考虑从江苏省不同地区粮食类家庭农场设施农业用地的有无、拥有面积、专门存放农机等的附属设施配套用地的有无以及获得时间、获得方式和面积等方面，描述样本农场的基本情况。

（一）设施农业用地拥有情况

在 212 个粮食类有效调查样本中，拥有设施农业用地的家庭农场很少，共有 11 个，占比只有 5.19%（表 11 - 1）。从各地区来看，金湖拥有设施农业用地的家庭农场数量最多，有 4 个，由此可见该地区家庭农场设施农业用地政策可能实施较好，设施覆盖率较其他地区偏高。其次是句容和铜山地区，各为 2 个；反观江阴地区一个都没有，该地区粮食类家庭农场数量多于句容、海门，但拥有设施农业用地的数量却不及这两个地区，说明江阴地区对于设施农业用地的有关政策实施可能存在不足。从整体来看，苏北地区的铜山区、泗洪县和金湖县粮食类家庭农场占比以及其中拥有设施农业用地的家庭农场占比都相对较高；而苏南地区的江阴市和句容市这两类占比都相对较低，具有明显的地域性，这可能与不同地区的政策实施情况有关。

表 11 - 1   2022 年粮食类家庭农场设施农用地拥有情况

县 （市、区）	粮食类家庭农场		无设施农业用地		有设施农业用地	
	样本量 （个）	占全样本比 （%）	样本量 （个）	占样本比 （%）	样本量 （个）	占样本比 （%）
全省	212	36.24	201	94.81	11	5.19
铜山	34	40.48	32	15.09	2	0.94
泗洪	32	38.55	31	14.62	1	0.47
海门	12	14.46	11	5.19	1	0.47

（续）

县 （市、区）	粮食类家庭农场		无设施农业用地		有设施农业用地	
	样本量 （个）	占全样本比 （％）	样本量 （个）	占样本比 （％）	样本量 （个）	占样本比 （％）
兴化	55	63.22	54	25.47	1	0.47
江阴	21	26.58	21	26.58	0	0
金湖	44	51.76	40	18.87	4	1.89
句容	14	16.67	12	5.66	2	0.94

注：①粮食类家庭农场是指在种植类农场中只种植玉米、小麦、水稻的家庭农场；

②粮食类家庭农场占比是指其在总样本农场中的所占比例。

（二）设施农业用地占地面积情况

在 212 个有效调查样本中，拥有设施农业用地的粮食类家庭农场共有 11 个，其所在地区以及用地占地面积情况如图 11-1 所示。农场拥有的用地最大占地面积高达 220 亩，最低占地面积为 1 亩，并且大部分拥有用地面积在 1～50 亩区间内，由此可以看出在拥有设施农业用地的家庭农场内部用地占地面积也存在极大差距，大部分农场拥有用地面积偏小，只有个别农场有宽裕设施农业用地，由此可知江苏省粮食类家庭农场设施农业用地存在普遍规模较小的问题。同时观察用地占地面积最大的 3 个农场，这 3 个农场分布在泗洪县和金湖县，都处于苏北地区，由此可以推断苏北地区农业用地资源可能比其他地区多，并且农户对于设施农业用地的关注度可能较高。

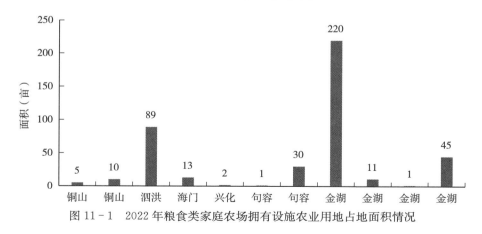

图 11-1　2022 年粮食类家庭农场拥有设施农业用地占地面积情况

（三）专门存放农机等的附属设施配套用地拥有情况

在 212 个有效调查样本中，拥有专门存放农机等的附属设施配套用地的粮食类家庭农场共有 87 个，占比为 41.04％。从不同地区来看，兴化市拥有专门存放农机等的附属设施配套用地的家庭农场数量最多，达到 25 个，如表 11－2 所示，其次是金湖县 21 个，这两个地区数量远超其他地区，由此可见苏中以及苏北地区家庭农场附属设施用地可能获得较容易，政府及农户重视程度高，相关政策实施较好。从地区内部来看，只有海门区拥有配套设施用地的农场个数大于没有该种用地的个数，这表明海门地区配套设施用地农户覆盖率较高。从整体来看，苏南苏北苏中普遍都存在附属配套设施用地覆盖不完全的问题，地域性不明显。

表 11－2　2022 年粮食类家庭农场专门存放农机等的附属设施配套用地拥有情况

县 （市、区）	粮食类家庭农场		无附属设施配套用地		有附属设施配套用地	
	样本量 （个）	占全样本比 （％）	样本量 （个）	占样本比 （％）	样本量 （个）	占样本比 （％）
全省	212	36.24	125	58.96	87	41.04
铜山	34	40.48	27	12.74	7	0.47
泗洪	32	38.55	22	10.38	10	4.72
海门	12	14.46	5	2.36	7	0.47
兴化	55	63.22	30	14.15	25	11.79
江阴	21	26.58	11	5.19	10	4.72
金湖	44	51.76	23	10.85	21	9.91
句容	14	16.67	7	0.47	7	0.47

（四）专门存放农机等的附属设施配套用地获得年份情况

在 212 个有效调查样本中，拥有专门存放农机等的附属设施配套用地的粮食类家庭农场共有 87 个，占比为 41.04％。其中有 6 个农场对于用地获得时间不太确定，因此不做具体分析，根据表 11－3 可以看出，获得年份集中在 2011 年至今，有 75 个，其中 2016—2020 年获得该用地的农场数量最多，有 40 个，约占全部的 46％，由此可以看出大部分家庭农场的配套设施用地都是在近 10 年才有的，随着时间的推移总体呈现上升趋势，说明近些年政府注意到设施用地问题，有关政策在不断完善，家庭农场设施用地问题正在不断改善。结合地区来看，2011 年以前获得该用地的 6 个农场分别位于江阴市、句容市及金湖县，一定程度上可以说明这 3 个地区对于配套设施用地的相关政策实施较早。

表 11 - 3　2022 年粮食类家庭农场拥有附属设施配套用地获得年份统计情况

县(市、区)	样本量(个)	2000—2005 年		2006—2010 年		2011—2015 年		2016—2020 年		2021—2025 年		未知	
		数量(个)	占样本比(%)	数量(个)	占样本比(%)	数量(个)	占样本比(%)	数量(个)	占样本比(%)	数量(个)	占样本比(%)	数量(个)	占样本比(%)
全省	87	3	3.45	3	3.45	21	24.14	40	45.98	14	16.09	6	6.90
铜山	7	0	0	0	0	1	1.15	3	3.45	2	2.30	1	1.15
泗洪	10	0	0	0	0	4	4.60	5	5.75	1	1.15	0	0
海门	7	0	0	0	0	1	1.15	5	5.75	1	1.15	0	0
兴化	25	0	0	0	0	5	5.75	13	14.94	2	2.30	5	5.75
江阴	10	0	0	1	1.15	2	2.30	6	6.90	1	1.15	0	0
金湖	21	2	2.30	2	2.30	5	5.75	6	6.90	6	6.90	0	0
句容	7	1	1.15	0	0	3	3.45	2	2.30	1	1.15	0	0

（五）专门存放农机等的附属设施配套用地获得方式情况

在 212 个有效调查样本中，拥有专门存放农机等的附属设施配套用地的粮食类家庭农场共有 87 个，占比为 41.04%。从获取方式来看，其他类的家庭农场个数最多达到 45 个，约占 51.72%，其中大部分是自建用地，个别是政府补偿以及朋友借用；其次通过租赁的有 27 个，约占 31.03%，直接购买的有 13 个，约占 14.94%，由此可以看出当前家庭农场主要还是通过农民自建获得。从不同地区来看，兴化市和金湖县的家庭农场各类获取方式占比都较高（表 11 - 4）。

表 11 - 4　2022 年粮食类家庭农场专门存放农机等的附属设施配套用地获得方式情况

县(市、区)	样本量(个)	租赁		购买		其他		未知	
		数量(个)	占样本比(%)	数量(个)	占样本比(%)	数量(个)	占样本比(%)	数量(个)	占样本比(%)
全省	87	27	31.03	13	14.94	45	51.72	3	3.45
铜山	7	3	3.45	1	1.15	3	3.45	0	0
泗洪	10	5	5.75	0	0	5	5.75	0	0
海门	7	2	2.30	1	1.15	4	4.60	0	0
兴化	25	6	6.90	4	4.60	14	16.09	2	2.30
江阴	10	3	3.45	1	1.15	5	5.75	0	0
金湖	21	6	6.90	4	4.60	11	12.64	1	1.15
句容	7	2	2.30	2	2.30	3	3.45	0	0

（六）专门存放农机等的附属设施配套用地占地面积情况

在 212 个有效调查样本中，拥有专门存放农机等的附属设施配套用地的粮食类家庭农场共有 87 个，占比为 41.04%。从占地面积来看，1 亩和 0 亩的数量最多达到 23，其次是 2 亩有 20 个，3 亩有 10 个，0～3 亩的家庭农场占绝大多数，这说明大部分家庭农场专门存放农机等的附属设施配套用地较小（表 11-5）。分地区来看，兴化市家庭农场该用地占地两极分化较为严重，海门区以及句容市该用地普遍规模偏小，泗洪县、江阴市以及金湖县农场拥有该地规模分布较平均。

表 11-5　2022 年粮食类家庭农场专门存放农机等的附属设施配套用地占地面积情况

县（市、区）	样本量（个）	占地面积（亩）									
		0	1	2	3	4	5	7	10	16	未知
全省	87	23	23	20	10	3	2	1	3	1	1
铜山	7	1	2	1	1	2	0	0	0	0	0
泗洪	10	1	2	3	1	1	1	0	1	0	0
海门	7	2	4	1	0	0	0	0	0	0	0
兴化	25	10	2	5	5	0	0	0	1	1	1
江阴	10	1	4	2	1	0	0	1	1	0	0
金湖	21	7	6	5	2	0	1	0	0	0	0
句容	7	1	3	3	0	0	0	0	0	0	0

二、设施农业用地存在的问题

江苏省作为农业大省，农业现代化发展水平位居全国前列，对保障粮食安全和重要农产品有效供给发挥了重要作用。但是，随着经济快速发展，设施农业用地也出现了一系列问题，影响了耕地保护和粮食安全。存在的问题主要体现在以下 5 个方面：

（一）设施农业用地缺乏科学规划，空间布局不合理

根据《江苏省土地利用总体规划（2006—2020 年）》报告显示，全省建设用地整体规模控制在 920 万亩以内，其中各地农业设施用地仅占建设用地总面积的 25%，占耕地总面积的 0.16%～0.5%，占地面积普遍较小。并且部分地区还存在选址不合理问题，在自然环境条件较差、生态脆弱地区建设，使得农

村集体建设用地、园地、林地等难以得到有效利用。这样不仅会增加经营成本，也会加重生态环境压力，最终导致地区发展不平衡。

（二）用地效益低下，农业规模化经营受到制约

当前，晒场、农具房、生产大棚长时间闲置，农户对用地采取粗放式利用等现象屡见不鲜，土地利用率低、效益低，难以满足规模化经营的需求。究其原因：一是用地退出机制不健全，缺乏长期未使用用地的强制合同解约、经济性惩罚等制度规定以及二次流转的渠道。二是缺少用地使用效率的合理评价机制，在政策上也缺少对于经营主体集约节约用地的引导行为。三是部分历史存量用地未被纳入现行管理体系，监管机制有待完善。

（三）政府缺乏对设施农业用地的补贴，政策实施效果不明显

近年来，国家持续关注农业经营补贴问题，2021年财政部、农业农村部实施强农惠农政策，加大对设施农业生产的经营主体的投入力度，采取先建后补方式对补贴对象进行指标化管理。但是，目前政府当前尚未出台专门针对设施农业用地的补贴政策。其中一部分原因是设施农业本身具有投入大、收益低的特点，政府补贴政策难以吸引农户从事设施农业生产，致使在实际生产过程中投入少；同时，农民对政府财政补贴缺乏信心，影响了政策实施效果。

（四）设施农业用地的分散化配置仍待改善

目前，江苏省设施农业用地主要由各经营主体自主申请，分散布局。选址随意性大，且分布小、散、乱，没有形成集中式供地使用模式。这种分散布局不仅增大了用地数量，造成有限土地资源的浪费，还造成了生产设施的重复性建设，加剧了产业链延伸中的供求失衡矛盾。

（五）设施农业用地管理不规范，存在土地违法现象

目前，江苏省对设施农业用地管理不够严格，存在超范围使用和擅自改变用途等问题。如，在设施农业用地审批过程中，有些地方审核不严，从而产生违规办理设施农业用地手续行为；为促进当地经济发展，未征求群众意见，擅自批准设施农业用地建设项目；还有些地方虽然在土地利用总体规划、村庄规划中预留了设施农业用地指标，但在实际用地过程中未按规定办理备案手续等。

三、政策建议

针对江苏省设施农业用地存在的问题从以下几个方面提出政策建议：

（一）优化设施农业用地布局

明确各类设施农业用地的规模和空间布局，通过引导和规范各类设施农业用地的发展，使其与农村集体建设用地、园地、林地等实现合理配置，以此提高土地利用效率，优化土地利用结构，促进设施农业健康发展。

（二）完善设施农业用地投入机制

加大对设施农业用地的投入力度，通过各种方式引导社会资本进入该领域。例如，可以设立专项基金，对设施农业用地项目提供资金支持；或者通过税收优惠政策，降低经营主体的生产成本，从而促进设施农业用地的可持续发展。

（三）推行设施农业用地集中配置

可以借鉴其他省份的成功经验，推行设施农业用地集中配置模式。通过引导经营主体集中申请用地，实现土地资源的集中利用，减少土地浪费和重复建设。同时，集中配置模式也可以促进产业链的整合和优化，提高设施农业的整体效益。

（四）加强设施农业用地监管

加大对设施农业用地的监管力度，防止违法违规使用土地资源。建立健全的设施农业用地管理制度，明确各类设施农业用地的使用标准和要求。同时，加大执法力度，对违法违规行为进行严厉打击，确保设施农业用地的合法合规使用。

（五）严格保护耕地，妥善处置永久基本农田

各地要严格执行《中华人民共和国土地管理法》《江苏省基本农田保护条例》等法律法规，加强对设施农业用地的用途管制。在设施农业项目区域内，禁止占用永久基本农田发展林果业和挖塘养鱼；禁止占用永久基本农田扩大自然保护地。对确需占用永久基本农田的，由县级政府依据土地利用总体规划和城市建设总体规划，对符合规定的项目用地予以安排。同时，严格控制农业设施建设用地规模，对不符合规定的建设项目用地一律不予批准。

（六）简化备案手续，提高用地保障效率

一是对设施农业建设项目进行备案管理。需使用集体土地的，由县级国土资源部门在用地预审时一并办理设施农用地审核审批手续。乡镇政府应做好备案材料收集，加强服务指导，对建设方案、用地协议等进行备案。二是简化用地审批手续。对直接从事或服务于农业生产的农产品加工、仓储物流、电子商务、科研、旅游观光等用地，不需办理农转用审批手续。

（七）落实耕地占补平衡，解决农业发展用地需求

在设施农业用地审批过程中，应充分利用土地整治、高标准农田建设等项目，加大耕地后备资源开发力度，确保设施农业用地需求。同时，积极争取中央和省财政支持，落实耕地占补平衡责任。在确保建设占用耕地及时足额补充到位的基础上，可以采取异地补充、跨区域调剂等方式，解决设施农业发展用地的实际需求。鼓励各地根据当地实际情况，制定切实可行的设施农业用地管理办法。

第十二章 CHAPTER 12

粮食类家庭农场主养老保险试点

一、家庭农场主养老保险的背景

在国家实施乡村振兴战略的背景下，家庭农场作为新型农业经济主体，兼顾了家庭经营和适度规模经营的优势，在现代农业经营体系中居于基础和核心地位。自 2013 年发布《关于积极稳妥发展家庭农场的通知》（苏农经〔2013〕6 号）以来，在"积极稳妥、示范引导、强化服务、务求实效"的指导思想下，江苏省委省政府高度重视家庭农场的建设运行与健康发展。江苏作为粮食大省，2022 年全年粮食总产量达到 753.8 亿斤①，产量连续 9 年保持在 700 亿斤以上，肩负着保障国家粮食安全的重大责任。2022 年江苏省纳入名录的家庭农场达到 16.8 万家，其中 40%以上从事粮食规模种植，土地经营面积超过 1 500 万亩，对全省稳粮保供发挥着重要作用。

近年来，江苏省家庭农场的经营情况和运行质态也在逐步增强，2021 年江苏省家庭农场平均经营面积为 126 亩，80%的家庭农场经营面积在 50～300 亩。家庭农场联盟总数达到 216 个，其中市级联盟 7 个、县级联盟 38 个，并且超过 5 万家家庭农场在市场监管部门注册登记，1 万多家通过农产品质量认证，4 000 多家拥有注册商标。截至 2023 年，江苏省承包地流转面积超过 3 300 万亩，流转率达 62%，其中流转入家庭农场的面积最多，达到了 1 146 万亩。江苏省累计培育各级（省市县三级）示范家庭农场数量超过 2 万家，其中省级示范家庭农场达到 2 855 家，是发展现代农业、实施乡村振兴的有生力量。

家庭农场作为目前规模种粮的重要主体，也是保障重要农产品供应的生力军，而养老保险涉及的则是农民群体长久的利益。大部分家庭农场主与普通农民一样，选择了按照 300～500 元/年的低档次城乡居民基本养老保险参保，会出现到龄后养老保障水平较低的情况。并且由于城乡居民养老保险的基本原则

---

① 斤为非法定计量单位，1 斤=0.5 千克。

为政府主导与居民自愿相结合，并没有强制参保的要求，所以部分家庭农场主虽有能力参保，但在考虑到未来每月所能够拿到的养老金较低而并未选择参保。2019 年 8 月 27 日，中央农村工作领导小组办公室、农业农村部、国家发展改革委等 11 个部门印发的《关于实施家庭农场培育计划的指导意见》中明确提出，鼓励有条件的地方引导家庭农场经营者参加城镇职工社会保险，有条件的地方可开展对自愿退出土地承包经营权的老年农民给予养老补助试点，体现出了国家对家庭农场主在养老保险方面的重视。

2021 年以来，面对当前种粮队伍普遍老化、农民养老金标准总体偏低的情况，江苏省农业农村厅首先在盐城市亭湖区、泰州市姜堰区、徐州市铜山区等 3 个省农村改革试验区进行试点，积极探索推出家庭农场主养老保险补贴政策，力求通过提高家庭农场主的"退休金"水平，以解决种粮农民的后顾之忧，调动家庭农场的种粮积极性，起到稳农护粮的作用。在 2022 年试点成功以后，江苏省农业农村厅开始逐步推行该政策，2023 年 2 月 16 日，江苏省农业农村厅在发布的《关于印发进一步促进农业农村经济发展若干政策措施的通知》中，鼓励各地出台家庭农场主养老保险补贴政策，对从事粮油作物种植的家庭农场经营者参加城镇职工社会保险或缴纳较高档次城乡居民养老保险予以补贴。各县（区）也普遍建立了由农业农村部门牵头、人社和财政部门参与的工作机制，结合实际细化家庭农场主养老保险补贴政策，编制家庭农场主养老保险补贴方案，制定补贴标准，推动政策落地落实，截至目前包括宿迁市宿豫区、盐城市盐都区、泗洪县、泗阳县在内，累计已有 16 个县（区）出台相关补贴政策，近 2 000 个家庭农场主符合补贴条件。

二、家庭农场主养老保险的基本情况

家庭农场养老保险补贴政策作为一条新的激励粮食规模经营的政策路径，在填补保障粮食安全政策体系空白的同时，也能够起到稳定种粮队伍、保障粮食安全、均衡城乡发展的作用，是落实党的二十大"健全种粮农民收益保障机制"的一条具体政策措施。

近年来，江苏城乡居民收入差距呈现逐年缩小的趋势，2022 年城乡居民收入比为 2.11∶1，但是城乡居民养老金收入之间的差距依然很大，提高家庭农场主"退休金"水平，在缩小城乡居民收入差距方面存在很大的潜力，可以明显缩小这种差距。根据家庭农场主养老保险细则测算，若家庭农场主选择参保每年缴费 5 000 元以上标准的城乡居民基本养老保险，其在缴费满 15 年之后每月可获得 800 多元的保障水平；而以灵活就业人员身份选择按照最低缴费基数参保城镇职工基本养老保险的家庭农场主，在缴费满 15 年后每月领到

1 200 多元，这对实现城乡均衡发展、推进共同富裕起到积极促进作用。

基于上述考虑，江苏省农业农村厅通过充分的调查论证明确了"四个适当"的家庭农场主养老保险补贴思路：一是补贴范围适当，集中各级财力，先期聚焦社会效益高、经济效益较低的粮油类家庭农场实施补贴。二是补贴门槛适当，与新型农业经营主体提升行动等相关政策同频共振，设置土地经营规模适度、不欠缴土地租金等补贴前置条件。三是补贴标准适当，对享受养老保险补贴的家庭农场主"退休金"水平实行"双限"，"限低"即补贴后的"退休金"能够满足家庭农场主基本生活开支，"限高"即不实行多缴多补，防止财政资金对个人补贴过度。四是补贴比例适当，以家庭农场主个人缴费为主、政策补贴为辅，确保补贴政策的稳定性、持续性和可推广性。

基于"四个适当"的家庭农场主养老保险补贴思路，家庭农场主养老保险具体内容如下：

（一）家庭农场主养老保险的补贴条件

1. **家庭农场经营规模**　全省各县（区）大多将家庭农场连续种植粮油作物（小麦、水稻、玉米、大豆、油菜）3 年以上、粮油种植规模在 300～1 500 亩以内等作为获得养老保险补贴的基本条件。同时，根据各地区资源以及经济发展状况的不同，可以适当放宽在经营规模方面的标准，例如，泰州市姜堰区将家庭农场粮油种植规模上限放宽到 1 800 亩，宿迁市宿豫区将标准下限放宽到 100 亩且连续种植 2 年以上。

2. **补助对象条件**　全省各县（区）严格限定补贴对象身份户籍，实行"一户一人、先缴后补"，每年审核补贴申请人条件，动态调整补贴对象名单。已享受本补贴政策的家庭农场，因种植面积或其他原因不再符合补贴条件的，将不再享受本补贴政策。在确定补贴对象上，大多数县（区）限定补贴对象为家庭农场主本人，盐城市盐都区将常年在家庭农场劳动的其他家庭成员纳入补贴对象。在户籍条件上，多数地区要求补助对象户籍须在本县（区），盐城市亭湖区、盐都区放宽到本省，泗阳县没有户籍限制。

（二）家庭农场主养老保险的补贴标准

各县（区）主要对家庭农场主参保更高水平城乡居民基本养老保险和以灵活就业身份缴纳养老保险，这两种参保类型予以定额或比例补贴，具体内容如下：

1. **鼓励家庭农场主参保更高水平城乡居民基本养老保险**　各县（区）普遍对继续选择城乡居民基本养老保险的家庭农场主，年缴费档次超过 5 000 元的，按照每年 2 500 元标准实行定额补贴。泗洪县按照家庭农场主每年缴费额的 50% 予以补贴，每年补贴最高不超过每年 4 000 元/人。宿迁市宿豫区对参加城乡居民基本养老保险的家庭农场主，根据种植面积分别按照年缴费额的 50%（400 亩以下）、60%（400 亩及以上）给予补贴。

2. 鼓励家庭农场主以灵活就业身份缴纳养老保险　对以灵活就业身份缴纳养老保险的家庭农场，盐城市亭湖区和盐都区、泗洪县等地按照当年最低缴纳基数的 30%～40% 予以补贴，泰州市姜堰区、泗阳县等地给予每年 4 000 元/人的定额补贴。此外，泰州市姜堰区对首次以灵活就业人员或以家庭农场为单位参加社会保险的家庭农场主给予每人 2 000 元奖励，并依据种植规模、种粮年限给予贡献奖励。泗洪县对种植油料作物单季 300 亩以上的家庭农场，养老保险补贴比例提高 10 个百分点，且每年补贴不超过 4 000 元/人。

（三）泗洪县家庭农场主养老保险的基本情况

2021 年以来，泗洪县以家庭农场高质量发展体系建设改革试点为契机，通过系统创建、示范引领和制度创新为举措，形成高效管理、风险防范、支持保障"三大"支撑体系，有效地助推了家庭农场高质量发展，促进乡村全面振兴。关于家庭农场养老保险补贴政策，泗洪县在 2021 年开展家庭农场综合险试点基础上，率先在全市开展家庭农场主养老保险补贴。该县在 2022 年根据江苏省文件提倡的方面，为切实贯彻落实国家粮食安全战略，进一步促进粮食种植高质量发展，提高从事粮食规模经营的家庭农场主"养老金"待遇水平，调动家庭农场种粮积极性，结合了泗洪县的实际条件，做出改革并增加了创新试点。出于有较多种植粮食的农户没有购买保险，并且年龄超限的较多，从而推出了家庭农场主养老保险补贴政策，并设置了 5 年的期限，5 年之内不调整补贴的条件和标准，5 年过后根据资金是否充足，以及发展后的状况来决定未来是否延续该政策。该政策通过在乡镇当地宣传，结合在微信的各地工作群中推广信息来让各地农户了解到。

截至 2023 年，泗洪县共有各类家庭农场 1 933 家，其中示范农场 370 家。2023 年初经家庭农场申报、乡镇审核、县级复核等相关程序，全县共有 15 家农场符合奖补条件，并且在本年 3 月，第一批补贴资金 4.88 万元已发放到位。而根据泗洪县的调研结果来看：一方面，在 83 户家庭农场的调研样本中有 74 户未申请家庭农场主养老保险，而在这之中，又有 64 户未申请的原因是对该政策不了解，较少部分是因为不满足申请条件或是担心补贴不到，不想选择养老保险缴费中的高档次；另一方面，大部分家庭农场主都只参保了较低档次的城乡居民养老保险，此外，有 18 位家庭农场主参保了城镇职工基本养老保险，且 2022 年缴纳的保费都在 1 万元左右，也有 6 位家庭农场主没有参保任何养老保险，部分由于收入较低不愿缴费，部分认为钱够用不需要养老保险，或是认为缴纳养老保险不划算。

符合条件并选择参保的农场主均表示，虽然现在缴得多，但未来缴满期限之后所能获得的退休金也较高，能够给自己的未来多一份保障，如果政府对参保更高水平养老保险发放补贴的话，也会更加倾向于选择申请。由此可知，在增强农场主保险意识的同时，也需要加强农场主对家庭农场养老保险的了解程度。

三、家庭农场主养老保险存在的问题

家庭农场主养老保险补贴是将种粮支持政策由生产环节和收购环节延伸至养老端的具体举措。能够有效提高符合条件的农场主对参保更高水平城乡居民基本养老保险的意愿，使得种粮成为老有保障的产业。但与此同时，由于家庭农场主养老保险补贴政策还处于初步的推行阶段，要想让广大家庭农场主都接受该政策，并做到精准补贴，还需要注意以下两点问题：

一是政策还处于初期阶段，根据泗洪县的调研结果来看，有超过 75％的农场主未详细了解过该补贴政策。考虑到样本中大多数的家庭农场主可能不擅长微信的使用，所以并没有及时收到相关的政策通知，普遍不了解，也不曾申请。并且，农民们跟风购买的情况较为明显，会存在没什么人申请，对此表示担心，所以出现不想申请的情况。

二是该补贴政策需要统筹足够的财政资金，随着市场经济体制下多元化思潮的冲击和养老保险的不断普及，农民的养老观念也在不断变化，会从最初的存钱开始转向缴纳养老保险，而随着家庭农场主养老保险补贴政策的出台以及推广，大部分农场主也会考虑逐渐向补贴对象的标准靠拢，参保更高水平的城乡居民基本养老保险，该补贴的需求则会不断上涨，从而对财政资金造成一定的压力。家庭农场主养老保险补贴政策的资金主要来源于政府统筹的各级涉农财政资金，这使得补贴资金能否及时到位是个未知数。

四、政策建议

家庭农场主养老保险补贴政策能够在一定程度上提高农场主对参保更高水平城乡居民基本养老保险的意愿，有效增强农场主未来的生活保障，使其种粮时更加安心，从而稳定种粮队伍，增加粮食规模经营对中青年的吸引力，可以提升家庭农场主的职业认同和身份认同，推动实现家庭农场的代际传承，缓解种粮后继无人的窘境。所以，政府有关部门在接下来的推广试点工作中，应当考虑以下两个方面，循序渐进地推动家庭农场主养老保险政策的落地实施和高质量发展。

一方面，各地政府应该加强该政策的宣传力度，考虑到历史和经济发展的原因，农民的文化知识水平普遍不高，部分农场主对于电子产品的接受度也较低，再加上从众心理较强，所以在宣传该政策时需要考虑到大部分农场主的接受能力与文化水平。也正因如此，在普及家庭农场主养老保险补贴政策时，相关部门可以选择以点带面的方式，发挥村内干部以及党员的优秀模范作用，让农场主们能够切实地感受到该补贴政策的优点以及对他们的帮助，从而调动符合条件的农场主参保更高水平城乡居民基本养老保险的热情，真正做到政策利民，使得农场主们能够安心与放心。

另一方面，各地政府应该完善其财政体系，并对于筹措到的资金进行精准补贴。考虑到各地资源以及经济发展水平的不同，部分地区基层政府财政困难，难以切实承担保费的补贴，这会在一定程度上影响家庭农场主养老保险补贴政策试点的积极性。所以，政府可以考虑设置省市区多级家庭农场主养老保险补贴的专项基金，按照年度符合申请条件的家庭农场主的个数及历年的资金使用情况，足额、及时拨付财政资金，完善其财政支持体系，并进行预算管理，做到精准补贴。

第十三章 CHAPTER 13

三大主粮完全成本保险试点发展

一、铜山区实施三大主粮完全成本保险的政策背景

2022 年，徐州市铜山区积极开展三大主粮完全成本保险工作，保障国家粮食安全。根据财政部、农业农村部、银保监会印发《关于扩大三大粮食作物完全成本保险和种植收入保险实施范围的通知》[①] 的要求（以下简称《通知》），江苏省拟在 56 个产粮大县（区）中开展三大主粮完全成本保险试点工作，徐州市铜山区在试点之列。这次政策实施范围的扩大不仅体现在省份的数量层面，还体现在保险保障对象范围层面，它将适度规模经营农户和小农户都纳入了保障范围，进一步提升了农户种粮积极性，满足了他们的风险保障需求。

徐州市铜山区积极推动三大主粮作物完全成本保险发展，切实做好扩面提标工作。铜山区财政局、农业农村局、承保公司和各乡镇相关部门上下联动，形成合力地推进全区三大主粮完全成本保险试点工作。在保费补贴层面，铜山区在江苏省财政厅提出要求的基础上，设定财政补贴 5.6 元/亩[②]，减轻了农民支付保费的负担，扩大了三大主粮完全成本保险的实施范围，提高了保险保障水平。在保险理赔层面，铜山区不断完善三大主粮完全成本保险理赔程序，不仅要求承保公司在签订保单和保险理赔时资料齐全，避免存在赔付失误的问题；而且对承保公司进行理赔所需要的不同流程花费的时间提出了明确的要求，从而提升了保险理赔效率，提高了农户满意度。

综上所述，2022 年，徐州市铜山区积极响应国家政策，做好三大主粮完全成本保险实施的工作准备，稳定农业生产，保障粮食安全。本部分余下内容

[①] 资料来源：《关于扩大三大粮食作物完全成本保险和种植收入保险实施范围至全国所有产粮大县的通知》，https://www.gov.cn/zhengce/zhengceku/202307/content_6891795.htm。

[②] 资料来源：《实施完全成本保险 铜山区粮食生产更"保险"》，http：//czt.jiangsu.gov.cn/art/2022/6/14/art_77300_10492755.html。

安排如下：第二部分为铜山区三大主粮完全成本保险发展分析，第三部分为铜山区三大主粮完全成本保险存在的问题，第四部分为铜山区三大主粮完全成本保险的政策建议。

二、铜山区三大主粮完全成本保险发展分析

（一）铜山区三大主粮完全成本保险的基本介绍

铜山区三大主粮完全成本保险的保险条款主要包括适用对象、保险标的、保险范围、保险责任、保险金融、保险费率、保险期间和赔偿处理 8 个方面，具体内容如表 13－1 所示。

徐州市铜山区三大主粮完全成本保险不仅保险责任范围广，而且其保障水平也高。如表 13－1 所示，一方面，三大主粮完全成本保险的保险责任包含了徐州市铜山区主要的自然灾害、意外事故和病虫草鼠害，以更加广泛的保险责任范围解决徐州市铜山区农户种粮的后顾之忧。另一方面，三大主粮完全成本保险的保险金额覆盖了直接物化成本、土地成本和人工成本等农业生产总成本，以更高的保险保障水平稳定农户生产收入，从而保障铜山区粮食的有效供给。综上所述，徐州市铜山区三大主粮完全成本保险能够有效防范农业生产风险保障粮食安全。

表 13－1　水稻和小麦完全成本保险条款

项目	水稻完全成本保险	小麦完全成本保险
适用对象	从事水稻种植的适度规模经营农户、小农户和农业生产经营组织	从事小麦种植的适度规模经营农户、小农户和农业生产经营组织
保险标的	水稻	小麦
保险范围	①经过政府部门审定的合格品种，符合当地普遍采用的种植规范标准和技术管理要求； ②种植场所在当地洪水水位线以上的非蓄洪、行洪区； ③生长和管理正常	
保险责任	在保险期间内，由于下列原因直接造成保险水稻或者保险小麦的损失，且损失率达到 10%（含）以上的，保险人按照本保险合同的约定负责赔偿： ①暴雨、洪水（政府行蓄洪除外）、内涝、风灾、雹灾、低温冷害、高温热害旱灾、地震等自然灾害； ②火灾、泥石流、山体滑坡等意外事故； ③病虫草鼠害	

（续）

项目	水稻完全成本保险	小麦完全成本保险
保险金额	保险水稻的每亩保险金额参照保险水稻生长期内所发生的种植成本（包括种子成本、化肥成本、农药成本、灌溉成本、机耕成本、地膜成本、地租成本、人才成本等）确定，具体保险金额以保险单载明为准	
保险费率	3.5%	4%
保险期间	自保险水稻在田间移栽成活返青后或自出苗（苗齐）时开始至成熟（收割）时止，具体保险期间以保险单载明为准	自保险小麦齐苗时起至成熟（收割）时止，具体保险期间以保险单载明为准
赔偿处理	①全部损失：损失率达到 80%（含）以上的，按全部损失计算赔付，经一次性赔付后，保险责任自行终止。赔偿金额＝保险事故发生时保险水稻或小麦对应生长期的每亩最高赔偿金额×受损面积； ②部分损失：损失率达到 10%（含）以上的，但未达到 80%（不含）的，按部分损失计算赔付。赔偿金额＝保险事故发生时保险水稻或小麦对应生长期的每亩最高赔偿金额×受损面积×损失率	

注：①玉米完全成本保险条款资料缺失，表格中未展示该险种的具体信息。

②损失率＝单位面积植株平均损失数量（或平均损失产量）/单位面积植株平均数量（或平均正常产量）×100%。

（二）铜山区三大主粮完全成本保险保费及补贴安排

从单位保额数值来看，徐州市铜山区水稻完全成本保险发展良好。如表 13-2 所示，徐州市铜山区水稻完全成本保险单位保额为 1 300 元/亩，小麦完全成本保险和玉米完全成本保险的单位保额相同，均为 1 000 元/亩。

从费率数值来看，徐州市铜山区玉米完全成本保险发展良好。如表 13-2 所示，徐州市铜山区玉米完全成本保险费率 5.50%，单位保费为 55.00 元/亩。水稻完全成本保险的费率最低，仅为 3.50%，单位保费为 45.50 元/亩。小麦完全成本保险的费率处于中间水平，为 4.00%，单位保费为 40.00 元/亩。

表 13-2　2022 年铜山区三大主粮完全成本保险分作物保额及保费安排

分类	单位保额（元/亩）	费率（%）	单位保费（元/亩）
小麦完全成本保险	1 000.00	4.00	40.00
水稻完全成本保险	1 300.00	3.50	45.50
玉米完全成本保险	1 000.00	5.50	55.00

从县（区）级保费补贴比例数值来看，徐州市铜山区小麦完全成本保险发

展良好。如表 13－3 所示，小麦完全成本保险的县（区）级保费补贴比例最高，达 14.00%。玉米完全成本保险的县（区）级保费补贴比例最低，仅为 10.18%。水稻完全成本保险的县（区）级保费补贴比例处于中间水平，为 12.30%。各主粮作物完全成本保险的中央、省级和市级层面的保费补贴比例情况一致。

从农户自缴保费数值来看，徐州市铜山区小麦完全成本保险发展良好。如表 13－3 所示，小麦完全成本保险的农户自缴保费比例仅为 21.00%，农户需要自缴保费 8.40 元/亩。玉米完全成本保险的农户自缴保费比例最高，达 24.82%，农户需要自缴保费 13.65 元/亩。水稻完全成本保险的农户自缴保费比例处于中间水平，为 22.70%，农户需要自缴保费 10.32 元/亩。

表 13－3　2022 年铜山区三大主粮完全成本保险分作物保费补贴及保费安排

分类	保费补贴比例（%）				农户自缴保费	
	中央	省级	市级	县（区）级	自缴比例（%）	自缴保费（元/亩）
小麦完全成本保险	35.00	30.00	0.00	14.00	21.00	8.40
水稻完全成本保险	35.00	30.00	12.30		22.70	10.32
玉米完全成本保险	35.00	30.00	0.00	10.18	24.82	13.65

（三）铜山区三大主粮完全成本保险承保情况

2022 年，徐州市铜山区三大主粮完全成本保险发展良好。如表 13－4 所示，徐州市铜山区三大主粮完全成本保险的承保数量为 145.44 万亩，保险覆盖率为 78.89%。其中，水稻完全成本保险的承保数量为 43.34 万亩，且其保险覆盖率很高，达到 90.71%；小麦完全成本保险的承保数量最多，达到 59.83 万亩，但是其保险覆盖率相对较低，为 66.04%。由于种植面积较少，玉米完全成本保险的承保数量也最少，仅为 42.26 万亩，但是其保险覆盖率水平最高，达到 91.90%。

表 13－4　徐州市铜山区三大主粮完全成本保险承保情况

地区	分类	承保数量（万亩）	保险覆盖率（%）
铜山区	全地区	145.44	78.89
	小麦完全成本保险	59.83	66.04
	水稻完全成本保险	43.34	90.71
	玉米完全成本保险	42.26	91.90

三、铜山区三大主粮完全成本保险存在问题

2022 年，徐州市铜山区三大主粮完全成本保险虽然总体发展良好，但同时也存在着以下三方面问题有待进一步解决。

（一）保险发展结构有待进一步优化

虽然徐州市铜山区的完全成本保险的保险覆盖率水平和保费补贴比例总体较高，但各作物的保险覆盖率和保费补贴比例仍有差异。在保险覆盖率层面，玉米完全成本保险发展较好，保险覆盖率高达 91.90％，但小麦完全成本保险的保险覆盖率仅为 66.04％，拉低了徐州市铜山区的整体完全成本保险的保险覆盖率水平。在保费补贴比例层面，小麦完全成本保险的区（县）级保费补贴比例最高，高达 14.00％，玉米完全成本保险的区（县）级保费补贴比例最低，仅为 10.18％。综上所述，徐州市铜山区三大主粮完全成本保险不同作物保险覆盖率和保费补贴比例方面具有差异，仍需进一步优化各主粮作物完全成本保险的实施方案。

（二）保险补贴机制有待进一步完善

徐州市铜山区三大主粮完全成本保险的保费补贴较高，但针对不同农户的保费补贴机制仍有进步空间。徐州市铜山区按照国家和江苏省的部署，在省级及以上保费补贴 65％的基础之上，对各主粮作物完全成本保险实施差异化补贴方案。然而，结合徐州市铜山区三大主粮完全成本保险保费补贴情况来看，虽然三大主粮完全成本保险将适度规模经营农户、小农户和农业生产经营组织纳入了保障范围，但其保费补贴比例并没有进一步区分，没有综合考虑参保农户的承受能力和保障需求。因此，徐州市铜山区三大主粮完全成本保险的保费补贴机制能否精准满足不同种植规模农户的需求还有待进一步探索。

（三）保险政策宣传有待进一步加强

徐州市铜山区农户对三大主粮完全成本保险政策了解程度不高。目前，保险政策宣传工作主要由当地保险公司负责，而其在人力、责任心等方面存在的不足导致铜山区三大主粮完全成本保险政策宣传并不能很好地深入到户。这就造成了实际调研过程中的大部分农户并不清楚铜山区是否开展了三大主粮完全成本保险，他们对三大主粮完全成本保险的主要条款、主要用途等方面也不清楚。综上所述，徐州市铜山区应该正视保险宣传和保险知识普及中存在的问题，找准保险宣传普及着力点，不断增强宣传工作的积极性和有效性。

四、政策建议

（一）优化保险作物结构，促进保险协调发展

相关部门应促进三大主粮完全成本保险的协调发展，提升铜山区完全成本保险整体的发展水平。具体而言，铜山区的相关部门可以将三大主粮完全成本保险的保险覆盖率指标纳入综合考核目标，找到三大主粮完全成本保险发展水平之间的差距，及时弥补不足之处，尤其将工作重点放在提升小麦完全成本保险的覆盖率上，促进铜山区三大主粮完全成本保险的协调发展。

（二）精细保险产品设计，实施差异化补贴方案

徐州市铜山区的相关部门应进一步加强三大主粮完全成本保险产品设计的精细化程度：一方面，政府部门应该考虑不同地方的经济发展水平，放弃一刀切的保费补贴标准，提供对保费补贴方式和保费补贴比例实施差异化方案。另一方面，针对不同种植规模的农户，保险公司应该在提高保险保障水平的基础上，根据其实际的经营成本和收入情况，完善多层次、差别化的三大主粮完全成本保险的保费补贴机制。例如，根据适度规模经营农户、小农户和农业生产经营组织的差异需求对补贴率进行动态调整，从而激发他们的参保意愿，提升铜山区三大主粮完全成本保险的参保率。

（三）加强保险宣传力度，创新保险宣传方式

徐州市铜山区三大主粮完全成本保险的良好发展离不开多层次、有特色的政策宣传活动：一方面，政府和保险公司可以通过张贴保险海报、开展演讲会、发放传单等方式，深入田间地头广泛宣传三大主粮完全成本保险并辅之理赔案例，提高农户参保意识，让农户更加直观地了解完全成本保险。另一方面，优秀的宣传团队有助于讲好三大主粮完全成本保险的故事。相关工作人员可以采取录制短视频的方式，将三大主粮完全成本保险以更加形象的方式传递到农户当中，让广大农户充分了解该险种对于生产的重要性，提高农户参保积极性。另外，相关部门还可以依靠科技赋能进行保险宣传，充分运用大数据、物联网、人工智能等新兴科技，将保险宣传多方面融入农户生活之中。

第十四章 CHAPTER 14

家庭农场"随手记"记账软件使用情况研究报告

一、家庭农场使用"随手记"APP 的推广与使用

家庭农场兼具家庭经营和规模经营优势的新型农业经营主体，是现代农业经营体系的基础和核心，目前我国家庭农场快速发展达 390 万家，成为推动现代农业发展的重要力量。家庭农场以家庭经营为基本单元，具有生产经营与家庭生活融合度高的特点，充分利用家庭劳动力资源，减少用工和管理成本，但也存在着家庭农场成本核算意识淡薄、账目不清等问题，一定程度上影响了家庭农场提升发展质量。因此，规范家庭农场财务管理，引导提升家庭农场经营管理水平迫在眉睫。2020 年，农业农村部《新型农业经营主体和服务主体高质量发展规划（2020—2022 年）》明确提出鼓励各地设计和推广使用家庭农场财务收支记录簿。2022 年，农业农村部《农业农村部关于实施新型农业经营主体提升行动的通知》，要求建立家庭农场规范运营制度，组织开发家庭农场"随手记"记账软件。

为更好地服务全省家庭农场，引导家庭农场将生产经营与家庭生活独立核算，实现规范化财务管理，提高家庭农场的经营数字化管理水平，江苏省依托农业农村大数据云平台建设项目，针对家庭农场主普遍缺乏会计专业知识等问题，深入调研家庭农场主记账习惯，定制化推出具有好上手、易操作、效率高等特点的家庭农场"随手记"APP，让家庭农场主会用、想用、免费用，潜移默化中养成良好记账习惯，逐步提升家庭农场数字化经营水平，为当地提升家庭农场生产、经营高质量发展，以及实现农业农村行业管理决策精细化、科学化、智能化提供有力支撑。

家庭农场"随手记"是由农业农村部农村合作经济指导司组织开发的一款供家庭农场免费使用的记账软件，由基本信息、库存记录、债权债务、报表查询、政策宣传等 7 个功能模块构成，能够满足家庭农场财务收支、生产销售等基本记账需求，同时具有简便易懂、方便快捷、智能高效且隐私保护的特点。

加大对"随手记"记账软件的宣传引导力度，并以此为契机，在发展思路、政策扶持、产业链延伸、特色品牌打造等方面同时发力，助力家庭农场扬长避短，优化管理水平，增强抵御风险能力，有效扩宽农民经营性和财产性增收渠道，让家庭农场成为引领现代化农业发展、推动乡村振兴的重要力量，为乡村振兴开辟新路径，注入新活力。

二、家庭农场"随手记"记账软件使用情况

（一）各县（市、区）家庭农场"随手记"记账软件总体使用情况分析

从图14-1来看，各县（市、区）全部家庭农场在生产经营过程中记账的达到了60.34%，其中有163个家庭农场使用"随手记"APP记账，占比为27.86%，在记账的家庭农场中使用"随手记"APP的家庭农场占比为46.8%。

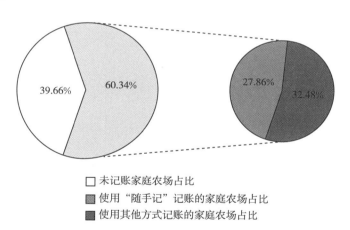

图14-1 全省家庭农场使用"随手记"的基本情况

从各县（市、区）数据来看，泗洪县、兴化市和铜山区使用"随手记"APP的家庭农场占比分别为38.55%、36.78%、35.71%，而海门区使用"随手记"的农场占比仅有9.64%。此外，苏南地区的"随手记"使用率显著低于苏北地区，如江阴和句容两市家庭农场"随手记"使用率分别为32%、38.98%，远低于铜山区和泗洪县（图14-2、表14-1）。

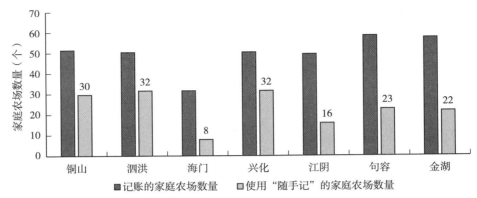

图 14-2　各县（市、区）全部家庭农场使用"随手记"记账的使用情况

表 14-1　2022 年各县（市、区）全部家庭农场使用"随手记"软件的使用情况

县（市、区）	样本量（个）	生产经营中记账的农场		使用"随手记"的农场		"随手记"使用率（％）
		数量（个）	占比（％）	数量（个）	占比（％）	
全省	585	353	60.34	163	27.86	46.18
铜山	84	52	61.90	30	35.71	57.69
泗洪	83	51	61.45	32	38.55	62.75
海门	83	32	38.55	8	9.64	25.00
兴化	87	51	58.62	32	36.78	62.75
江阴	79	50	63.29	16	20.25	32.00
句容	84	59	70.24	23	27.38	38.98
金湖	85	58	68.24	22	25.88	37.93

注："随手记"使用率＝使用"随手记"APP 的家庭农场数/记账的家庭农场数。

（二）按家庭农场类型分组的"随手记"记账软件的使用情况分析

从家庭农场类型来看，种植类家庭农场中，在生产经营中记账的农场数量为 234 个，使用"随手记"记账的家庭农场有 114 个，占 28.15％，"随手记"的使用率最高，达到 48.72％（表 14-2）。粮食类家庭农场中，使用"随手记"记账的家庭农场有 26.29％。养殖类家庭农场中，在生产经营中记账的农场有 65.52％，而使用"随手记"的农场有 27.59％，"随手记"的使用率只有 42.11％。种养结合类家庭农场的"随手记"记账软件的使用情况与养殖类家庭农场接近。

表 14 - 2　2022 年各类型家庭农场"随手记"记账软件使用情况

项目	样本量（个）	生产经营中记账的农场		使用"随手记"的农场		"随手记"使用率（%）
		数量（个）	占比（%）	数量（个）	占比（%）	
种植类	405	234	57.78	114	28.15	48.72
其中：粮食类	213	119	55.87	56	26.29	47.06
养殖类	29	19	65.52	8	27.59	42.11
种养结合类	151	100	66.23	41	27.15	41.00

（三）按土地经营规模分组的"随手记"记账软件的使用情况分析

家庭农场"随手记"记账软件的使用情况在一定程度上受到土地经营规模的影响。下面将进一步统计分析家庭农场"随手记"记账软件的使用情况如何随土地经营规模的变化而变化（表 14 - 3）。

表 14 - 3　2022 年全省全部家庭农场经营规模分组"随手记"记账软件使用情况

经营规模（亩）	样本量（个）	平均雇佣工人（个）	生产经营中记账的农场		使用"随手记"的农场		"随手记"使用率（%）
			数量（个）	占比（%）	数量（个）	占比（%）	
<50	86	13.02	44	51.16	14	16.28	31.82
[50，100)	87	28.66	55	63.22	26	29.89	47.27
[100，150)	69	22.94	37	53.62	13	18.84	35.14
[150，200)	35	36.49	20	57.14	8	22.86	40.00
[200，500)	182	38.66	109	59.89	50	27.47	45.87
[500，1 000)	88	42.44	62	70.45	35	39.77	56.45
≥1 000	38	271.32	26	68.42	17	44.74	65.38

总体来看，家庭农场中使用"随手记"的农场数量、占比以及"随手记"的使用率随着家庭农场经营规模的增大呈现出不同程度的增加趋势。经营规模在 50 亩以下到 150 亩之间，"随手记"的使用率为先上升后下降，经营规模在 150 亩到 500 亩之间，"随手记"的使用率增加较为平缓，超过500 亩之后，"随手记"的使用率快速增加，在超过 1 000 亩之后，"随手记"的使用率达到 65.38%。从图 14 - 3 来看，平均雇佣人数随土地经营规模的变化与"随手记"使用率的变化一致，这表明雇佣工人数越多，"随手记"的使用率越高。

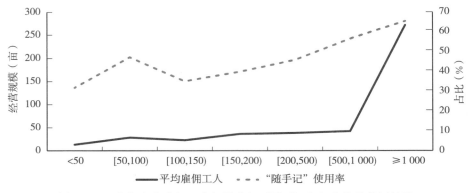

图 14－3　全部家庭农场经营规模分组"随手记"记账软件使用情况

三、家庭农场"随手记"记账软件使用存在问题

切实做好家庭农场财务管理，建账记账是加强家庭农场经营管理的必要措施，也是推进家庭农场规范建设的重要保障。从此次调研结果来看，"随手记"应用的使用率不算很高，地区之间差别也不小。根据分析应当是以下因素造成的：

（一）家庭农场主普遍年龄偏大与文化水平有限

家庭农场"随手记"记账软件的使用情况在不同年龄的农场主身上有着不同的表现。下面将进一步统计分析家庭农场"随手记"记账软件的使用情况如何随农场主年龄的变化而变化（表 14－4）。

表 14－4　2022 年全省全部家庭农场经营规模分组"随手记"记账软件使用情况

农场主年龄（岁）	样本量（个）	生产经营中记账的农场		使用"随手记"的农场		"随手记"使用率（%）
		数量（个）	占比（%）	数量（个）	占比（%）	
＜30	10	7	70.00	5	50.00	71.43
[30，40)	74	50	67.57	28	37.84	56.00
[40，50)	147	93	63.27	50	34.01	53.76
[50，60)	272	164	60.29	68	25.00	41.46
≥60	81	39	48.15	12	14.81	30.77

从统计情况不难看出，随着农场主年龄段的增大，"随手记"的使用率也在不断下滑（图 14－4）。在农村地区，农户的文化素养普遍较低，尤其是家

庭农场主的年龄也普遍偏大，受教育水平有限。受限于文化素养的水平，很多农户的生产成本意识较低，把家庭生产开支与家庭生活开支混为一谈，长此以往不利于家庭农场的长远健康发展，同时也意味着许多农场主缺乏对新技术和应用的理解和接受能力，尤其是涉及数字工具的使用。根据实际调研过程中农场主的反馈，他们可能对记账 APP 这类应用不够熟悉，往往认为这些工具过于复杂，可能觉得使用智能手机和此类软件麻烦，因此他们更倾向于坚持传统的农业管理方式，如手工记账等。还有一些家庭农场主有着信息安全的需求，他们担心将敏感的农业数据存储在手机或云端，担忧数据的安全性和隐私泄露问题。因此需要采取教育和培训措施来提高农户的数字素养和应用意识，在推广时向农户说明软件对于隐私信息的管理和保护，同时需要提供针对不同年龄层次的培训和支持，以帮助老年农场主适应数字化农业管理工具。

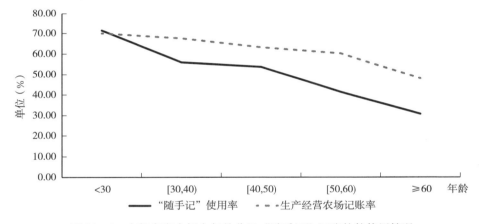

图 14 - 4　全部家庭农场主年龄分组"随手记"记账软件使用情况

（二）家庭农场的经营模式的限制与农户的数字化经营理念缺失

家庭农场是以农户家庭为经营单元，从事农业规模化生产的新型农业经营主体。也就是说家庭农场通常以家庭为基础，经营状况和信息由家庭成员自行掌握。当家庭农场中雇佣工人和家庭以外的其他工作人员较少的情况下，一些农场主可能认为已经有足够的财务信息了解，不需要再额外使用记账 APP 等工具，也就是这种经营模式下带来的信息使得农场主拒绝数字化工具对于农场经营的辅助。因此很多家庭农场主的数字化转型意识相对薄弱，他们可能认为传统的纸质记录足够满足需求，不太愿意尝试新的数字工具。根据数据来看，在记账的方式中，手写账本的使用率依然占比不小，达到了 31%，而采用手机、电脑等工具方式的占比仍需要进一步提升，也是后续需要着重宣传改进的空间（图 14－5）。

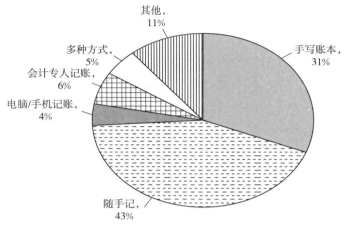

图 14－5　记账家庭农场的不同记账方式占比情况

根据调研数据，家庭农场主年龄为 40 岁以下的，"随手记"使用率高达 57.89％，30 岁以下则达到了惊人的 71.43％，40 岁以下的农场主平均受教育年限为 12.74 年，可见在江苏省家庭农场繁荣发展的浪潮下，已经涌现了一批优秀的 80 后、90 后具有大专以上学历的年轻一代职业农场主，带头有效提升家庭农场经营管理水平，注重经营理念的转变和视野思路的开阔，对于数字化变革下新兴工具的使用更为得心应手，但是我们也发现，仍有相当一部分农场主缺乏数字化的经营理念，需继续加强向农场主传达数字化工具提高财务信息管理效率，强化经营理念转变的意识。

（三）家庭农场的土地经营规模与经营种类的差异

不同种类的家庭农场存在差异，特别是在土地经营规模方面。由于"随手记"自身的便捷性、实用性，帮助农场主更好地管理农业活动和记账记录。从调查数据来看，经营规模在 500 亩以内的家庭农场，"随手记"的使用率均未超过 50％，而超过 1 000 亩规模的农场则可以达到 65％以上。土地规模较小、经营种类单一的农场主本身记账的需求可能更少使用记账 APP 等应用，因为他们的管理工作相对较少，相对较简单，不需要大规模的数字化记录和分析（图 14－6）。而土地规模较大时，或是经营类别较为综合性时，需要的农资的数量和种类繁多，资金的周转也较为频繁，手工记账多有不便，而雇佣会计也会降低信息可访问性和管理的便捷性，因此经营规模较大，需要处理更多细碎事务的农场主则更有动力使用这些工具来减少烦琐的工作量。从调研结果看到，苏北地区的"随手记"使用率要高于苏南，一部分原因可能是由于苏南地区的经济类作物或养殖类的农场发展水平较高、规模较大，部分已经自行采用其他类型的企业会计软件或者已有专门的财务人员管理团队，对"随手记"的使用具有可选择性，另一部分原因可能在于苏北地区往往是以土地规模较大的种植类家庭农场居多，对于"随手记"此类的记账需求也随之增加。除此之外，不同经营种类的家庭农场主对于记账模块的需求也不同，"随手记"的多模块固然是好的，但是也需要根据农场的特点对农场主提供个性化的支持和培训，以确保应用的有效推广和利用。

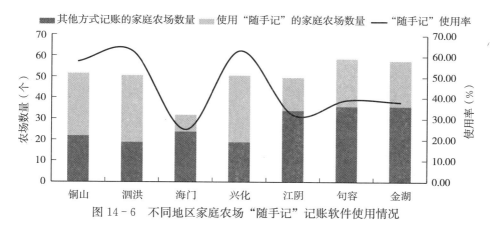

图 14-6　不同地区家庭农场"随手记"记账软件使用情况

四、政策建议

（一）加强对农户的培训教育，提升农场主数字文化素养

由于农场主普遍受教育水平较低，数字文化素养较低，为了继续良好推广"随手记"的使用，政府和农业部门可以开展广泛的贴近农民的教育与培训计划，包括数字化技能培训，重点培训农场主如何使用记账 APP 以及数字化农业管理工具。根据农场主不同年龄、学历、经营种类等特点及自身的需求设计和提供个性化的培训计划；并派遣有经验的数字化教育者或年轻家庭农场主带领老龄农场主，指导他们使用数字工具，开阔视野，转变传统的经营理念；明确强调数字技能在实际农业管理中的应用，增加学习的实用性和动机。同时提供技术支持渠道，确保家庭农场主在使用"随手记"等数字工具时能够获得必要且及时的帮助和支持。

（二）提升"随手记"软件的人性化和个性化服务

首先可以加入语音识别功能，考虑到这个软件面向的主要是年龄较大的家庭农场主，对于电子类软件的操作能力可能较差而产生不便。建议在记账软件当中加入语音识别模块，简化老年群体记账的过程；其次简化注册程序，实现手机号验证码就可以注册的程度。过于复杂的注册流程容易让记账户觉得烦琐而产生厌烦情绪；将计量单位多元化，加入一些口语化的计量单位，并可以供用户自己选择何种计量单位作为默认计量单位，减少由于换算计数错误的困扰；添加自动折算功能，对常用的物品单位、质量进行记录并且转化。简化折算，减少记账户产生抵触记账的情绪。建议按照日常生活习惯，后台自动标注消费者常用购买清单，对一些经常出现的产品，及时补充数量单位并实现程序自动折算的功能。

（三）增强软件信息管理，满足农场主的隐私需求

首先就软件自身而言，后台信息内容及时上传云端，在记账户设备更换或者遗失时，能及时找回原有的记账记录，不至于丢失数据。通过后台管理模块将账号密码、交易信息和资金流转情况等全部保存下来，使客户随时查询到自己的账目情况。并且可以联通支付宝、微信这类电子支付软件，方便记账户及时把自己在其他软件中产生的相关账目导入记账软件当中；其次政府应制定严格的数据加密和隐私保护法规，要求所有数字农业管理工具和应用必须符合一定的安全标准，并及时告知农户并宣传到位，以确保使用"随手记"等记账软件家庭农场主的敏感数据受到充分的保护。

（四）加大"随手记"记账软件的有效宣传和督导力度

各级农业农村部门要高度重视"随手记"记账软件的推广活动，通过组织动员部署、纳入培训课程、进村入场宣讲等多种方式，加大对"随手记"记账软件的宣传推广力度，扩大政策知晓率，引导家庭农场自愿安装使用。要积极拓展家庭农场"随手记"记账软件应用领域场景，利用社企对接、政银合作等机制，向农业产业链上下游市场主体、金融保险机构等集成推送家庭农场"随手记"的相关内容，便于其与家庭农场开展业务合作，为家庭农场提供精准服务。此外，鼓励各地区结合本地实际制定实施意见，加强对本地区"随手记"记账机推广应用情况的督查指导，定期登录名录和"随手记"系统，了解各自地区家庭农场"随手记"安装使用进展情况，及时反馈探索的好经验、好做法，将定期通报"随手记"记账软件推广工作进展情况，确保工作稳步推进。

五、小结

总体来看，家庭农场"随手记"作为一款为家庭农场量身定做的智能化记

账软件，切实考虑了家庭农场主的记账需求，使得家庭农场的经营情况记录更加规范可查，从而优化和提升农场整体的管理水平，切实为江苏省家庭农场的良好发展提供了助推力，让其在推动乡村振兴的道路上行稳致远。然而，从数据统计情况来看，"随手记"软件的实际推广还存在一定的上升空间，并且在调研过程中发现农户在了解和使用过程中还存在诸多问题。

（1）部分地区对于"随手记"软件使用率较低。从浅层角度来看，是由于推广力度不够大，或者是实际开发的记账程序还不能完全与农场主的需求适配；从深层次来分析，则是由于行业特有年龄结构下农场主本身的知识素养和认知水平还不足以完成记账软件使用的全覆盖，对于软件的推广还需要更加贴近农场主的生产经营，采用通俗易懂、生动而不失专业的方式增进农场主对"随手记"软件的了解，以增进其经营家庭农场的管理水平。

（2）"随手记"软件不能完全切合农场主的现实需求。通过调查发现，不同规模以及不同经营模式的家庭农场对于记账的需求有所差异，而农场的规模和经营种类、经营模式又与当地的经济发展水平、地区特色产业结构、贷款保险政策执行等有着不可分割的关系，因此需要地方政府提升对于"随手记"的使用推广情况的重视，并结合自身地方的实际情况采取针对性的举措。

（3）"随手记"软件的管理和设计与相关企业、银行及政府的联系度不高。除了软件本身需要继续优化来提升信息安全保护外，还需要提升农场主对于"随手记"的信任程度、优化板块设计和精细程度来满足农场主各自的特定需求。目前偏向于单纯的记账功能，与农业产业链上下游市场主体、金融保险机构等联系不够紧密，政府的相关政策未能更加良好地融入软件，家庭农场"随手记"的相关内容和应用场景不够广阔，因此农场主的使用意愿不高，家庭农场主无法在使用软件记账之余有更多开拓业务合作的可能性，因此家庭农场无法获得更加优质的服务。

总之，"随手记"的推广与使用率受到多方面的因素影响，不可一言以概之。因此，下一步应当针对调研过程中发现的问题提出有效解决措施，通过加强对农户的培训教育，提升农场主数字文化素养，同时在满足安全性的前提下也要提升"随手记"软件的人性化和个性化服务，采用多种方式加大"随手记"记账软件的有效宣传和督导力度，并以此为契机，助力家庭农场优化管理水平，运用现代财务管理新模式增强抵御风险能力，为开辟新路径乡村振兴注入活水，发挥新时代下家庭农场在引领现代化农业发展、推动乡村振兴中的重要力量。

第三篇
江苏金融支持家庭
农场调研地方经验

第十五章

党建扶贫强引领，产业发展促振兴

——兴化市沈顾果蔬农地股份专业合作社

一、兴化家庭农场发展整体情况

实地调查兴化市 4 个乡镇 87 个家庭农场，其中 51 个获县级及以上示范农场称号，占比 58.62%，较 2020 年提高 0.57%。主要从事产业的样本家庭农场有：种植类 62 家，占比 71.26%；养殖类 5 家，占比 5.75%；种养结合类 20 家，占比 22.99%。样本中家庭农场从事规模经营的平均年限为 6.45 年，最长经营年限 22 年，最短经营年限不足 1 年，其中种植类家庭农场平均经营年限 5.82 年，养殖类家庭农场平均经营年限 9 年，种养结合类家庭农场平均经营年限 7.75 年。

样本家庭农场主中男性占比达 94.25%，平均年龄 50.5 岁，平均受教育年限 10.17 年，平均务农年数 19.17 年。此外，96.55% 的农场主为本镇人，受过农业职业教育培训的样本家庭农场主占比 94.25%，比 2020 年提升 3.67%。

总体来看，样本家庭农场平均经营土地面积 429.64 亩，平均经营的耕地地块数量 39 块。平均流转经营面积 411.27 亩。此外，家庭农场平均经营的设施农业面积 9.61 亩，园地面积 5.28 亩，养殖水面面积 12.30 亩。样本家庭农场流转土地合约中，有 11.63% 与粮价挂钩，合约续租的比例为 84.52%。

样本家庭农场金融行为方面。调查样本统计显示，贷款方面，2022 年兴化市家庭农场平均借款金额 33.03 万元，线上贷款率 5.84%，正规贷款占比 89.12%。保险方面，2020 年家庭农场种植业保险投保比例为 77.01%，比 2020 年提高 8.59%，其中线上投保率为 19.54%，比 2020 年提高 0.37%；水稻收入保险参保率为 17.24%；生猪保险投保比例 2.3%。储蓄投资方面，家庭平均存款余额 17.97 万元，手头现金 18.11 万元，理财投资率 3.45%，其中股票投资率 100%，没有农场主投资债券和基金。

2022 年兴化市样本家庭农场农作物线上销售总额为 24.8 万元，比 2020

年同期增长 21.8 万元，同比增长 13.76%；线下销售总额为 12 655 万元，其中线下订单出售额为 4 863 万元，占比约为 38.40%。

二、案例背景介绍

巩固拓展脱贫攻坚成果是全面推进乡村振兴的基础，更是建设中国式现代化的关键。自党的十八大以来，中国在脱贫攻坚领域取得的成就引起了全世界的广泛关注。从 2019 年的"聚力精准施策，决战决胜脱贫攻坚"到 2022 年的"坚决守住不发生规模性返贫底线"，再到 2023 年的"巩固拓展脱贫攻坚成果"，直至 2024 年的"推动乡村全面振兴不断取得新进展"，每一步都体现了中国对于扶贫工作的坚定决心和精准施策。

从决战脱贫攻坚到乡村全面振兴，离不开党建引领和产业发展。党建引领作为中国特色扶贫开发的重要模式，其核心在于发挥党组织的战斗堡垒作用和党员的先锋模范作用，通过组织和动员各方力量参与扶贫工作，形成全社会共同参与的大扶贫格局。在这一过程中，产业发展是实现稳定脱贫的关键，也是推动贫困地区经济增长、提高贫困农户收入的重要途径。通过发展特色产业、推广现代农业技术、建设基础设施等措施，可以有效提升贫困地区、贫困农户的自我发展能力，实现由"输血"向"造血"的转变，进而推动农业农村发展，实现乡村全面振兴。

当前，如何进一步巩固脱贫成果、提升发展质量、进而全面实现乡村振兴，成为摆在我们面前的重要课题。兴化市沈顾果蔬农地股份专业合作社的实践，为探讨该问题提供了宝贵的经验和启示。专业合作社作为新型农业经营主体，是落实扶贫措施的有效群体。兴化市沈顾果蔬农地股份专业合作社的发展历程，是党建引领和产业发展相结合的典范。在党组织的引领下，合作社通过整合资源、创新发展模式，不仅提升了农产品的质量和效益，还增强了农业的竞争力，提高了农民收入，促进了乡村全面振兴。对该案例的深入研究，不仅有助于我们理解合作社在精准扶贫、精准脱贫中的作用，更对深入探讨党建在引领扶贫中的作用，以及党建引领与乡村全面振兴的有效衔接方式有重要启示。

三、案例基本情况

江苏省兴化市作为江苏省内重要的商品粮基地，农业资源丰富，潜力巨大。为打赢脱贫攻坚战，兴化市沈伦镇党委、政府积极发挥农村综合改革在统筹协调、体制创新、资源整合方面的优势，扎实推进农业供给侧结构性改革，以科技支撑和村级集体经济发展为双轮驱动，构建起农民持续增收的长效机制。

沈伦镇党委、政府紧密与江苏省农业科学院、南京农业大学等科研教育机构合作，依托其科研优势，选择了碧根果作为当地特色农业产业进行重点培育。通过"抱团发展"的模式，沈伦镇不仅做大了碧根果产业，更做强了村集体经济，做优了特色农产品，有效提升了经济薄弱村的自我发展能力，为全镇农民的共同富裕和乡村全面振兴打下了坚实基础。碧根果项目的实施，是沈伦镇党委、政府以科技为支撑，推动农业产业高质量发展的一个缩影。通过引进良种、采用先进的栽培技术、实施科学的管理方法，碧根果产业迅速成长为当地农业的一张新名片。

2017年初，沈伦镇党委、政府认真研究江苏省农村综合改革领导小组办公室关于扶持村级经济发展试点工作文件精神，成立沈伦镇沈顾果蔬农地股份专业合作社（以下简称沈顾合作社），并整合泰州市级部门挂钩帮扶沈北、沈南、张谭、姜朱、关华复、冒家6个村的帮扶资金，作为项目建设的先期投入资金，6个村共同作为项目实施主体、合作社股东。合作社流转土地508亩，发展特色林果，78户出让土地的村民，以每亩1 000元保底流转收入入股，入股农户到合作社务工后既有工资收入，同时又参与土地入股分红。项目两年建设时间，累计投入858万元，建成面积1 008亩，栽植苗木3.8万株。

合作社种植苗木主要是碧根果，并注重林业科技成果的推广转化。合作社与江苏省农业科学院、南京农业大学建立了产学研合作关系，聘请江苏省农业科学院刘广前教授长期担任技术顾问，探索建立碧根果丰产栽培技术联管体系。示范薄壳山核桃（碧根果）品种主要有波尼、威奇塔、马汉、金华4种，其中，以"波尼"品种为主。示范新技术有6项：良种选择与配置技术、计划密植技术、简化整形修剪技术、肥水精确管理技术、果园机械化管理技术、主要蛀干害虫生态防控技术。示范机械5种：碧根果特种采摘机械、特种喷雾打药机械、水肥一体机、智能除草机、植保机。

经过近5年的精心培育，碧根果树苗直径基本达到8厘米。2021年底，江苏省农业科学院专家实地考察，提出树木密度过高影响生长和采果，树木间距必须进行调控。经社员大会讨论研究，合作社采纳专家意见，对项目基地树木按照合理档距调控，出售树木1.7万棵，直接获得经济效益260万元。2021年，沈伦镇10个经济薄弱村693户贫困户全部摘帽脱贫，抱团发展千亩碧根果项目的6个经济薄弱村，每年实现股金分红20.8万元，同时带动112户贫困户脱贫。2022年初，沈伦镇薛鹏、崇禄等6个村从碧根果种植项目上获得20多万元股金分红；在果园务工的农户人均增加收入万元以上。

合作社碧根果项目取得的成绩离不开沈伦镇党委实施的"党建＋"项目。

从合作社苗木基地建设到后续的财政支持、专家指导、集体组织管理，都在镇党委的统一领导下实施，因有党建引领，各个集体的合作更加和谐，对成员的利益分配也更容易落实。

合作社为乡村全面振兴提供了实实在在的抓手。合作社的碧根果产量在2021 年已达 2 万斤，经济效益达 40 万元，到 2022 年达 6 万斤，经济效益达到 120 万元，基本实现收支平衡。2023 年，产量达 12 万斤，效益达到 240 万元。目前合作社基地共有碧根果 1 008 亩（约 2.1 万株），初步预测在 2027 年碧根果项目到达盛果期，盛果期碧根果亩产量可达 500 斤，目前市场价 40 元/斤左右，以 20 元/斤的价格计算，总收入可达 1 000 万元左右，剔除当年土地流转租金和管护费用约 200 万元，盛果期净收入预计可达 800 万元。

四、案例合作社获得财政和政府配套支持情况

贫困地区的产业发展面临诸多挑战，如资金短缺、技术落后、市场信息不对称等问题，严重制约了产业的健康发展。为解决这些问题，中央政策文件中提出了一系列支持措施，包括财政资金支持、金融创新等，旨在为贫困地区产业发展提供有力保障。沈伦镇党委和政府积极响应中央号召，充分利用相关政策，通过提供资金支持和配套措施，有效推动了沈顾合作社的发展。

（一）财政和集体资金支持方面

自沈顾合作社成立以来，沈伦镇党委政府积极争取各类政府帮扶和奖补资金，用于碧根果基地建设、苗木管护等。发起沈顾合作社的 6 个村集体也在各级党委的带领下，将部分村集体积累资金用于合作社的发展，并将林下养鹅获得的收益用于合作社的发展。截至 2023 年底，沈顾合作社共计获得财政和集体资金支持 858 万元，其中，政府财政支持 618 万元，其他资金240 万元（表 15 - 1）。

表 15 - 1　合作社获得财政和集体资金支持情况

资金渠道	说明
政府财政支持	政府各类帮扶资金 328 万元 省市奖补资金 290 万元
其他资金	村集体积累资金 80 万元 林下养殖大鹅收益 160 万元

（二）政府配套支持方面

沈顾合作社的碧根果基地是沈伦镇党委、镇政府打造全省农村一、二、三产业融合发展先导区的重要依托基地。为了打造苏中花果小镇，推动花果科技、生产、生态、加工、旅游、市场、文化协同发展，建设"四季绿色花果＋乡村时尚生活"的自然人文生态区，沈伦镇党委、镇政府充分运用科技创新、示范推广、典型引领、教育培训、电商销售、科学普及等方式，努力做好特色产业深加工建设项目。目前，已经建成特色林果产业园基础设施，正在建设2 000平方米的农业综合服务中心（包括农产品冷链仓储、物流配送、科研展示、电商销售中心），规划建设花果小镇风情大门、碧根果高程多景观景台、碧根果基地红色健身步道（表15－2）。

沈伦镇党委、镇政府的这一系列举措，充分体现了党委在推动农村一、二、三产业融合发展中的积极作用。通过政策引导、资金支持和科技创新，沈伦镇正在逐步实现农业现代化，为乡村全面振兴的实现提供了有力支撑。未来，随着特色产业深加工建设项目的深入推进，沈伦镇有望成为全省乃至全国农村产业融合发展的典范，为其他地区提供可借鉴的经验。

表 15－2　获得配套支撑情况

规划建设	50 万元的花果小镇风情大门
	50 万元的碧根果高程多景观景台
	100 万元的碧根果基地红色健身步道
正在建设	2 000 平方米的农业综合服务中心（包括农产品冷链仓储、物流配送、科研展示、电商销售中心）
已建成	特色林果产业园基础设施

五、案例合作社的影响

（一）党建强引领，脱贫有成效

沈伦镇党委和政府在推动碧根果基地建设中，展现了党建引领在扶贫工作中的核心作用。通过"党建＋"项目的实施，沈伦镇不仅在组织层面强化了合作社的凝聚力和执行力，而且在实际操作中实现了资源的优化配置和利益的有效分配。在这种模式下，党组织的引领作用促进了合作社的健康快速发展，为贫困户提供了稳定的收入来源，同时也为村集体经济的发展注入了新的活力。

党建引领的扶贫模式有效地将政策优势转化为了经济发展动力，增强了贫困村、贫困户的自我发展能力。2019 年以来，沈伦镇 10 个经济薄弱村 693 户贫困户全部摘帽脱贫，抱团发展千亩碧根果项目的 6 个经济薄弱村，每年实现股金分红 20.8 万元，同时带动 112 户贫困户脱贫。流转土地的农户以土地入股，"股东自然人"除了获得土地租金和股份分红外，每年还能获得 1 万元以上的务工收入。碧根果生产行业及一系列相关产业的发展为村民提供了更多的就业机会。

通过党组织的引领，沈顾合作社不仅在技术、资金、管理等方面得到了提升，而且在市场开拓、品牌建设等方面也取得了显著成效。这种模式的成功实践，为其他贫困地区提供了可复制、可推广的经验，对于推动党建与扶贫工作的深度融合具有重要的示范意义。

（二）产业促振兴，乡村有希望

沈伦镇通过碧根果基地建设，积极探索从脱贫攻坚到乡村全面振兴的有效路径。在这一转型过程中，沈伦镇党委和政府的配套支持政策起到了至关重要的作用。通过一系列创新举措，如建设农业综合服务中心、发展花果小镇等，沈伦镇不仅提升了农业产业的附加值，还带动了服务业、运输业、包装业、电商业等相关产业的协同发展，形成了以农业为核心的新产业链条，为地区经济增长注入了新动力。

沈顾合作社的实践表明，产业发展是乡村全面振兴的重要基础。沈顾合作社的碧根果项目，通过科技创新和示范推广，提高了农产品的质量和效益，增强了农业的竞争力。同时，通过教育培训和科学普及，提升了农民的技能和素质，为乡村振兴提供了坚实的人才支撑。

沈顾合作社的成功实践，展示了产业发展在促进农民增收、缩小贫富差距、实现社会公平分配中的积极作用，为乡村全面振兴提供了新动力。

随着碧根果项目的不断推进，村民收入稳步提高，生活水平明显改善。合作社的分红机制，确保了村民能够共享产业发展的成果，增强了村民的获得感和幸福感。沈伦镇的探索和实践，为其他地区提供了宝贵的经验，展现了乡村全面振兴战略在地方层面的生动实践和积极成效。

六、政策建议

（一）聚焦特色产业，推动农业产业升级

推动乡村全面振兴的核心在于发展农业产业，特别是聚焦特色产业。加快推进农业加工、现代种植业和养殖业的高质量发展，是实现产业升级的关键一步。通过促进农业产业融合和协同发展，能够有效提升农业产业的附加值，增强农业的综合竞争力，为农民创造更多的就业机会和增收途径，从而为乡村带

来新的活力。

（二）吸引专业人才，推进乡村治理现代化

乡村全面振兴需要完善治理体系，而吸引专业人才是推动乡村治理现代化的关键。长期以来，乡村发展一直受限于人才瓶颈。为了解决这一问题，需要引进更多专业人才参与乡村建设。他们的创新能力将推动农业体系不断完善，促进乡村文明进步和治理现代化，为乡村全面振兴提供所需的人才支持和智力支持。

（三）加强基础设施建设，提升乡村生产生活品质

基础设施建设是乡村全面振兴的基础。特别是生态建设和其他重点领域的基础设施，对于保障农业农村发展的稳定和改善农民生产生活条件至关重要。推动数字乡村建设，将为乡村发展奠定坚实的物质技术基础，为乡村振兴注入新的动力。

（四）健全体制机制，保障乡村全面振兴

建立健全的体制机制和政策体系是推进乡村全面振兴的制度保障。当前，应着力构建稳定的投入增长机制，完善人财物力保障机制，加快产权制度和要素市场化配置的改革，为乡村振兴提供坚实的制度支撑。在这一过程中，政府的角色不容忽视。通过政策引导和财政支持，可以有效地激发乡村发展的内生动力，促进农业产业的健康发展，实现乡村的全面振兴。

第十六章 CHAPTER 16

金湖现代农业经营体系
集成改革试点试验案例分析

一、金湖家庭农场发展整体情况

立足于土地肥沃、人少地多等地域发展优势，金湖县家庭农场在生产、经营和金融行为发展等方面整体向好。本次调研涉及金湖县 4 个乡镇，分别为黎城街道、金北街道、前锋镇、塔集镇，最终获得 85 个有效样本，具体情况如下：第一，家庭农场生产经营者情况。农场主的平均年龄为 54.66 岁，男性占比高达 89.41%，同时农场劳动力以长期及短期雇工为主，家庭劳动力投入相对较少。第二，家庭农场土地经营情况。承包经营土地类型以耕地为主，每户从村集体平均承包经营土地面积 10.15 亩，每亩平均地租价格为 977.28 元；有设施农业面积的占总样本的 47.6%，平均面积为 18.52 亩。第三，家庭农场生产经营情况。在金湖县，最常见的种植类作物为小麦和水稻，种植总面积分别为 35 955.65 亩和 37 871.65 亩，畜禽养殖以淡水鱼和小龙虾为主，总产量约 488 吨。农作物销售渠道分为线上销售、线下订单销售以及线下即时洽谈销售 3 种途径，其中线下即时洽谈占比最高，约为 97.65%。第四，家庭农场的金融行为。家庭农场平均借款总额约为 31.17 万元，线上贷款率约为 5.13%，正规贷款占比约为 99.71%，其中有 66.66% 的贷款渠道为农村商业银行。农场种植业保险投保比例约为 81.18%，其中线上投保只有 1 份，占投保行为比例的 1.45。家庭农场主有 89.41% 购买了养老保险，年平均每人缴纳保费 6 191.41 元。第五，家庭农场的收支状况。2022 年平均线上销售额约为 52.39 万元，平均线下销售额约为 120.45 万元，亩均纯收入为 1 189.05 元。平均总生产费用约为 78.51 万元，平均土地租金费用约为 49.21 万元，雇工费用约为 31.94 万元。金湖县家庭农场在实现迅速发展的同时，也面临着许多挑战，特别是在家庭农场等农业新型经营主体的培育和发展方面。首先，地区农田的"碎片化"程度较高，且生产性基础设施建设滞后，这限制了农业经营主体的有效发展。其次，农业经营主体的发展呈现不均衡态势。随着经营主体数量的增加，未能建立有效的大数据管理模式，因此难以及时获取农业经营主体的主要生产经营信息及其实时变化情况。与此同时，土地流转作为生产经营的主要成本，存在以价格较高者获得土地的现象，导致租金不断上涨。劳动力、农资等要素价格市场波动较大，地理、自然优势未能得到充分发挥，产品竞争力相对较弱。

二、金湖现代农业经营体系改革背景

金湖县土地肥沃、人少地多，人均耕地面积居全省前列。立足传统农业优势，推动农业供给侧结构性改革，农业现代化建设成效显著。全县家庭农场总数达2 891家，经认定并取得工商营业执照的家庭农场954家，创建省级示范49家，市级示范95家，县级示范215家；农民专业合作社602家，其中国家级示范社11家，省级示范社28家，市级示范社92家，县级示范社55家；县级以上农业龙头企业总数达40家。全县大力推广机械化生产，在全县8个镇街实行"网格化"管理，分别建设塔集沁园、前锋淮胜、金南南桥等8个集烘干、工厂化育秧、植保、农机耕作等于一体的家庭农场集聚区综合服务中心，为周边2万亩土地提供产前、产中、产后服务。2018年至今已陆续创建成功"农业农村部主要农作物生产全程机械化示范县""省粮食生产全程机械化整体推进示范县""中国渔业机械创新制造产业基地"等。金湖县农村改革成果丰硕。连续三轮被列入省级农村改革试验区，被中央农办确定为农村改革试验联系点，被省委农村工作领导小组表彰为"农业农村政策创新成果奖"。在全省率先开展农村产权线上交易，成功承办全省农村产权线上交易启动仪式。

金湖县的现代农业经营体系建设也存在不足之处，特别是家庭农场等农业新型经营主体的培育和发展面临着一系列阻碍，这集中表现为：

一是农业经营主体自身的发展能力相对较弱。首先，农田的"碎片化"程度较高，且生产性基础设施建设滞后，这限制了农业经营主体的有效发展。如何实现农田的集中连片经营，以及土地生产道路、灌溉、仓储等设施的建设，成为当前亟须解决的重要问题。其次，农业经营主体面临着巨大的投入资金需求，且生产技术普遍不够先进，有些甚至仍停留在小农户生产模式。发展活力方面存在不足，金融服务和产品覆盖全产业链条较少，风险保障体系不够健全。再次，融合发展能力相对较低，农业经营主体普遍采取单打独斗的方式，优势互补和合作共赢的情况不够普遍。最后，规范运营水平不高，数字化装备不足，这导致难以为信用评价等社会需求提供基础信息，也不利于农业经营主体自身发展能力的增强。

二是农业经营主体发展带动效应不足。一些制约因素直接影响了农业经营主体的发展速度和水平，同时，与小农户之间在一定程度上存在竞争关系。在社会化服务供给、技术示范、生产资料联合购买、资源资产共享以及生产条件改善等方面，农业经营主体的带动作用尚未得到充分发挥。

三是农业经营主体发展不均衡。农业经营主体的发展呈现不均衡态势。随着全县经营主体数量的增加，存在主体身份不清晰、底数不明确等问题，未能建立有效的大数据管理模式，因此难以及时获取农业经营主体的主要生产经营信息及其实时变化情况，这不利于完善现代农业经营体系，阻碍了农业经营主体的均衡发展。与此同时，土地流转作为生产经营的主要成本，存在以价格较高者获得土地的现象，导致租金不断上涨。劳动力、农资等要素价格市场波动较大，地理、自然优势未能得到充分发挥，产品竞争力相对较弱，进一步加剧了农业经营主体发展的不均衡性。

三、金湖现代农业经营体系改革做法

（一）健全完善农业经营主体培育及稳定发展机制

一是建立土地流转租金合理形成机制。根据土地流转价格形成机制，制定土地经营权价格评估细则，形成土地流转价格指导体系。对于超过土地流转基准价格上限的竞标价，采用提醒、预警及熔断等多种方式，将土地流转价格控制在合理区间。二是建立农业规模经营稳定发展机制。科学制定适度规模标准，引导家庭农场精耕细作；探索原承租人土地流转优先权保护机制建设，提升土地续租率，维持农业规模经营的稳定性。三是继续推广和创新土地流转与利用保险。进一步创新开展土地流转履约保证保险，有效缓解经营主体资金压力，促进土地适度规模经营；创新开展提升农业经营主体风险抵御能力的农业保险，竖起全方位风险管理屏障。四是探索建立经营主体综合养老保险长效机制。以定额或比例补贴鼓励家庭农场从业人员参保更高水平城乡居民基本养老保险，优化养老保险缴费标准，制定适当的补贴政策，并进行补贴对象动态管理。五是继续推进土地规模流转。立足降低土地成本，探索解决承包地碎片化问题，继续推广"小田变大田"，提高增量土地流转规模化水平。以存量土地流转规模利用为导向，依据小田变大田的要义开展置换并地，实现规模土地规模利用，优化农业生产布局。

（二）构建经营主体长效管理机制

一是建立经营主体信息管理系统。建立全县经营主体地理分布图（数据库），实现以地找人、以人找地，信息应当包括经营主体基本信息、经营面积、经营类型、流转情况、等基本信息。地理信息（数据库）根据土地流转交易动态更新管理，实现移动终端查询。二是开展经营主体发展技术服务支撑体系建设。根据不同主体发展特点与各环节技术支持诉求，开展经营主体发展技术支撑服务体系建设试点。建立技术支撑专家库，对农业经营主体开展专业的系统性能力提升培训；加强对家庭农场主的培训，引导规范财务管理，提高农场主经营管理能力；完善辅导员指导制度，在全县层面筛选熟悉政策的农经、农技人员，作为家庭农场的专职或兼职辅导员，为家庭农场提供全方位的指导服务。

（三）构建农业经营主体高效服务机制

一是建设经营主体数字化服务平台。探索家庭农场数字化运营集成信息服务平台建设，整合社会化服务对接推广等功能；建立家庭农场生产销售记录簿、财务收支记录簿和家庭农场培训登记簿等信息数字化的激励机制，提升规范数字化管理与服务的内生动力；建立经营主体"一张图"，强化农事节点管理、农事记事、产品溯源管理等信息录入、更新与信息反馈联动机制，提供农业生产预警服务功能，降低生产风险。二是健全信用体系建设，提升经营主体融资能力。联合金融机构积极创新，依据新型经营主体经营需求和信用水平，探索首贷、信用贷等金融产品；探索农业经营主体信息共享机制，健全信用体系建设的组织体系和评价机制，定期评选信用农业经营主体，对已评定信用较好的主体给予贷款利率优惠、保险、奖补项目等政策激励；加强数据应用，金融机构与主体及时对接，拓宽融资渠道，解决主体融资难问题。

（四）创新经营主体联合发展模式

一是建设区域性服务中心。以合作社或者家庭农场为主，组建多主体联盟服务中心，整合联盟内家庭农场等主体的比较优势，形成资源共享、利益联结机制。支持鼓励联盟内差异化的主体通过签订长期订单、股份合作、服务协作等方式形成合作机制，建立互补互促、共同繁荣的融合发展共同体。二是成立经营主体发展联合会。在政府农业农村部门扶持指导下，建立经营主体发展联合会，作为联合性、非营利性的社会团体独立运营，为全县家庭农场等主体提供政策宣传、指导培训、共享信息、品牌建设等服务。三是开展经营主体产品价值实现能力建设。建立县域"农产品区域公用品牌＋线上线下销售平台品牌＋多元化特色优质农产品品牌"的品牌体系；围绕特色农产品，由政府推动、企业和行业协会主导，多主体联盟作为重要的产品供应基地，共同组成农产品区域公用品牌建设综合体；探索品牌认证，扩大使用区域公用品牌的农产品质量和品牌影响力。

四、金湖现代农业经营体系改革经验启示

一是完善家庭农场的配套扶持政策。完善家庭农场的配套扶持政策，覆盖财政、金融、税收、法律等多个领域，并且逐步增加支持力度。在财政支持方面，需要不断创新资金投入机制，确保新增农业补贴和财政支持资金更多地倾斜于新型农业经营主体，尤其是家庭农场。特别要重点支持家庭农场在稳定经营规模、改善生产条件、提高技术水平、改进经营管理等方面的发展。在金融支持方面，鼓励金融机构向家庭农场提供低息甚至无息贷款，以确保金融机构的农村存款主要用于农业和农村的发展。在税收政策方面，进一步完善税收优惠政策，为家庭农场提供相关的税收和费用减免，并增强家庭农场抵御市场风险的能力。此外，还应鼓励家庭农场申报示范项目，引导社会资金更多地投入农业领域，构建多元化的投资体系。最后，还需要加强与相关部门的沟通协调，帮助解决家庭农场在发展过程中遇到的各种困难和问题。

二是健全社会化服务体系。成立政府主导的农业服务机构，旨在为家庭农场提供公益性的农业社会化服务，并着重培育多元化、专业化的服务机构，以满足家庭农场在产前、产中和产后的各项需求。同时，需要引导和鼓励各类农业社会化服务组织将家庭农场视为重要服务对象，开展诸如良种种苗繁育、统防统治、土壤测试与施肥、灌溉排水、仓储物流等经营性社会化服务。加强社会化服务组织与家庭农场之间的有效对接，并促进各种新型农业经营主体之间的合作。通过签订合同等方式，建立家庭农场与农业社会化服务组织、专业大户、合作社以及龙头企业之间的紧密联系，实现"利益共享、风险共担"的目标。

三是做好土地流转工作。把健全流转服务体系作为规范管理土地经营权流转的一项基础性工作，建立各级农村土地流转市场，为流转双方提供信息发布、价格指导、政策咨询、合同签订、纠纷调处等服务。建立土地流转信息库，发布土地流转信息，指导流转合同签订、鉴证，健全登记备案制度，实施动态跟踪监管。定期对租赁土地的家庭农场经营能力和风险防范能力等开展监督检查，保护农民的土地收益。县级土地经营权流转服务中心要建立流转信息服务网络，监督指导土地流转工作，妥善解决土地流转中发生的各种矛盾纠纷。

四是培育高素质农民。建立家庭农场经营者的职业教育制度，设立人才培训基地，与农业院校、农业研究所、技术指导站建立长期稳定的合作关系，帮助家庭农场经营者参加各种形式的职业教育培训以提高学历层次和技术水平。

提供专业化的农业技术和管理培训，包括现代农业生产技术、农业机械操作、市场营销等方面的知识，帮助农民掌握现代农业生产技能和管理能力。建立示范农场和农业科技示范点，为农民提供现代化的农业生产模式和管理经验，引导农民积极采用高效的种植、养殖、管理等技术。

第十七章 CHAPTER 17

句容农村普惠金融发展改革试验

一、句容家庭农场发展整体情况

句容市家庭农场在劳动力结构、土地规模经营、农业生产经营及金融行为等方面表现出良好发展态势，但同时也面临劳动力不足、农业保险覆盖程度低、设施农业用地审批困难及金融支持等方面的挑战和不均衡问题。首先，句容市家庭农场整体发展态势表现良好。第一，家庭农场生产经营者情况。农场主平均年龄为 49.07 岁，男性占比 82.14%，显示出劳动力结构的性别和年龄特点。第二，家庭农场土地经营情况。平均承包经营土地面积为 12.73 亩，其中设施农业面积、园地面积较 2020 年分别增加了 40% 和 36.6%，但林地平均面积由 2020 年的 5.218 亩减少为 0.739 亩。家庭农场的平均流转面积为 183.09 亩，家庭农场平均经营的地块数为 18.73 块。第三，家庭农场生产经营情况。粮食作物种植面积显著增加，但果蔬经济作物种植面积下降。样本家庭农场的农作物种植面积约为 18 576.1 亩，主要为小麦、水稻和果蔬经济作物，种植面积分别约为 9 568 亩、7 630.1 亩、1 378 亩，与 2020 年相比，小麦的种植面积增加了约 53%，而果蔬经济作物却减少了 60%。家庭农场作物的销售渠道主要以线下订单为主，2022 年线下订单出售占比约为 91.27%。第四，家庭农场的金融行为。句容市家庭农场贷款额度略有下降但线上贷款率增加，2022 年样本家庭农场平均贷款额约为 38.84 万元，线上贷款率为 28.58%，相较于 2020 年平均贷款额下降约 2.16 万元，线上贷款率增加约 15.62%。贷款渠道以银行贷款为主，占比约为 79.37%。农业保险覆盖率较低，种植业家庭农场投保率约为 50%，气象指数保险投保需求率约为 16.67%，家庭农场综合保险覆盖率为 14.29%。其次，句容市家庭农场发展面临各类挑战。句容市于 2021 年 11 月被确定为全省第四轮农村改革试验区，承担"探索农村普惠金融服务发展机制"农村改革试验任务。试验工作开展以来，句容市以"整村授信"为抓手，积极探索农村普惠金融助力乡村振兴的实施路径，不断加快农业机械化的发展步伐，以典型示范农场的种植规模、管理模式和发展水平等形成特色经验，以点带面，带动了句容市家庭农场高质量发展，但仍然农业保险宣传深度与险种创新不足、粮食种植户收入有限、劳动力与技术人才缺乏、财政支持不足及设施农业用地申请程序复杂、审批困难等挑战。

二、句容农村普惠金融发展改革试验基本情况

自 2021 年 11 月，句容市被确定为全省第四轮农村改革试验区，承担"探索农村普惠金融服务发展机制"农村改革试验任务。试验工作开展以来，坚持目标、问题、创新、务实导向，以"整村授信"为抓手，积极探索农村普惠金融助力乡村振兴的实施路径，在机制上求创新、在服务上求突破，逐步建立完善金融服务乡村振兴的市场体系、组织体系、产品体系以及保障体系，切实解决金融助力乡村振兴过程中的难点、堵点、痛点，全面推动乡村振兴战略有效落地。

（一）成立工作专班，确保改革试验"推进有力"

成立了句容市第四轮省农村改革试验区及改革试验任务推进领导小组，分管农业农村的副市长任组长，市农业农村局主要领导和市政府办公室分管副主任为副组长、15 个委员办局和 11 个涉农镇（街道、园区）为成员的第四轮省农村改革试验区及改革试验任务推进小组，专项负责试验工作组织推进，多次召开改革试验项目推进会、研讨会，对前期工作进行阶段性总结，探讨下阶段工作重点与方向，确保改革试验任务有序推进、有条不紊，形成上下联动、多方协作的工作体系。

（二）明确工作原则，确保改革试验"思路清晰"

改革试验成功的关键在于"思路清晰"。句容市在试验前明确了坚持"统筹谋划和因地制宜相结合""市场化运作和政策扶持相结合""鼓励创新和防控风险相结合"三大原则，统筹谋划布局，增强政策合力，因地制宜探索形成特色化金融支持方案；充分发挥市场机制的决定性作用，健全金融服务乡村振兴的体制机制和政府性融资担保与风险分担机制。创新工作机制、产品体系和服务模式，推出更多差异化金融产品和服务。

（三）制订工作方案，确保改革试验"路径明确"

结合句容本地实际情况，深入镇村开展改革试验专题调研，广泛征求基层干部及群众意见，研究制订《句容市第四轮省农村改革试验区及改革试验任务推进工作方案》（句政办发〔2022〕11 号）和《"探索农村普惠金融服务发展

机制"工作方案》，方案明确设定改革试验总体目标任务，拟以"整村授信"为抓手，建立覆盖涉农金融机构的标准化信用激励保障体系，解决建信、授信、用信、增信过程中的共性问题，不断完善农村信用体系；将"再贷款＋农业保险＋信用贷款"等融资产品纳入地方财政补贴范围并得到有效推广；建立共享的农村信用体系建设数据库，构建句容市"三农""数字地图"。

（四）专项政策支持，确保改革试验"保障到位"

2022 年 6 月，句容市农业农村局联合财政局研究出台了《句容市农村改革试验区重点项目奖补资金使用管理办法》（句农发〔2022〕100 号），进一步规范资金使用，强化资金监管，确保改革试验专项资金"用得其所、用得其时、用得有效"。同时，配套出台《关于进一步加强农安追溯与农村普惠金融融合发展的工作意见》（句农发〔2022〕144 号），推动两项改革试验的融合探索，提高改革的协同性、整体性，发挥联动互促效应，为全省改革试验探路领航。

（五）强化智力支撑，确保改革试验"务实有效"

为更好地完成改革试验的研究和成果推介工作，聘请了南京林业大学高强教授团队为专家团队，从制订实施方案申报改革试验区到确定为改革试验区再到改革试验任务的具体实施，全程跟踪指导服务，已带领团队来句容市指导 5 次；专家团队多次实地调研了句容市家庭农场、合作社等农户金融需求情况，指导推进项目实施，从机构建设、场所建设、制度建设、台账整理、经验总结等方面提出了大量富有建设性的意见。

截至 2023 年 3 月末，句容市建档 162 142 户，农户建档覆盖率达 100％，比改革试验前增加 35 420 户；预授信 151 503 户，占农村居民总户数的 93.43％，预授信金额达 275.71 亿元，分别比改革试验前增加 19 768 户和 122.74 亿元；有效授信 65 962 户，占建档户的 40.68％；有效授信金额 128.34 亿元，分别比改革试验前增加 28 250 户和 47.59 亿元；其中用信 16 584 户，占有效授信户的 25.14％；用信余额 36.59 亿元，占有效授信额度的 28.51％，分别比改革试验前增加 4 047 户和 8.07 亿元。

三、句容农村普惠金融发展改革试验创新举措及其对家庭农场的支持情况

（一）建设农村信用体系建设平台

依托句容市政务数据共享平台，句容将农村信用信息平台作为其首个应

用，于 2022 年 6 月底完成了句容市农村信用信息共享交换平台的开发建设，使政务数据中的涉农信息能够被快速抓取，及时按照统一数据格式标准在平台共享，并直接导入人民银行的"省农信系统"，实现数据归集到数据共享运用"一键通"。同时，句容市农村信用体系建设领导小组多次组织涉农信息数据提供单位召开数据归集会议，积极打破数据壁垒。

截至 2022 年 9 月末该平台涵盖 14 类近 17 万条基础农户数据，引入了银行 124 万条数据（涉及农民、农业、农村基本信息，各涉农主体的经营数据，授信、用信数据），初步实现了数据的有效整合。同时，围绕平台创建"六专"（专属产品、专职团队、专项规模、专业流程、专项风控、专有考核）工作机制，积极探索、创新应用产品，开发设计"容易贷"系列专属产品，包括农具贷、社保贷、土地承包权贷等相关惠农金融服务产品。截至 2022 年 7 月末，句容农商银行依托平台发放贷款 2 500 万元，首贷户 96 户，初步发挥了平台赋能乡村振兴的功能和成效。

（二）创新推出村社合一授信，解决"金额小""担保难"问题

推动句容农商银行与合作社战略合作，签订合作协议，支持高效农业发展。句容农商银行开发"惠农贷"产品，通过对行政村村委与合作社同一套班子的新型农业经营主体实行整体授信，对农户和社员分别授信，并由合作社提供担保。这种句容独有的"村社合一"创新的合作模式，充分发挥了合作社担保基金的杠杆撬动作用，有效解决了过去合作社及其成员融资金额小、周转难等问题。

截至 2023 年 3 月末，已与天王镇戴庄村的有机农业合作社、茅山镇丁庄村的万亩葡萄合作联社、天王镇唐陵村华安彩叶苗木专业合作社以及后白镇西冯村草坪专业合作社全面合作，大力支持茅山葡萄、天王稻米、白兔草莓等全市重点农业产业，形成了"银＋村＋社"合作新模式，助力"一镇一品"建设，截至 2023 年 3 月末，共计为以上合作村授信 2 051 户，授信金额 2.65 亿元，用信 509 户，用信金额 1.08 亿元。

（三）优化工作模式，解决"授信难""手续繁"问题

授信模式优化。采取"3＋2＋1"（村委会 3 人＋支行 2 人＋总行 1 人）模式开展授信评议，实行"背靠背"逐户评议，科学分析、综合评估、确定额度、批量授信，对评议后的农户一次授信、三年循环使用。通过这种模式，破解了以往是否授信凭感受，能授多少凭感觉的"桎梏"，让授信变得更匹配、更精准。

用信方式优化。由地方政府、句容农商行、新型农业主体签订合作协议，搭建"企业＋村委＋农户＋农商行"共富项目平台，通过利率优惠、额度提升、担保方式优化等手段，简化融资渠道，降低融资成本，满足农业农村经营

主体的各类融资需求。将"阳光 E 贷"用信期限由改革试验前的 1 年放宽至 3 年，免去农户资金周转之"烦"。对于征信记录良好，经营正常授信期限即将到期新型农业经营主体贷款客户采用提额、授信期限延展模式，此类贷款户无须再次通过授信评议流程，由句容农商银行通过系统直接对其进行额度提额及授信期限延展操作，提额后总额度不超过 30 万元，最长延展期限不超过 3 年。截至 2023 年 3 月末，已为 820 户农户授信期限进行了延展，延展金额达 7 486 万元。通过平台打造、定向支持、产品优化等，变过去的资料多、时间长、手续繁、周转慢为现在的"即时办、零等待"。

（四）做实整村授信，做好风险防范

一是严格准入，确保真实。推动银村合作，对"一户一档"的农户信用档案，以年龄为基本对照标准，借助征信、汇法网、预警系统等加强分析，建立农户红黑榜，一年更新一次信用档案，确保信用档案的真实性。

二是银担合作，风险分摊。由句容农商银行牵头，市财政局、科技局、各担保机构、保险公司共同探索多渠道的风险分担机制，政银担共同参与风险分担，推出专项的"银企担""政银企担""银企保""政银企保"等多种合作模式的风险共担产品，有效分担涉农信贷风险，提高发放涉农贷款积极性，为农业产业发展释放更多政策红利。如句容农商银行与市中小企业担保中心合作推出的"小微贷""苏农贷"等产品，实行"风险共担 限额熔断"机制，截至 2023 年 3 月末，共发放小微贷 143 户，发放金额 4.72 亿元，苏农贷 2 户，发放金额 0.07 亿元。

（五）打通两项改革试验任务融合渠道

积极推进探索全域开展农产品质量安全追溯机制与农村普惠金融服务发展机制两项改革试点任务联动，发挥改革集成效能。为强化农产品质量安全信用评价结果应用，句容积极发挥农商银行信贷支农作用，将农产品质量安全信用评价结果作为重要准入条件，创新推出最高授信额度为 30 万元的"农安贷"普惠金融产品，农户农安信用评价等级越高，贷款利率越低，截至 2023 年底，累计办理"农安贷"121 户，贷款金额 1 327 万元。"农安贷"进一步加大对从事食用农产品生产的经营主体的资金扶持力度，促进其增加在标准化生产、绿色防控技术应用、产品检验检测、规范包装标识等农安关键环节的投入。各级农业农村部门积极探索拓宽农安信用等级评定条件，在常规信用档案计分予以优先，同时将增加动态加分项"农安贷"，助推食用农产品生产经营主体信用等级提升。截至 2023 年底，句容市落实农安信用等级 A、B 档农户 117 户，发放信用贷款 1 151 万元。

四、句容农村普惠金融发展改革试验政策建议

（一）强化统筹落实，务求成效

一是共同推进。落实"探索农村普惠金融服务发展机制"改革试验要求，深化提升农村信用信息平台"六专工作机制"，加强平台建设和使用。二是共同落实。结合句容市农村信用体系建设的开展，加强与市委宣传部、市市场监督管理局、统计局等单位的对接，搜集更多更全面的个体工商户、涉农经营主体等名单，进一步完善"数字地图"。三是共同督导。句容农商银行每月月初反馈工作完成情况，市农业农村局根据各乡镇目标进行工作督导，各乡镇根据各行政村目标进行工作督导，共同推进这项惠民工作取得实效。四是党建联盟。通过银行党支部与各村委的党建联盟搭建，参与村级日常活动，为全市"数字乡村平台建设"贡献力量，共同推动普惠金融试点村级集体经济创收。五是奖惩考核。对各行政村进行补贴奖励，对完成较好的行政村给予经济或物资上的补贴。

（二）增强内生动能，激发活力

积极围绕乡村振兴规划、空间布局和产品导向，充分调动"三农"市场各类主体的积极性和创造性，主动为各类新型农业经营主体创造更好的创业干事氛围和营商环境，解决土地、资金、人才、技术、渠道等困难，让其放手放心、放开来干。如推动农业龙头企业做大做强，持续带动农业产业链发展；推动专业合作社做精做优，有效发挥集聚效应，创新集约型农业；推动家庭农场做美做靓，不断实现农旅融合，提升农业附加值；推动种植养殖大户做专做优，巩固渠道、资源优势，助推特色产业发展；推动普通农户做实做好，发挥主观能动性，实现增收致富。

（三）强化金融创新，多元发展

一是服务模式创新。着力围绕农村产业链，强化金融供给、优化业务流程、创新金融产品，打造金融供应链平台，加快特色产品和服务线上化、高效化转型，推动新型农业经营主体向规模化、集约化发展。二是融资模式创新。从农业产业化、产业融合化、田园综合化等环节入手，逐步探索建立农业设施设备抵押、生产订单质押、农村土地经营权抵押、农村电商数据贷款等新的融资模式，满足各类新型农业经营主体金融需求。三是授信模式创新。借助大数据、云计算等现代信息技术手段，提高金融服务的数据与技术导向能力，通过设定好的贷后模型自动风控，自动对符合条件的客户提升授信额度、延续授信期限，客户无感体验。

第十八章 CHAPTER 18

泗洪家庭农场综合保险试点

一、泗洪家庭农场发展整体情况

泗洪县家庭农场在劳动力结构、土地经营情况、农业生产经营及金融行为等方面表现出较好发展态势，但同时也面临生产规模扩大困难、农业保险政策了解较少、生产成本上升等方面的挑战。首先，泗洪县家庭农场整体发展态势表现较好。第一，家庭农场生产经营者情况。泗洪县样本家庭农场主普遍为中年男性，平均年龄为 49.30 岁，男性占比高达 92.77％。第二，家庭农场土地经营情况。泗洪县样本家庭农场承包土地类型主要以耕地为主，且大部分为集中连片土地，经营土地类型为耕地的占比 98.8％，而经营土地集中连片的家庭农场占比 62.65％。第三，家庭农场生产经营情况。泗洪县样本家庭农场种植小麦、水稻和玉米等粮食作物较多，其中小麦的种植面积约为 27 916.3 亩，水稻种植面积为 24 954.3 亩，农产品平均线上销售额约为 3.76 万元，平均线下销售总额约为 115.03 万元，平均线下订单销售额为 25.87 万元。同时农业信息化情况普及范围扩大。2022 年泗洪县样本家庭农场装设支持农业生产的信息设备及软件系统占比 39.76％，较 2020 年的 32.14％提升明显。第四，家庭农场的金融行为。泗洪县样本家庭农场融资需求基本能被满足，农业保险覆盖率较高，保险方面，种植业保险投保比例约为 69.88％，但气象指数保险投保率仅为 1.20％，渔业保险投保率为 2.41％；家庭农场综合保险投保比例约为 1.20％；无人投保生猪养殖保险、粮食烘干机保险以及完全成本保险。同时，家庭农场主风险偏好较低，2022 年末泗洪县家庭农场的平均存款余额为 13.61 万元，但理财产品购买率为 0。其次，泗洪县家庭农场发展面临各类挑战。泗洪县通过补贴农机、开展家庭农场主养老保险补贴试点、推进秸秆综合利用等措施支持家庭农场发展，但仍然面临生产规模扩大受限、保险产品推广不足、成本与收入增长不匹配等挑战。

二、泗洪家庭农场综合保险背景介绍及产品设计

（一）家庭农场综合保险背景介绍

2018 年 9 月，习近平总书记在十九届中央政治局第八次集体学习时的讲话中指出，"当前和今后一个时期，要突出抓好农民合作社和家庭农场两类经营主体发展，赋予双层经营体制新的内涵，不断提高农业经营效率"。2019 年 3 月，习近平总书记在参加十三届全国人大二次会议河南代表团审议时的讲话中指出，"突出抓好家庭农场和农民合作社两类农业经营主体发展"。2019 年 9 月，财政部、农业农村部、银保监会、林草局《关于加快农业保险高质量发展的指导意见》（财金〔2019〕102 号）中指出，要想更好地满足"三农"领域日益增长的风险保障需求，需要进一步完善农业保险政策，提高农业保险服务能力，优化农业保险运行机制，推动农业保险高质量发展。2020 年 5 月，江苏省农业农村厅在《对省十三届人大三次会议第 2027 号建议的会办意见》中明确提出，之后会立足职能，以推动农业保险政策创新、推动农业保险经办机构提升服务能力、推动农业保险发展考核。研究推动把保险深度、保险密度、保险覆盖率等指标纳入全省乡村振兴实绩考核体系，推动地方政府加大对农业保险投入。2020 年 6 月，江苏省财政厅、江苏省农业农村厅、中国银保监会江苏监管局、江苏省地方金融监管局、江苏省林业局印发了《关于加快农业保险高质量发展的实施意见》，表明江苏省会落实指导意见的精神，充分发挥农业保险的作用，统筹推进农业保险的工作，以加快全省农业保险高质量发展。2020 年 7 月，习近平总书记在吉林调研时再次强调，"要积极扶持家庭农场、农民合作社等新型农业经营主体"。总书记的系列讲话为培育发展家庭农场指明了方向，提供了根本遵循。就家庭农场的发展来说，自然灾害对农业生产具有较大的影响，而农业保险的出现，则能够有效地规避自然灾害所造成的影响，减少自然灾害导致的损失，从而提高农业生产的抗灾能力，促使农民们能够在农业生产中得到最大的收益。

考虑到农业保险的优点，2021 年江苏省农业农村厅为了能够更好地满足家庭农场对农业保险产品的多元化需求，委托太平洋财产保险江苏分公司开发家庭农场综合保险产品，以实现种养成本、种养风险、产业类型、家庭农场"4 个广覆盖"：

一是种养成本广覆盖。传统保险产品只能承保部分直接物化成本，保障水平较低，而家庭农场综合保险是对投保农产品生产的物化成本、人工成本和土地成本等完全成本进行兜底保障，从而确保家庭农场在遇险时仍能"回本"。

二是种养风险广覆盖。传统保险产品的保险责任或者只覆盖自然风险，或

者只覆盖市场价格变动风险，而家庭农场综合保险可以同时应对自然灾害、意外事故和市场价格变动等多重风险。因投保的农产品产量或市场价格过低导致收不抵支时，家庭农场即可申请保险公司启动理赔程序，从而减少家庭农场的风险损失。

三是产业类型广覆盖。传统的农业保险一般都是一个保险品种只对应一种农产品，产品标的单一，可选择性不强，即使农业保险品种繁多，依然不能穷尽所有的农产品，导致很多农产品生产不能享受到保险服务。而家庭农场综合保险是根据不同类型的农产品确定不同的保险"算法"，当家庭农场有投保某一农产品的意向时，只要"按图索骥"找到该产品所属类别，并且由保险公司核定该产品的完全成本后，即可办理投保手续，从而可以非常广泛地覆盖不同农产品品种。

四是家庭农场广覆盖。由于家庭农场综合保险覆盖了多样化的产业类型，保障水平较高，能够应对多重风险，可以满足家庭农场多元化需求，选择性强，因此能为更多的家庭农场所接受。

自2021年4月开始，家庭农场综合保险在江苏省徐州市铜山区、泰州市姜堰区和泗洪县试点。截至2021年底，共有94家家庭农场参保，涉及种植业和畜禽养殖业的41种农产品生产，保费147万元，提供风险保障2 261万元。

（二）泗洪家庭农场综合保险产品设计

泗洪县2021年4月试点家庭农场综合保险，自2022年11月起推行完全成本保险。完全成本保险和家庭农场综合保险都是保成本，保的都是经济作物，保险都是由中国太平洋财产保险股份有限公司提供。

家庭农场综合保险分种植业综合保险和养殖业综合保险两大类，每个大类里再划分不同的险种，并确定相应的保险费率和保险金额。其中，关于种植业综合保险，其保险责任的具体内容如下：

在保险期间内，由于下列原因造成被保险人种植保险农作物获得的当年单位实际收入低于单位保险金额时，保险人按照本保险合同的约定负责赔偿：

（1）保险农作物因遭受自然灾害、意外事故、病虫草鼠害发生绝产导致被保险人没有收入的。

（2）保险农作物因遭受自然灾害、意外事故、病虫草鼠害发生减产导致被保险人收入减少的。

（3）因保险农作物市场价格下跌导致被保险人收入减少的。

保险金额的内容如下：

除政府文件另有规定外，单位保险金额根据单位完全成本确定，并在保险单中载明。一季多茬的保险农作物需在保险单中分别列明每茬保险金额。

保险金额＝单位保险金额×保险数量

在泗洪县的粮食类家庭农场中，信用良好，不被列为失信户的家庭农场都能够成功参保家庭农场综合保险。在此方面，2022年泗洪县全县筛选后符合条件的家庭农场约有十几户。对于种植非主粮经济作物的家庭农场来说，符合投保险种的作物也皆能够顺利参保，并享受政府的保费补贴。

三、泗洪家庭农场综合保险典型实践

家庭农场综合保险对农场主生产活动产生的影响是非常积极的，泗洪县魏营镇宋桥村的尹闪家庭农场就是受益者之一。尹闪家庭农场为其60亩，实际占地面积49.57亩的葡萄投保了家庭农场综合保险中的种植业综合保险。每亩保费640元，保费总计约3万元，政府对保费给予了70％的补贴，个人缴纳的保费每亩192元，总额不到1万元。尹闪家庭农场负责人尹闪表示："有关葡萄的种植技术在魏营镇的发展还不是特别成熟，并且葡萄受自然灾害的影响也比较大，刮风下雨所造成的损失都比较明显，葡萄后期也容易受到市场行情的影响。现在有了综合保险，我们的收入就更加有保障了，至少不会亏本了，而有了兜底保障，我们也能够更加安心地投入发展生产。并且政府对保险还有补贴，也减轻了我们自身的压力。"

据悉，农场主尹闪自2020年从外省来到泗洪，尹闪家庭农场于2020年在工商部门注册，并且现如今已被评为县级示范农场。2021年家庭农场综合保险刚宣传的时候农场主尹闪并没有选择投保，但在了解了家庭农场综合保险不仅能保成本，还能够保收入，并且政府对保费给予了一部分的补贴之后，农场主尹闪在2022年投保了该保险。农场主尹闪表示，在签完家庭农场主保险的保单之后，他能够更加安心地种葡萄，不用太过担心自然灾害或是市场价格变动过大所造成的亏损。此外，有了这份保障，农场主尹闪也考虑再承包多些土地以扩大葡萄园的种植面积，将家庭农场进一步发展扩大。

自2020年农场成立至今，农场主尹闪表示其总负债高达60万元，该借款皆用于购买化肥、种子、农药、支付土地租金、工人工资或是用于修建大棚。其中，除了亲友借款的20万元之外，有15万元借于中国邮政储蓄银行、14万元借于中国农业银行、11万元借于泗洪县农村商业银行，这3笔银行借款分别于2020年7月、2021年3月、2021年8月借入，贷款期限均为3年。中国邮政储蓄银行的15万元借款是尹闪农场主的第一笔借款，属于政策性农业担保公司担保获得的贷款，且不需要支付利息，其余两笔贷款年利息率均在6％左右。农场主尹闪表示，因为家庭农场成立时间较短，2020年到2022年所花出去的基础资金较多，但这也是作为农场成立初期不可避免的花销。有这么多的贷款压着，农场主尹闪自己心里也是有点担心的，会担心之后的收成万一达不到预期，或是卖不出去、卖得不好，毕竟还有这么多贷款要还，利息也并不低。但在投保了家庭农场综合保险之后，存在保险赔付的金额也能够让其至少没有赔本。在这之后，农场主尹闪也对购买的家庭农场综合保险更有信心，能够更好地投入到葡萄的种植中去，也让其有更多的闲暇资金来引进一些新品种，进一步发展家庭农场。

通过实地调查，泗洪县参与调研的 83 家家庭农场中，有关非主粮经济作物的家庭农场综合保险共投保桃类 5 笔（包括黄桃、油桃等）、西瓜 4 笔、葡萄 2 笔、碧根果 1 笔、甜瓜 1 笔，草莓 1 笔，投保面积超 600 亩。之后也会在契合全县农业产业结构和家庭农场实际需要的基础上，增加更多投保的种类，以切实提升农业保障水平，加速推动当地的乡村振兴。

四、泗洪家庭农场综合保险不足之处及政策建议

（一）泗洪家庭农场综合保险不足之处

在实地调研过程中，部分农户表现出对保险的认知程度较低，无论是收入保险、指数保险、完全成本保险，还是家庭农场综合保险，他们几乎都一无所知。甚至存在很多场主不了解自己已经购买的农业保险的种类是什么、标的物是什么，大部分都是跟着村里跟风购买，对于保险他们普遍关心有没有回本，有没有得到赔付。针对泗洪县所调研的家庭农场主，在家庭农场综合保险的完全成本保险方面，他们普遍不了解，也不曾购买。在实际推广中，家庭农场主对完全成本保险的投保积极性也不高。并且保险险种相对不够完善，尤其针对大棚花卉种植的家庭农场主没有险种可购买。其中，大棚种植的家庭农场主普遍反映保险不适用、赔付难和赔付少的问题，如若因气象灾害需要赔付，就需要省市自然灾害预警才能够申请赔付，但多数情况下一场大风就会造成损失。

（二）泗洪家庭农场综合保险政策建议

家庭农场综合保险自 2021 年 4 月开始在泗洪县开始试点，发展至今也已较为完善。农民的种植靠天吃饭，抗风险能力较弱，家庭农场综合保险的保险责任不仅覆盖了农作物因自然灾害或意外事故导致的产量减少，还包括了市场价格变动造成的收不抵支，在保成本的同时也保障了收入，减少了家庭农场的风险损失，提高了农民的整体收益。所以在考虑逐步推广家庭农场综合保险的试点范围和发展进程时，有关部门可以考虑以下几点建议：

第一，在家庭农场综合保险的投保和赔付方面，需要考虑到大部分农户的

知识水平和实际能力，去除复杂烦琐的程序，以好理解易操作为主。在查勘定损方面，需要提高查勘定损理赔的效率，增加农民对家庭农场综合保险的获得感，以更好地发挥保险服务对家庭农场发展的支撑保障作用。

第二，各地政府在宣传普及家庭农场综合保险时，应结合线上与线下共同进行，采用多样化的方法，同时需要照顾到对电子产品接受度较低的农户，可以通过电话或是线下访问的方式让农户得以了解。

第三，鉴于在保险方面，农户间跟风购买的现象较为明显，考虑到家庭农场综合保险中的完全成本保险推出不久，农户们对其投保的积极性也较低，所以各地通过发挥党员以及村干部的带头宣传作用，让其他农户能够实实在在地体会到该保险所能提供的保障，从而提高其投保的热情和积极性。

农业强国背景下海门金融支持家庭农场发展典型案例分析

一、海门家庭农场发展整体情况

海门区家庭农场在农业生产经营、土地经营等方面表现良好，但同时也面临农业保险投保率低、赔付力度不足，农业信贷种类少、农户需求难以满足，农业信息化程度低、生产效率不高等问题。首先，海门区家庭农场整体发展态势表现良好。第一，家庭农场基本情况。种植类家庭农场共 64 家，约占总样本的 3/4，22 家样本家庭农场被归类为示范家庭农场，占有效样本总数的 26.51%。第二，家庭农场生产经营者情况。农场主平均年龄为 52.25 岁，且 4 个镇都是男性农场主占据绝大多数。第三，家庭农场土地经营情况。家庭农场的平均承包经营土地面积为 6.94 亩，平均园地面积为 4.23 亩，平均养殖水塘面积为 0.89 亩，平均经营地块数为 13.56 块，持有红色土地证的家庭农场也从 2020 年的 25.00% 增至 2022 年的 32.53%，表明海门当地政府正在逐步提高土地使用者的土地经营积极性和投资积极性，促进农村经济的持续发展。第四，家庭农场生产经营情况。海门区家庭农场最常见的种植类作物是小麦和水稻，分别占据了约 13 239 亩和 10 745 亩的种植面积，4 个县中正余镇大豆种植也较多。在畜禽养殖方面，肉牛和羊是主要的养殖类型，约有 9 940 头。2022 年海门区家庭农场作物线上出售的总量约为 345 吨，线下出售的总量约为 16 051 吨，线下订单出售的总量约为 5 696 吨。第五，家庭农场的金融行为。海门区家庭农场平均存款额约为 39.96 万元，银行借款总额约为 986.8 万元，但购买理财产品的家庭农场比率较低，仅为 3.61%。其次，海门区家庭农场发展面临各类挑战。为了更好地支持乡村振兴战略的实施，海门区积极推进农户小额普惠信用贷款，切实助力乡村振兴，取得了较好的效果，但购买农业保险时支付的保险费加重了农民的负担，农业保险的知识缺乏和保险赔付的复杂流程使大部分农民望而却步，不愿意投保。此外，较少的信贷种类和并未达到高水平的信息化水平阻碍了农业贷款的进一步发展。

二、海门"兴农贷"产生背景

农业强国是社会主义现代化强国的根基，满足人民美好生活需要、实现高质量发展、夯实国家安全基础，都离不开农业发展。家庭农场作为农业生产的一种形式，在实现农业强国目标中发挥着重要作用。通过大量的小农户和家庭农场的参与，我国能够实现较为广泛的农业种植，逐步形成多样化农作物的种植结构，提高粮食产量和粮食多样性，这样不仅可以保障国内的粮食安全，也可以帮助我国在国际市场上展示农产品的数量和质量优势。此外，家庭农场能够吸引农村劳动力就近就业，减少农村劳动力的外流，加快农村基础设施建设，推动农村经济发展，充分发挥农村地区的潜力，减少城市农业压力，促进区域均衡发展。家庭农场灵活性高和创新性强的特点，也能使其更快地应对市场需求，做出改变，带动农业技术的进步，加快实现农业的可持续发展，完成现代化转型。

在党和政府的不断努力下，我国家庭农场建设取得了一系列显著的成果。从规模上看，家庭农场的数量呈现出明显增长的趋势。根据农业农村部的数据，截至 2021 年，中国家庭农场数量已达到 390 万家，占农户总数的 70％以上。从结构上看，传统的粮食种植仍然是主要形式，但与此同时，蔬菜种植、水果种植、畜牧业、养殖业、渔业等非粮食农业也在不断发展。从种植方法来看，随着科技的不断进步，家庭农场在农业技术创新方面取得了一定的成果。农业科技如精准农业技术、温室大棚种植、智能养殖管理等技术的运用，较大程度地提高了农业生产的质量。

但是在取得这些成果的同时也出现了一些影响家庭农场发展的因素，其中较为突出的就是融资问题。相对于大型农业企业或合作社，家庭农场的规模通常较小，经营范围有限，家庭农场经营过程中存在的自然风险和市场风险也会增加金融机构对其融资申请的谨慎程度。此外，家庭农场往往缺乏稳定的信用记录和规范的财务信息报告，这使得金融机构难以准确评估借款人的信用风险和偿还能力，进一步加剧融资困难的问题。2017 年《中国家庭农场发展报告》的数据显示，在被调查的近 3 000 个家庭农场中，有 89.95％的家庭农场仍然有 100 万元（含）以下的贷款需求，在种植类家庭农场中这一占比更是达到了 90.32％。同时，有超过 50％的家庭农场认为银行等正规金融机构存在不愿意放贷的情况。由此可见，家庭农场的发展存在着较大的融资约束。

为解决家庭农场融资困难的问题，各级政府出台了一系列有关金融支持家庭农场发展的政策。金融机构可以通过农业信贷、农业保险、农村金融服务网络建设、农业科技金融支持、农业产业链金融支持、农业培训和咨询服务资金支持等方面来助力家庭农场的发展。在多方的大力支持下，海门农商银行推出"兴农贷"。"兴农贷"是海门农商银行向注册在辖内的符合贷款资格的新型农业经济主体（专业大户、家庭农场、农民合作社、农业产业化企业）发放用于蔬菜瓜果生产、畜禽和水产养殖、种苗和种畜禽生产、农产品初加工，以及畜禽屠宰和饲料生产等的流动资金贷款的信贷产品。海门农商银行"兴农贷"作为一种农业贷款产品，通过发放流动资金贷款来满足农场的融资需求，一定程度上缓解了家庭农场贷款困难的问题，在推动家庭农场持续高质量发展上发挥了重要作用。及时的资金支持可以帮助农户解决资金周转不佳的问题，改善生产条件，提高农业生产效率，帮助商户实现经营规模化，增加农民的收入，改善农村居民的生活水平，促进农业科技的应用和推广，加快建设农业强国进程。

三、海门"兴农贷"产品介绍

（一）产品要素

"兴农贷"的产品要素主要包括授信主体、贷款用途、授信限额、授信期限、授信额度、担保方式等，具体内容如表 19 - 1 所示。

表 19 - 1　"兴农贷"产品要素

项目	具体内容
授信主体	新型农业经济主体以及符合新型农业经济主体条件的自然人
贷款用途	用于家庭农场的各类生产经营活动
授信限额	单户授信最高不超过 300 万元 如采用信用方式，额度不超过 100 万元，且借款主体或其实际控制人及其直系亲属、股东及其直系亲属名下须在南通范围内拥有不动产
授信期限	授信期限最长不超过 3 年，单笔用信不超过 1 年
授信额度	在贷款授信期限及最高限额范围之内，借款人可根据经营需要周转使用授信额度
担保方式	抵押、担保、保证均可

（二）"兴农贷"申请流程

第一步，申请准备。在申请"兴农贷"之前，新型农业经济主体首先需要对该贷款产品有充分的了解。这包括贷款的利率、期限、还款方式、所需材料等。为了确保贷款申请的成功，申请人需要提前准备好所有必要的文件，如身份证明、土地使用权证明、详细的经营计划和近期的财务报表等。这些材料不仅可以证明申请人的身份和经营状况，还可以帮助银行更好地评估申请人的贷款需求和还款能力。

第二步，银行评估。银行在收到贷款申请后，会进行详细的评估。这一评估过程主要是为了确定申请人的还款能力和信用状况。海门农商银行会与海门区农业农村局合作，获取最新的农户名单和农业项目信息，然后与银行内部的信息库进行对比。经过这一核对和评估过程，银行会对符合条件的家庭农场主进行贷款授信，并及时通知申请人授信结果。

第三步，提交贷款申请。在得到银行的初步批准后，家庭农场主需要正式提交贷款申请。这一申请可以通过多种途径进行，如网上银行、移动银行或直接到银行柜台。在提交申请时，申请人需要提供完整的个人或组织信息、详细的经营计划、资金需求明细以及可能的担保措施等。

第四步，银行发放贷款。一旦申请人的贷款申请被正式批准，银行会在短时间内将贷款金额划入申请人指定的账户。这些资金必须按照贷款合同的约定进行使用，以确保资金的安全和效益。

第五步，申请人还款。在贷款期限内，申请人需要按照合同约定的方式和时间进行还款。这些还款方式可能包括按月、按季度或按年的等额本息还款。为了避免产生不必要的罚息和影响个人信用记录，申请人需要确保按时偿还贷款本金和利息。此外，申请人还可以随时查看产品业务流程图，以确保自己对整个贷款过程有清晰的了解。完整的产品业务流程如图 19 - 1 所示。

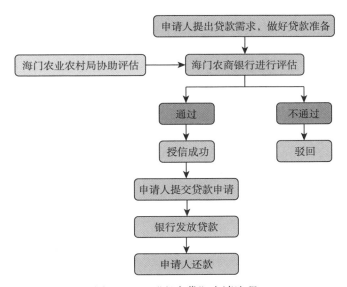

图 19 - 1　"兴农贷"申请流程

四、"兴农贷"地方实践——海门区正余镇张雄家庭农场

（一）基本情况

经调研发现，海门区种植类家庭农场约占该地区农场总数的 77%，养殖类家庭农场约为 8%，种养结合类家庭农场约占总数量的 15%。3 种类型中，种养结合类型农场数量排名第二，且 2022 年海门区样本家庭农场从事规模经营的平均年数已达到 8.65 年。从家庭农场的借款行为上看，2022 年海门区家庭农场银行借款总额接近 1 000 万元，私人借款占比约为 12%。

海门区正余镇张雄家庭农场位于江苏省南通市海门区正余镇河岸村，主要经营中草药材、谷物、瓜果、蔬菜、家禽鲜蛋批发等，是一家种养结合类型的家庭农场。农场成立时间为 7 年，小于海门区家庭农场从事规模经营的平均年数，与其他成立年限较长的家庭农场相比，发展仍属于不成熟的阶段，因此本章以该典型农场为例分析"兴农贷"是如何支持家庭农场发展的。据悉，该家庭农场因经营的贝母产业受市场价格行情影响出现了资金周转困难的问题。

（二）"兴农贷"借款情况

为尽快解决资金缺乏问题，农场主张雄向海门农商银行提出贷款需求，清楚地表达了贷款的用途为支持家庭农场的日常生产经营周转。海门农商银行秉持介入谨慎原则，为更好了解该家庭农场的经营现状，确保贷款的有效利用和贷款风险的有效控制，决定进行实地调研，以便更全面地评估农场的贸易市场和商户经营情况。

通过调研，海门农商银行发现张雄的家庭农场已运营 7 年，在此期间，该农场依据市场变化及时地调整自身种养结构及经营策略，经营状况良好，收益稳定，发展前景巨大。此外，张雄个人及其家庭农场均无负债，始终保持财务稳健，在理财方面谨慎性较强；农场与邻里关系较好，相处融洽，赢得了良好的口碑，这为农场的发展提供了有力的支持。综上，银行判断该农场具有较好的持续经营能力和还款能力，经过严格的审批程序，海门农商银行最终决定向张雄发放 100 万元的专项贷款，由江苏省农担提供保障担保，成功解决了张雄面临的资金困难，为该家庭农场发展注入了新的动力，他计划利用这笔贷款进行农场设施的改善和技术的引进，在环境保护的前提下，进一步提高生产效率和产品质量，实现农场的可持续发展，积极推进绿色农业实践。

此次贷款的顺利发放不仅满足了张雄的资金需求，也使他深刻体会到了金融机构对农场经济的大力助推。海门农商银行积极响应国家乡村振兴战略，通

过支持农业发展、服务农户，切实解决农户贷款问题，为农村经济的蓬勃发展和建设农业强国贡献了自己的力量。

此外，贷款案例的成功也为其他农户提供了榜样和经验。这将进一步增强其他农户的信心，激发他们投身农业发展的热情；海门农商银行以负责任的态度为农户提供了可靠的金融支持，帮助他们解决了资金问题，在一定程度上助力了乡村经济的繁荣发展，进一步巩固了其在农业金融领域的声誉和地位；贷款的成功发放也为农业金融领域带来了积极的影响。它展示了金融机构与农户之间良好的合作关系，提醒农户在遇到资金难题时可以积极向银行申请贷款，购进先进的机器设备，改善生产情况，为农村经济的发展搭建了可持续的金融桥梁，这也最终会推进农业现代化进程，助力实现建设农业强国的目标。

五、对促进金融支持家庭农场发展的建议

（一）政府角度

1. **政策支持**　政府在农业发展中起到了不可或缺的角色。作为农业的引导者和推动者，政府的政策决策直接影响到农业金融市场的稳定性和健康性。为了确保家庭农场得到足够的金融支持，政府需要制定一系列明确、稳定且长期有效的政策措施。这些政策不仅可以为金融机构提供一个清晰的方向，还可以为家庭农场创造一个有利的金融环境。例如，政府可以通过提供税收优惠、贷款担保、降低贷款利率等措施，激励金融机构更加积极地为家庭农场提供金融服务。

2. **财政补贴**　财政补贴是政府支持农业发展的重要手段。通过为家庭农场提供差异化的财政补贴，政府可以鼓励农场主采用更加环保、高效、可持续的农业生产方式。例如，对于那些采用有机农业、节水灌溉、生物技术等先进技术的家庭农场，政府可以提供更高的补贴，以此鼓励更多的农场走绿色、高效、可持续的发展道路。

3. **培训与教育**　农民的金融素养和管理能力直接关系到家庭农场的经济效益和发展潜力。为了提高农民的金融知识和管理能力，政府可以与各大农业学院、研究机构和金融机构合作，组织各种培训活动。这些培训活动可以包括金融知识讲座、农业技术培训、农场管理研讨会等，帮助农民掌握最新的农业知识和管理技能，提高家庭农场的竞争力。

4. **基础设施投资**　农村地区的金融服务设施往往与城市地区存在较大的差距。为了确保家庭农场能够得到及时、便捷的金融服务，政府需要加大对农村金融基础设施的投资。这包括建设更多的农村银行分支机构、ATM 机、移动银行车等。这些设施不仅可以为农民提供更加方便的金融服务，还可以带动

农村地区的经济发展，促进农村与城市的经济融合。

（二）农村金融机构角度

1. **产品创新**　家庭农场作为农业生产的基本单位，其金融需求与传统农业有所不同。为满足这些特定需求，金融机构必须不断进行产品创新。除了提供短期的流动资金贷款以应对季节性的资金需求，金融机构还可以推出与农业生产周期相匹配的中长期贷款，帮助农场进行技术升级和扩大生产规模。农业保险也是一个重要的金融产品，它可以为农场提供风险保障，如天气变化、疾病暴发等不可预测的风险。

2. **风险管理**　农业的特性决定了它面临的风险是多元化的。金融机构在为家庭农场提供金融服务时，必须建立一套科学、完善的风险评估和管理机制。这包括对农场的生产条件、市场前景、管理能力等进行综合评估，确保贷款的安全。此外，金融机构还可以为农场主提供风险管理工具，如期货、期权等，帮助他们对冲市场价格的波动风险。

3. **服务延伸**　为了更好地服务农村地区，金融机构需要不断延伸服务网络。除了在农村地区开设更多的分支机构，金融机构还可以利用数字技术，如移动银行、网上银行、人工智能客服等，为农场主提供24小时不间断的金融服务。这样，无论农场主身在何处，都可以随时随地办理金融业务，大大提高了金融服务的便利性。

4. **合作与联盟**　金融机构可以与政府、农业合作社、农业技术推广机构等建立合作关系，形成一个完整的农业金融生态系统。例如，金融机构可以与农业技术推广机构合作，为农场主提供技术培训和金融服务；或者与农业合作社合作，为合作社成员提供集体贷款和保险服务。这样的合作不仅可以提高金融服务的效率，还可以降低金融风险，实现多方共赢。

（三）家庭农场主角度

1. **提高金融知识**　金融知识对于家庭农场主来说，不仅是一个工具，更是一个强大的武器。它能够帮助农场主更好地理解金融市场的运作机制，从而做出更为明智的决策。家庭农场主应当认识到，金融不仅仅是银行贷款，它还包括投资、风险管理、资产配置等多个方面。因此，家庭农场主应当积极参加政府和金融机构组织的培训班，系统地学习金融知识，提高自己的金融素养和管理能力。只有这样，家庭农场主才能够充分利用金融资源，为农场的发展提供坚实的资金保障。

2. **合理规划**　家庭农场的发展不是一蹴而就的，它需要家庭农场主有前瞻性的思考和长远的规划。家庭农场主首先需要对市场进行深入的研究，了解市场的需求和趋势，从而确定农场的发展方向。此外，家庭农场主还需要根据农场的资源条件、技术水平、管理能力等因素，制订出切实可行的长期和短期发展计划。这些计划不仅要明确农场的生产目标，还要明确农场的金融需求，如投资额、贷款额、还款期限等，确保农场的金融活动与生产活动相协调，共同推动农场的发展。

3. **信用建设**　在金融市场上，信用不仅仅是一张纸，它是家庭农场主与金融机构建立互信关系的桥梁。一个良好的信用记录可以为家庭农场主带来更多的金融机会，如获得更高额的贷款、更低的利率、更长的还款期限等。因此，家庭农场主应当重视信用的建设，始终遵守与金融机构的约定，及时还款，避免逾期。只有这样，家庭农场主才能够在金融市场上建立起良好的声誉，获得金融机构的信任和支持。

4. **技术与创新**　农业是一个古老的行业，但它并不代表过时。随着科技的发展，农业技术和管理方法也在不断更新和进步。家庭农场主需要紧跟时代的步伐，引入最新的技术和管理方法，如智能农机、精准灌溉、生物技术等，提高农场的生产效率和经济效益。此外，家庭农场主还可以通过创新开发出新的产品和服务，如有机食品、农村旅游、农家乐等，满足市场的多元化需求，增加农场的竞争力和盈利能力。

第二十章 CHAPTER 20

江阴农业企业服务
家庭农场典型实践

一、江阴家庭农场发展整体情况

江阴地区在劳动力结构、土地经营规模、农业生产经营和金融行为等方面表现出良好发展态势，但同时也面临劳动力结构、农产品销售渠道、金融资金支持等方面的挑战和发展不均衡的问题。首先，江阴市家庭农场整体发展态势表现良好，平均经营年限较 2020 年延长了 1.21 年。第一，家庭农场生产经营者情况：农场主平均年龄为 49.64 岁，男性占比高达 82%，显示出劳动力的性别和年龄特点。第二，家庭农场土地经营情况：平均经营土地面积为 261.97 亩，土地流转主要通过书面协议进行，流转对象以村委会为主，占比为 62.03%，平均转入土地经营面积较多，为 720.23 亩。第三，家庭农场生产经营情况：常见的种植类作物为水稻、小麦、玉米和水果，种植总面积分别为 16 441.8 亩、15 469.8 亩和 1 987.56 亩，畜禽产品样本情况与 2020 年以肉禽类为主不同，2022 年以淡水鱼和其他淡水产品为主。种植农产品线上销售额均值为 15.16 万元，线下订单销售额均值为 12.62 万元，线下销售额均值约为 128.26 万元。第四，家庭农场的金融行为：融资需求基本得到满足，但存在融资约束，平均资金需求总额约为 370.78 万元，实际获得贷款金额约为 44.94 万元。江阴市提出面临资金问题的农场占21.52%。农业保险覆盖率较好，种植业保险投保比率约为 54.43%。粮食烘干机投保比例为 63.29%，气象指数保险投保率约为 24.05%，但是家庭农场综合保险投保比例只有 8.86%。其次，江阴市家庭农场发展面临各类挑战。江阴市通过积极推广家庭农场主农业保险、推动家庭农场联合申请附属配套用地、构建农业企业服务家庭农场新模式等措施支持家庭农场发展，但仍然面临劳动力稀缺、销售渠道不足、雇工成本较高和融资约束等挑战。

二、江阴农业企业服务家庭农场典型实践

（一）故乡情公司概况

故乡情创立于 2013 年 3 月，位于江阴市璜土镇，主要以葡萄产业为主导，从农民专业合作社发展到公司，从最初的 5 名社员发展到 107 名（包括家庭农场），带动农户 150 户，种植面积约 1 300 亩，其中葡萄约 1 100 亩、草莓约 60 亩、水蜜桃约 60 亩、其他水果约 80 亩，农旅接待点 5 个，可一次容纳游客 650 人。公司收入主要来源于经营性收入和其他非经营性收入，主要是产品销售收入、副产品销售收入、种苗销售收入、劳务输出收入、技术输出收入。主要成本为土地流转费、农资、人工、外包机械、营销推广费、农业设施折旧、财务成本、后勤保障等。公司精神：科学种田、知识管田、精益求精、创意农业。公司经营模式：定位农家采摘、产品直供市场、引入旅游载体、传播农耕文化。公司目标：引导青年农民回乡创业、培育职业农民开拓市场、打造白领农民做大产业。

公司与顺丰集团合作建立电子商务平台，突破和拉长销售渠道，与南京农业大学、江苏省农业科学院紧密合作，成立国家级"果树专家工作站"，提升果树种植水平，提高现代化作物标准。公司重点研究市场营销和农业企业化、产业化内部管理。通过观念创新、产品创新、技术创新、体制创新和管理创新，打造农产品品牌创建，产品向商品转型，不断提升农产品核心竞争力。遵循"科学种田、知识管田"的企业精神，坚守"绿色安全、有机种植、精致农业"的价值观念，以科技带动优势产业发展，促进科技与产业的结合，不断创新，勇攀高峰，为社会提供更加优质、安全、放心的产品，在引领现代农业发展的道路上砥砺前行。

1. **严格控制品质**　公司严格把控产品质量，不断提高产品市场竞争力和品牌信誉度。一是标准化生产。公司基地葡萄园布局采用一个品种一个车间，共 70 亩，中间设置主干道 6.5 米，各车间分布在主干道两侧，各车间平均 8 亩。采用一字形种植方式，横向纵向全部在一个水平线，每株葡萄树全部配置一个二维码，扫码就能知道该株葡萄树是在哪个车间第几行第几株。与南京农业大学、浙江果科所等科研院校长期合作，接受江苏省推广总站的指导，严格按照制定的生产标准执行。通过标准化生产，果品一等品率达 85％以上，经济价值提升 15％以上，亩均增收可超过 2 500 元。二是智能化管控。全园采用智能化管控、潮汐式灌排、无人植保、履带式果园机械作业、园内加温等，生产过程中不断实现智能化，节约劳动成本和肥料成本，亩均降本可达到 500 元。采用自动化分选分级、葡萄自动化清洗、检测、预冷等流程，不断提高葡

萄成品品质，减少葡萄损耗达 10％，为市场提供安全可靠的产品，消费反馈满意度达 98％，连续两年无客户投诉。三是数字化运行。积极使用物联网技术，全园实行环境检测，通过温度、湿度、大气等预警，指挥生产过程，配置专业气象站，实时体现区域气象信息，为避免自然灾害提供有效防范。同时，公司开发了管理软件，每个单元领用所有生产资料，通过手机端申请，经过审批使用，对亩均成本测算提供精准数据。技术组按照每个时间节点发布生产任务，生产者接受指令，按照要求执行，执行完毕拍摄图片或视频上传，首席专家审核通过。对园内环境、卫生、秩序等全部通过类似模式考核，电子化、数字化，全年平均分数为 1 350 分，根据绩效分值实行奖惩。2021 年，最高得分者奖励达 3 万元。四是有机化种植。注重有机种植水平，为市场提供高品质葡萄。首先定植。采用深沟高垄法，开沟深 70 厘米、宽 70 厘米，沟内放入秸秆、稻壳、树叶、有机肥、火山灰等，然后覆土，水浇透，10 天后定植，保证适合葡萄生长的优质土壤。其次防控。病虫害防控在果树生产中是重要环节，采用黑光灯、诱虫灯、生草覆草、黄篮板、糖醋液等生物防控手段，提高防虫防病能力。最后洁净。整个生产过程采用消毒、无燃油、无污染，每天全园消毒，各种机械全部采用电动模式，所有操作全部冷作，保证园内的洁净，达到有机产品生产标准。通过有机化种植，整个葡萄园环境得到了改善，生态明显优良，具有良好的吸粉效应，让市场消费者了解了现代化的葡萄生产，具有好的品牌效应。

故乡情农业发展公司坚持绿色食品认证，全部种植园通过了绿色食品认证。通过葡萄博览园的建设，让璜土葡萄发展 46 年的历史积累得到呈现，发掘葡萄文化的内涵。建设了 300 平方米葡萄文化展示馆，展示公司形象并对葡萄进行科普，提升消费群体对葡萄的了解。

2. 重点打造品牌　一是包装提升。不断进行包装的提升，把农产品逐步向商品、礼品转型，包装设计上凸显特色，结合地方文化内涵以及农场特色。二是物流升级。不断探索物流水平，通过各种方式尝试，葡萄运输过程中的损耗一直比较大，电商销售售后投诉、理赔情况较多，与保鲜企业合作研制了新型农产品保鲜袋技术，并获得国家专利，通过近两年的应用，消费满意度达到 98％，损耗降低了 25％，同时每单快递费用下降 5 元。三是主题活动。不断开展各类生动的主题活动，多年来，相继组织了夏季水果节、好水果品鉴、葡萄之夜音乐节、快乐童年采摘节、快乐大巴专线等系列活动，每年接待参与者达到 2 万人次。积极参与各级组织的葡萄评比活动，多年来获得了 8 个金奖、银奖，公司产品的顾客忠诚度不断提高。四是体验开发。潜心开发体验式内容，利用葡萄生产特点，引进了葡萄酒生产和灌装线，让消费者身临其境了解葡萄酒整个生产工艺，同时可以上线操作，开发葡萄果冻 DIY，游客可以在农场主的带领下一起动手参与葡萄果冻的制作，提高趣味性。邀请藤编工艺艺人现场教授游客制作简易的工艺品等，同时，开发了水果茶制作、葡萄主题巧克力制作等。五是申报创建。近年来，"故乡情"品牌相继获得地方品牌，所有产品获得绿色食品认证，积极申报国家地理标志商标活动、申请专利等。

2018年，故乡情充分发挥自身优势，采用"公司＋党组织＋合作社＋基地＋家庭农场"的经营方式，注册"GXQ"（故乡情）商标，努力走出一条具有璜土特色的葡萄产业发展道路。2022年实现营业总收入3 690万元，社员人均收入达42 000元，年均增长比例达到12％。故乡情先后被评为首批国家级星创天地、全国优质果品生产基地、国家级示范合作社、国家级生态农场、全国农村创业园区、全国绿色产业化示范单位、省级农业信息化示范单位、省级农科教结合示范基地、省级示范合作社、江苏省名特优农产品、江苏省主题创意农园、江苏省科普教育基地、江苏省农业巾帼示范基地、江苏省级乡镇农科教结合示范单位、江苏休闲农业和乡村旅游五星级企业、无锡市农业龙头企业、"强富美高"新无锡现代化建设先进集体等荣誉称号，理事长获全国农村青年致富带头人称号、江苏省"三带"新秀、无锡市劳动模范。

（二）故乡情农业发展公司的家庭农场服务模式

从农场到合作社，再到公司，故乡情公司所担任的农村社会责任不断升级，为一个梦想坚定信念、专注目标不动摇。农业企业需要农户提供好的产品，农户又需要企业开发市场和技术提升，长期培育这种鱼水关系，更好地撬动一个产业的发展，农户种植的信心足，得到的实惠更足。江阴故乡情农业发展有限公司完成了农场同合作社和农户的紧密合作，全面实行公司化运营，更好地在品牌推广、技术开发、营销策略、团队培育、深加工发展、旅游、金融服务等领域健全产业发展链条，让农户产品不愁卖、技术有人教、每年能增收、扩产有资金。

农民自身的创新能力、市场拓展能力、抵制各种风险能力较低，强化农业龙头企业的培育和服务，形成有效的带农机制，可以引入社会资本和国有资本参与，形成产业链发展模式，不断增强土地附加值和农民增收水平。故乡情农业发展公司下属3个家庭农场，公司牵头成立江阴市璜土镇联耀家庭农场发展服务中心，共服务49家家庭农场。对于所服务的家庭农场，土地是各个农场主自己转入经营；产品销售方面：一是各自销售，二是故乡情公司平台免费助其销售，再按实际销售额分配。故乡情公司为家庭农场提供的服务主要包括以下3个方面。

1. **优服务，打造四大创新平台**　打造务实管用的服务平台是故乡情提高履职能力的必然要求。公司与江阴市科学技术协会、江阴市农业技术推广中心、江阴市市场监管局璜土分局、中国农业银行江阴璜土支行、璜土商会、江阴学院等开展合作，助力璜土葡萄在研发、生产技术、质量、销售等方面的提升，促进产业的升级换代，逐步建立了能够直接服务家庭农场以及农户的四大平台。

一是科技服务超市平台。公司累计投入280万元，建成省级农村科技服务超市，设有可容纳200人的经济林果培训中心、成果展示区、科技特派员工作室、洽谈室、农资服务超市等。2022年，全年共培训8场1300多人次，为社员农户及家庭农场提供各类农资1960余吨，提供直接技术服务165人次。

二是果树专家工作平台。与南京农业大学进行产学研合作，成立果树专家工作站和研究生工作站，邀请专家定期对公司技术员进行技能指导，社员农户及家庭农场遇到困难跟专家远程沟通，解决不了的请专家来现场解疑，通过长期的沟通学习，公司培育了一批技术过硬的服务队伍，用公司外部合作助力社员农户、家庭农场葡萄种植技术更新，做大做强璜土葡萄产业。

三是金融服务平台。经过近3年的努力，2018年5月，农业银行总行前来实地调研，公司与江苏省分行签署了支持葡萄产业发展惠农战略合作协议，6月首笔贷款完成提款，真正从根本上解决了单个农户和家庭农场贷款难的问题，2022年贷款余额达8000多万元。

四是电商销售平台。公司总投入180万元建成农产品网络销售平台，用平台经济助力社员农户和家庭农场发展，并联合顺丰、邮政、无锡融媒体、江阴融媒体等知名农产品网购平台，凝聚"新"力量，为农户和家庭农场提供快捷方便的物流需求，通过合作社统一签订派件协议，家庭农场和农户每单节约物流成本达5元，通过网络销售平台，公司农产品突破了华东地区销售瓶颈，可以直接发货到北京、广东、河北、辽宁、陕西、香港等省（区），2022年，向外发单100 092件。

2. 建团队，实现四大统一制度　公司党支部和理事会共同制定议事规则，明确党员、工作人员、社员（包括农户和家庭农场）、理事会成员的行为规范和惩戒制度。通过党员大会和全体社员会议，商议当年盈余分配、次年重大事项决定、章程修订等工作。公司实现了四大统一制度。

一是物资统一采购制度，节约生产成本。组织懂行情、懂市场的社员（主要是公司服务的家庭农场主）成立采购组，专门负责集中采购农资，并根据家庭农场和农户实际需求将农资进行合理分配。2022年，公司共采购农资农药150万元，亩均比单干户节约30%。

二是产品统一营销制度，节约销售成本。公司培育营销团队，统一包装、统一品牌、统一配送，公司主动对接物流商、商超等平台进行推广，营销费用与单干户相比每年每户可以节约2 300元。

三是技术统一指导制度，节约诊治费用。发挥公司党支部党建联盟作用，与南农大和江苏省农业科学院建立长期合作关系，实行资源共享，建立远程服务，能够及时为社员家庭农场及农户解决各类问题，大大减少果树处理不当造成的损失。

四是矛盾统一协调制度，节约时间成本。公司党支部主动承担果农（包括家庭农场）维权工作，党员特派员积极协调各类共性矛盾，比如灌溉、用电、土地流转等，大大减少了社员农户、家庭农场在处理此类问题中的时间与精力，让果农真正能够集中精力学技术、集中精力抓生产。

3. 找富路，开辟社员农户（包括家庭农场）增收途径　璜土葡萄近几年一直接受批发商采购，但是由于管理松散，批发商合伙找果农砍价，把好葡萄用最低的价格买走，严重挫伤了果农积极性。因此，公司培养了自己的营销团队。

此外，公司党支部发挥带头联系作用，主动联系社区党支部，通过红色网格员在居民中打开市场，从到高档小区张贴广告开始，逐步走向商超、酒店、专业市场、电商，从1斤卖到了280万斤。公司党支部主动联系无锡朝阳市场，安排时间场地，同时支部委员和理事会成员每人拿出10%的盈余分配金用于补贴运输费，还对去市场的农户给予每人每天100元补贴。果农人手不够，公司员工冲锋在前，带头做奉献，轮流在市场免费为果农叫卖葡萄。

依托智慧葡萄园项目，打造璜土葡萄产业链，创建党员示范园、技术推广园、孵化园，打造同心树、向心树、连心树、爱心树、产业风采墙等，公司开发出一条"党建红＋葡萄紫"的乡村旅游路线。每年4—5月，公司集中精力组织旅游公司、保险公司、汽车4S店、大型企业等大客户团队进行游园采摘活动。2022年，累计接待团队46 000人次，社员果农（包括家庭农场）亩均增收1 200元。

（三）主要成效

1. 品牌效应明显　以服务为中心、以技术创新为突破口组织生产，提高农产品的附加值。2020年，璜土葡萄在江苏省市评比中，获得了9金12银的成绩，获得了无锡市首届"十大农产品"品牌，被各级媒体重点报道。当年在第十三届葡萄文化节当天，璜土葡萄通过直播销售达到120万元，客商订单235万元。8月初到10月8日，璜土镇接待乡村旅游采摘超过了5万人次。

2. 农民增收显著　通过项目的建设，逐步整合资源，璜土的关注度提高，以农业公司、合作社、家庭农场为主的农村经济组织为主力军，据统计，销售收入比上一年同期增长10%，农民人均收益提高1 500元。

3. 产品品质变优　通过示范引领，广大果农逐步接受优质优价的思路，对田间管理、品质提升、种植要求有了明显的需求，20％的果农愿意投入改良果园基础设施，15％的果农需要专家指导，提高精品率，50％的果农需要依靠平台服务。

三、江阴农业企业服务家庭农场经验总结

致力研究苏南农业发展模式，通过不断地实践总结和提炼，形成具有更加明确的方向定位，根据不同的发展时期，科学布局产业和销售结构。

（一）模式概括

"企业＋合作社（农场）＋农户"形成紧密利益联合体，经过制度、管控，统一由公司与"品牌＋互联网＋市场＋金融＋旅游"进行合作，利益分配上由公司向合作社分配，合作社再向农场、农户进行分配。

（二）发展策略

大家好企业才能好，坚持不到农户手中分利益，只向前端后端要效益。采用集团型块状管理模式，降低农户生产成本，提高农户收益。在农资、物流、营销、品牌、技术上全面统一，提高市场竞争力。稳定生产和市场的同时，用一二三产业融合发展的思维布局长期规划，建立高标准示范园、电商中心、新品试验车间、产品分拣分级车间、葡萄汁和葡萄酒生产线、葡萄博览园、葡萄职业技术学校、金融中心等，逐步形成工业化农业管理模式。

（三）主要做法

1. 用真情换信任，用管理给实惠　璜土葡萄规模已达万亩，全年产量达 3 500 万斤，以多品种生产为特色，果农达到了 1 300 多户。长期以来，由于销售模式传统、商品化率低、种植模式老化等问题，造成市场竞争力越来越弱。2013 年，成立江阴故乡情农业发展有限公司，针对性地围绕突出问题，形成具有情怀的运营模式。首先帮助果农解决卖的问题，根据产品特点形成明确的销售结构，精品 15％，电商 15％，旅游采摘 35％，一二线市场 35％。公司与顺丰、邮政等平台合作成立电商运营平台孵化电商创业人员，2019 年，实现电商总营业额估算 1 200 万元；购置专门运输车辆和邮政物流配送相结合，免费帮助批量产品送无锡朝阳果品市场和凌家塘农副产品批发市场，同时，派员在市场进行销售，2019 年，预计市场销售营业额超过 700 万元；重点培育 5 个旅游葡萄采摘接待点，公司统一协助农户设计、建设，全年接待游客 42 600 人次。据统计，近年来，农户人均纯收入每年递增 6％～10％。公司

旗下合作社成员从 5 人增加到 72 户，生产面积从 50 亩增加到 1 400 亩。在此基础上，公司与合作社经过努力，实现了四大统一：一是生产资料统一采购，节约生产成本。主要任务就是集中采购农资，2018 年，亩均比单干户节约 210 元。二是产品统一营销，节约销售成本，培育营销团队，统一包装、统一品牌、统一运输配送。由于户数变多、产量变大、市场份额占比变大，营销费用与单干户相比每年每户可以节约 2 300 元。三是技术统一指导，降低果树损耗。通过社级平台与江苏省科技服务超市总店、南农大和江苏省农业科学院建立了长期合作关系，还与南京农业大学在 2014 年度正式成立了"果树专家工作站"，实行了资源共享，建立了远程服务，为果农及时解决病虫害提供了快速处理方法，大大减少了因果树处理不当造成的损失。四是统一协调各类矛盾，节约时间成本。为果农做好维权，不断协调各种矛盾，如灌溉、用电、城管、与周边村民的关系、土地流转等，减少了果农在这些矛盾中浪费的精力与时间。

2. 靠品牌树形象，靠平台促品质　品牌建设是企业发展的生命。公司通过几年努力，逐步建立了品质提升系统：一是品牌管理。进行了商标注册、绿色食品论证、企业资信评级。二是向商品转型。注重在包装上、果型上、种植上进行改革，形成产品独特优势。三是建立培训体制。全年进行培训场次达 7 次，组织果农外出参观 2 次，提高果农的种植水平。四是成立技术服务队伍。在修花、修果专业较强技术环节，进行技术劳务输出，全年劳务输出 2 015 个工分。五是加强产学研合作。与南京农业大学合作提升产品质量，与山东泉林农肥合作提高土壤改良，与中国科学院南京植物所合作改变种植新模式。六是承办节庆活动。多年来坚持承办葡萄文化节、参与各地产品评比和展销，逐步扩大了璜土葡萄的影响力，成为江苏省名牌产品。

3. 强设施抗灾害，强金融保发展　苏南果品种植，设施保障尤为重要。几年来，受到雨水和雪灾的影响，农户果品受到严重损失，公司根据自身发展的能力，多年来逐步改善农户设施建设，目前，设施率达到 55%，缓解农业靠天吃饭的压力。由于高标准设施投入需要资金，公司在金融业务上进行创新，引入多种金融模式，对农户进行支持：一是打通与农业农行的战略合作，由公司根据果农长期经营行为和能力评估，银行实现无抵押、免担保、低利息的信用贷款，至 2019 年 6 月，农户贷款余额达 5 700 万元，未出现一笔风险。二是融资租赁模式。引入社会资本和国有资本，直接投入农业设施，建成后，用租赁的方式给农户使用，减缓了农户一次性投入的压力。三是惠农担保。与地方农商行合作成立惠农担保公司，为农户和涉农企业提供纯信用贷款，充分解决农户和小微企业的融资难、融资贵的问题。

4. 重产业为主导，重旅游兴乡村　依托璜土葡萄产业近 40 年发展作为支撑，精心打造葡萄博览园，把10年以上树龄的葡萄树移栽到博览园，见证葡萄发展历史，同时，记载下璜土葡萄发展中的功勋人物和大量的经验，创办葡萄职业技术学校，培养一代又一代的传承人，用匠心精神，种植出一个又一个精品。未来葡萄示范园，采用车间式管理方法，培育车间单品种管理人才，比如夏黑生产车间、阳光玫瑰生产车间等，用更专业的方法生产产品。同时，璜土也具有较为浓厚的人文底蕴。公司致力于当地文化内涵的挖掘，携手文化界、摄影界、书画界，对历史、人文和民俗风情收集、整理。逐步让葡萄产业与美丽乡村结合起来，村中有园、园中有村的景象成为一种常态。

（四）利益联结机制

公司发挥龙头企业的龙头带动作用，组建农业产业化联合体，鼓励企业发展订单生产、合同生产；发挥纽带作用，把农户、家庭农场、合作社有效组织起来；培育龙源、绿益等8家家庭农场加入农业产业化联合体，让家庭农场分享农业产业化成果。几年来，公司孵化培育家庭农场5家，支持电商户8家，成为全国首批国家级"星创天地"。积极引导农民农地、宅基地入股参与农业产业化经营机制，让农民分享农村一二三产业融合发展的增值收益。采取参股合作模式形成农户与合作社的利益联结机制。以农民专业合作社为建设与实施主体，农户以土地、劳动力及政策补助资金等要素入股合作社，参与、监督合作的经营管理。农户既是合作社的股东，又是合作社的打工者，既能参与股份分红，又能获得打工收入。参与项目的农户避雨设施由合作社支持建设，项目区农户葡萄园将由合作社统一制定用药规范，统一防治，按照葡萄标准化生产技术生产。同时项目区农户葡萄由合作社统一进行销售，中上品质葡萄通过电商平台、团购销售，剩余的农产品将由合作社通过其他渠道进行销售。销售利润合作社社员除去正常成本及合作社公积提取，以工资及分红形式发放。

铜山家庭农场农旅融合模式

一、铜山家庭农场发展整体情况

铜山区家庭农场在劳动力结构、土地经营规模、农业生产经营及金融行为等方面表现出良好发展态势，但同时也面临劳动力老龄化、土地流转方式、农产品销售渠道及金融支持等方面的挑战和不均衡问题。首先，铜山区家庭农场整体发展态势表现良好。第一，家庭农场生产经营者情况：农场主平均年龄为47.82岁，男性占比高达86.90%，显示出劳动力结构的性别和年龄特点。第二，家庭农场土地经营情况：平均经营土地面积为15.21亩，较2020年增长了27.49%，土地流转主要通过书面协议进行，流转对象以村民小组为主，占比55.95%。第三，家庭农场生产经营情况：粮食作物种植面积显著增长，小麦、水稻和玉米的总种植面积分别达到27 194亩、22 185.5亩和4 964亩，其中小麦种植面积较2020年增长了约68%。农产品线上销售总额均值为13.51万元，线下订单销售额均值为15.51万元，线下销售额均值为115.50万元。第四，家庭农场的金融行为：融资需求基本得到满足，但存在融资约束，平均资金需求总额约为38.55万元，实际获得贷款金额约为32.04万元。农业保险覆盖率较高，种植业保险投保率约为89.29%，生猪保险投保率约为66.67%，但气象指数保险的购买率仅为9.52%。其次，铜山区家庭农场发展面临各类挑战。铜山区通过开展家庭农场主养老保险试点、推动家庭农场联合申请附属配套用地、构建信贷直通车体系和创新农业保险金融支农模式等措施支持家庭农场发展，但仍然面临劳动力稀缺、保险产品推广不足、土地流转规范化和融资成本高等挑战。

二、家庭农场农旅融合意义及常见模式

（一）家庭农场农旅融合意义

农业与旅游业的融合发展被认为是推动乡村振兴的重要途径。十九大报告

中明确提出实施乡村振兴战略，以促进农村第一、第二和第三产业的融合，支持农民就业和创业，拓宽农民收入来源。农旅融合是三产融合的重要方式（胡平波和钟漪萍，2019），中国的农业和旅游业有着悠久的互动历史，已经从早期的农家乐和观光农业，发展到当前的乡村旅游、休闲农业等模式，未来还将进一步发展为乡村综合体（王宜强和朱明博，2020）。目前，我国农业发展面临农产品需求升级与供给不足之间的矛盾、农业生产成本上升和价格天花板、资源环境约束和国际市场的竞争等压力。传统的农业发展模式已难以适应当前的经济环境，需要通过拓展农业功能、创新农业发展方式来促进农业产业结构的转型升级（钟漪萍等，2020）。农业与旅游业融合发展能够促进农民就业和创业，拓宽其收入来源，从而促进农业可持续发展和乡村振兴。

家庭农场作为农业经营体系中的重要主体，其发展农旅融合能够产生较大的效益。当前，随着农业适度规模经营的不断发展，家庭农场等新型农业经营主体已经逐渐成为现代农业经营体系的核心（李江一和秦范，2022）。家庭农场的生产方式更加集约化和规模化，家庭农场更容易受到自然灾害、价格波动等外部冲击的影响。若家庭农场能将农业与旅游业进行融合发展，通过将农业资源转化为旅游资源，农旅融合可有效提高农业的附加值，提高家庭农场的经营收入；在拓展业务的过程中，增加人才和技术的流入，提高抵抗风险的能力。家庭农场发展农旅融合的经营模式能够促进乡村资源的合理配置，有助于增加乡村就业机会、推动农村经济发展，并且有助于保护和传承乡土文化，改善农村的生态环境。因此，家庭农场发展农旅融合的经营模式具有较大的现实意义，首先，它增加了乡村的经济收入、促进了乡村经济的全面振兴；其次，深化了乡村地区文化和民俗的挖掘与保护，促进了乡土文化的传承；再次，促进了乡村环境的改善和乡村景观的保护，加快了绿色生活方式的形成，并增强了人们对环境保护的自觉性。总体而言，家庭农场发展农旅融合不仅在经济上带来了增长，在社会文化和环境保护方面也产生了深远的正面效应。

（二）家庭农场农旅融合常规模式

1. **一产基础延伸型**　一产基础延伸型农旅融合模式侧重于利用农业的固有特性，如观赏价值、采摘体验和食用功能，来拓展农业的多功能性。这种模式通过精心设计的农田景观、互动体验项目、深入挖掘的产业文化以及融入相关文化元素，创建了集观光、采摘、农事活动、美食享受、科普教育、文化展示和特色住宿于一体的体验园区。这样的转型使得农业不再局限于生产，而是向生态保护、旅游观光和文化传递等更广泛的领域扩展。

实现这种模式的关键因素包括具有吸引游客的潜力、地理位置的优势、政府与企业的积极推动、充足的资金支持和技术保障。在实施过程中，重点是根据当地实际情况，推动农业的多元化功能发展，将传统的农业资源和文化转化为旅游吸引物和体验项目，吸引游客参与。这不仅促进了农业资源向旅游资源的转变、农产品向旅游产品的升级，还拓展了农业市场至旅游市场，实现了资源共享、产品创新和市场拓展（婧雯等，2022）。最终，这种融合能够孕育出休闲农业、体验农业、科普农业和创意农业等新型业态，为当地带来经济效益的提升、农民收入的增加、生态环境的改善和文化的传承。一产基础延伸型运行模式见图 21-1。

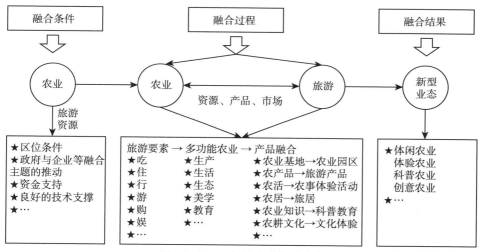

图 21-1　一产基础延伸型示意

注：此图主要参照吴兆娟等人 2020 年的研究归纳而得。

2. 三产倒逼拉动型　三产倒逼拉动型农旅融合模式主要依赖于旅游景区吸引的游客资源，以此为契机挖掘和利用当地的特色农业资源，进而发展休闲观光农业。这种模式下，特色农业产业不仅成为旅游业的有益补充，而且还能作为旅游景区的支柱产业，提供必要的旅游产品和服务，如餐饮、住宿、娱乐和购物等，从而加强农业与旅游业的深层次结合。

在这种融合机制下，主要动力来源于旅游景点对大量游客的吸引，这为农业产业的休闲观光功能提供了商业机会。政府和主要企业作为推动融合的关键力量，需要综合考虑旅游市场的需求，包括旅游旺季和游客偏好，以及当地的农业资源特色，来有针对性地开发农旅结合项目。这些项目的开发旨在扩展农业的多种功能，通过农业资源来丰富旅游资源，通过农业项目来增加旅游项目的种类，以及利用旅游市场来推动农业市场的扩大。最终目标是形成一个具有强大吸引力的大景区和大产业，促进当地农业产业的发展和旅游景区的提质升级。三产倒逼拉动型运行模式见图 21-2。

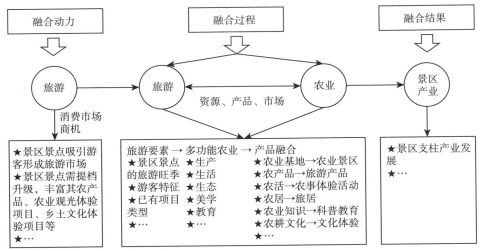

图 21-2 三产倒逼拉动型示意

注：此图主要参照吴兆娟等人 2020 年的研究归纳而得。

3. 特色资源开发型 特色资源开发型农旅融合模式着重于利用地区独有的资源，如高山森林、温泉、水资源、中药材和民俗文化等，来打造具有特定功能的旅游产品。这些产品旨在满足市场对于健康养生、心灵疗愈、养老服务以及避暑度假等方面的需求。具体来说，这一模式涉及建立高山避暑地、养生度假区、民俗文化村和中药养生基地等，通过这些特色旅游目的地来吸引游客。

该模式的运作机制是基于市场需求，通过对当地特色资源的深入挖掘和功能性开发，将自然资源和文化资源转化为旅游产品和服务。这样的转化不仅丰富了旅游市场，也促进了地方经济的发展。最终，这种融合模式能够催生出一系列新的旅游业态，如养生农业、避暑经济、养老服务业、休闲度假业和文化旅游产业等。这些新业态有助于提升旅游地的经济水平，增加农民收入，同时保护生态环境，完善基础设施，并促进文化遗产的保护和开发。特色资源开发型运行模式见图 21-3。

三、铜山区同富家庭农场的农旅融合典型实践

在前文中，我们探讨了家庭农场农旅融合的 3 种常见模式：一产基础延伸型、三产倒逼拉动型和特色资源开发型。这 3 种模式各有侧重点，但共同的目

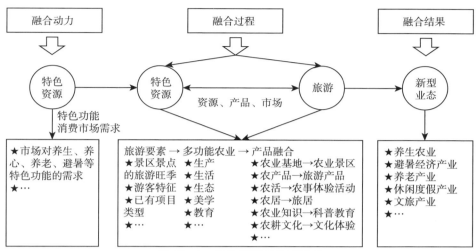

图 21 - 3　特色资源开发型示意

注：此图主要参照吴兆娟等人 2020 年的研究归纳而得。

标是通过农业与旅游业的深度融合，提升农业的附加值，拓宽农民收入渠道，并推动乡村振兴。江苏省作为我国经济发达的省份之一，对农旅融合发展给予了高度重视，并通过一系列政策和措施，如推出"苏韵乡情"乡村休闲旅游农业系列活动，积极推动休闲农业的转型升级，带动消费，促进农民增收。在江苏省的实践中，徐州市铜山区的同富家庭农场便是一个典型的案例。该农场的经营模式与一产基础延伸型有着诸多相似之处，它通过精心设计和开发，将传统的农业生产转化为集观光、体验、教育等多功能于一体的旅游吸引物。接下来，我们将深入分析同富家庭农场的农旅融合经营模式，探讨其成功经验及面临的挑战，为类似家庭农场提供可借鉴的发展路径。

2017 年徐州市铜山区被列入首批国家农村产业融合发展示范园创建名单，示范园总面积达到 80 平方千米①，位于铜山区棠张镇。铜山区政府高度重视农旅融合的发展，大力投入资金建设果蔬种植基地，创建品牌，"棠溪牌"果蔬在全国畅销。本部分将以徐州市铜山区棠张镇张朝丰的家庭农场为例，分析家庭农场农旅融合的发展模式。本部分将重点分析该家庭农场的成立契机、经营状况、金融支持情况；结合农场主在农旅融合经营模式过程中遇到的困难，提出可行的解决措施。本部分的思路见图 21 - 4。

---

① 资料来源：中国江苏网 https：//jsnews.jschina.com.cn/xz/a/201902/t20190214 _ 2222167.shtml。

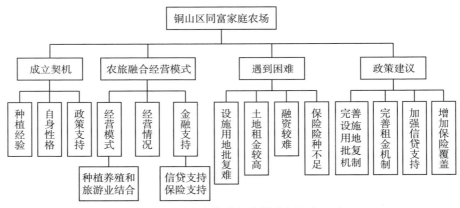

图 21-4　同富家庭农场案例分析基本思路

（一）成立背景与契机

同富家庭农场成立于 2017 年，农场主张朝丰凭借其 8 年的务农经验和持续的政府农业技术培训，以及作为铜山区人大代表的先进思想，对农业新技术和新业态有着深刻的认识。在政府在贷款、保险补贴、技术培训等多方面的大力支持下，张朝丰抓住了农业与旅游业融合的机遇，决定扩大生产经营规模，从而成立了同富家庭农场（图 21-5）。

图 21-5　同富家庭农场成立契机

（二）同富家庭农场农旅融合经营状况

1. **经营模式**　同富家庭农场作为国家级示范农场，从事农旅融合相关新业态经营活动，以种植车厘子、火龙果、葡萄等 10 余种水果为主要生产活动，并多方面发展艺术品加工、采摘、旅游观光等业务，收益良好。同富家庭农场位于徐州市铜山区棠张镇夏湖村，该地区靠近淮河流域北部，是温带半湿润季风气候，冬暖夏凉、阳光充足、雨量适中，适合种植水果。同富家庭农场的经营模式如图 21-6、图 21-7 所示。

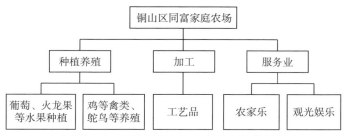

图 21-6　同富家庭农场农旅融合经营模式

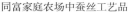

同富家庭农场中蚕丝工艺品　　同富家庭农场种植的火龙果　　同富家庭农场养殖的鸵鸟

图 21-7　同富家庭农场实地参观图片

2. 经营状况　同富家庭农场共有经营面积 183 亩，其中 3 亩为承包的面积，180 亩来自土地流转，支付地块租金的方式为固定租金 1 300 元/(亩·年)。这 183 亩地中有 1 块地面积在 5 亩以上，还有两块地面积不足 1 亩。同富家庭农场从事农家乐等新业态经营活动，以种植车厘子、火龙果、葡萄、桑果、石榴等水果为主要生产活动，同富家庭农场以线上线下结合的销售方式来销售水果，种植的都是利润较高的水果，经营效益良好。养殖主要以养殖蛋鸡为主，这也使农家乐这一新业态经营方式相互很好地结合起来。

3. 金融支持农旅模式经营情况　首先在信贷方面，同富家庭农场是农旅融合的发展模式，很多生产经营活动都需要资金支持。在访谈中，同富家庭农场主张朝丰表示修建娱乐设施、采摘园、支付土地租金、购置大型农机、雇工这些环节需要大量资金，已经产生生产性借款 140 万元，其中向亲朋好友借款 50 万元，从农村商业银行借款 30 万元，从江苏银行借款 60 万元。私人借款的月利息率为 0.01%，农村商业银行和江苏银行的年利率均为 4%。政府在购买农机时会给予家庭农场一定的补贴，并且在家庭农场面对融资难题时，可以根据自身信用或者资产作为抵押，向银行和其他金融机构申请农业经营优惠贷款，这在一定程度上减轻了家庭农场的负担。但是，优惠贷款额度较小，农场经营规模较大，资金需求较大。同富家庭农场主表示希望银行等金融机构能够放宽贷款条件，扩大贷款规模，以便能够贷到更多资金，扩大经营规模。

其次在保险方面，同富家庭农场主具有一定的金融素养，能够较好地接受保险产品，目前已经购买了种植业保险和家庭农场综合保险。其中购买种植业保险共花费2.15万元，但在绝收时获得赔付6万元。在购买家庭农场综合保险时，张朝丰为桑果、无花果、火龙果进行了投保，实际保费支出约2万元。同时，他也为自己购买了城乡居民养老保险，该保险虽然保费相对于基本养老保险较高，但是能获得更高品质的保障。这些保险产品在一定程度上能够降低家庭农场因天气等风险所带来的损失。农场主反映目前保险的品种较少、对很多保险的内在机制还不了解，希望能够进行农业保险相关培训。

4. 面临难题 第一，设施用地批复难。铜山区当地鼓励家庭农场种植粮食，对种植的农场都有耕地保护措施，而对农场设施用地有一定限制，不支持盖更多的厂房和大棚，这对同富家庭农场进一步发展产生了阻力。相关政策文件、批复程序都还不完善，这些都给目前的经营带来了严重的问题。

第二，土地流转成本高。徐州市铜山区的土地流转价格因地类、地域和地质不同而有所差别，根据调研数据显示，低一点的租金在800～1 000元/(亩·年)，高的达到每年1 200～1 300元/(亩·年)。以同富家庭农场为例，该农场在2018年和农户签订了10年的租地协议，租金为1 200元/(亩·年)，每年支付216 000元，金额较大，周转起来会比较困难。

第三，获得融资难。在成立初期，同富家庭农场也曾面临过资金短缺难题，农旅融合发展模式和普通的种植类、养殖类家庭农场不同，需要修建娱乐设施、大棚、采摘园等。同富家庭农场有扩大建设的打算，想要购买更多的设备，但是目前还没有专门针对农旅融合发展模式的优惠贷款政策，面临着借款难的问题。包括同富家庭农场在内的许多家庭农场目前仍然存在着贷款难的问题。

第四，保险险种少且程序复杂。农业生产常面临着天气及自然灾害所带来的各种风险，为了应对这种风险，家庭农场常常会购买种植业保险以及家庭农场综合保险等多种保险产品。但是目前仍然存在农业保险险种单一、农场主对保险产品不够了解、缺乏了解保险产品的渠道等问题。

四、铜山家庭农场农旅融合政策建议

（一）制定合适的设施用地制度

地方政府应该了解各区域用地情况，掌握各类型生产发展实际需要。针对不同情形、不同类型制定分类化标准，清晰用地范围、明确用地规模、细化用地取得程序。对农旅融合的家庭农场，可以调研家庭农场的真实需求，依据需求创新能够使农旅融合发展带动农业实现可持续发展的用地机制，比如申请设施用地需要达到农业生产的某项指标，对设施农业用地进行分类指导，把农业现代化发展和观光旅游产业等有机结合起来，在旅游业发展的同时保证农业可持续发展。

（二）完善家庭农场的土地租金机制

发挥江苏农村产权交易信息服务平台的作用，促进形成合理的流转价格和期限；加强土地流转的管理协调工作，完善流转双方的沟通机制和纠纷调解机制。适当延长土地流转年限，目前部分家庭农场存在土地承包时间集中于10年左右，可以在符合新一轮土地承包政策的前提下，适当延长土地承包期限，坚持政策的一惯性原则，有助于家庭农场主稳定发展。

（三）缓解家庭农场主的信贷约束

开发符合农旅融合发展的新型信贷产品，如农机具抵押贷款、土地经营权抵押贷款等。加大正规金融机构对农旅融合家庭农场的信贷资金支持，制定合适的贷款额度和条件。探索制定与家庭农场生产经营相适应的贷款额度、贷款条件、放贷程序，鼓励在家庭农场发展较好的地区设立更多农村网点，信贷权限下放，进一步加大对家庭农场金融的支持力度。

（四）提高农业保险覆盖率

建立保险风险分担机制，通过政府和市场合作，为家庭农场提供担保服务。完善农业保险险种，开发适合家庭农场的特色保险产品，如水果、蔬菜等高风险作物保险。相关机构和地方政府加大对新保险品种的宣传，并采取合适的方式帮助家庭农场主了解保险的具体的运作机制、相关的政策优惠，以及相关的赔付程序，提高家庭农场主对保险产品的认识和理解，帮助他们选择最合适的保险。

第四篇

江苏家庭农场
高质量发展研究

第二十二章 CHAPTER 22

农业机械化对家庭农场
经营收入的影响

一、引言

在逐步完善的分配制度保障下，中国的城乡收入差距逐渐缩小，但是农民收入仍远低于城镇居民，要实现共同富裕必须大幅提高农民收入。已有研究探讨农业机械化对农民收入的影响，但未考虑对规模经营农户收入的影响与对传统小农户的影响的差异，本章实证检验农业机械化对家庭农场收入和收入差距的影响，并进一步检验农业机械化对不同作物类型家庭农场收入的异质性影响。

二、农业机械化与家庭农场增收

本章的被解释变量是家庭农场收入（采用 2020 年数据），并进一步将家庭农场收入分为农业收入和非农收入。

本章的核心解释变量是农业机械化水平。以往研究大多用"农业综合机械化水平"和"农业机械总动力"两个宏观指标来反映农业机械化水平。因本章在微观层面度量农业机械化水平，而农业机械化的本质在于农户是否在生产的各个环节使用农机，考虑到家庭农场比一般农户种植规模更大、拥有的农业机械更多（因为专业化经营，家庭农场更倾向于自购农机，而传统小农更倾向于购买农机服务），所以本章基于拥有农机的情况形成衡量家庭农场农业机械化水平的指标。具体指标赋值依据如下：首先，将农业机械参与的农业生产环节分为耕地、播种、植保和收割 4 个环节；其次，对各环节拥有的农业机械情况进行赋值，若家庭农场拥有用于某生产环节的农业机械，则该环节的农业机械化水平赋值为 1，否则为 0；最后，将 4 个环节虚拟变量的赋值相加得到该家庭农场的农业机械化水平。

三、农业机械化影响家庭农场收入的理论机制

（一）农业机械化对家庭农场收入的影响

首先假设家庭农场的收入（I）由农业收入（I_f）和非农收入（I_i）构成，其中农业收入指家庭农场的农业经营收入，家庭农场的收入由公式（1）决定。假设家庭农场的农产品产量为 Q，农产品价格为 P，则家庭农场的农业收入由公式（2）决定；家庭农场的农产品产量由公式（3）决定（其中，L 为劳动力投入，M 为农业机械投入）。

$$I = I_f + I_i \qquad (1)$$
$$I_f = QP \qquad (2)$$
$$Q = f(L, M) \qquad (3)$$

一般而言，在农业生产中，机械和劳动力有较高的替代性。如图 22-1 所示，假设家庭农场的初始等产量曲线为 Q_0，初始劳动力和机械投入的等成本线为 C_0，则初始的最优劳动力和机械投入组合点为 $A_0(M_0, L_0)$。在农业机械投入更可及后，农业机械的使用成本降低，假设可投入的总成本不变，则等成本线变为 C_1，此时的最优投入组合位于 C_1 与等产量曲线 Q_1 的切点 $A_1(M_1, L_1)$。此时，农业产出水平 $Q_1 > Q_0$，由公式（2）可知，此时家庭农场的农业收入（I_f）提高。基于上述分析，提出如下研究假说：

H1：农业机械化程度越高，家庭农场的农业收入越高。

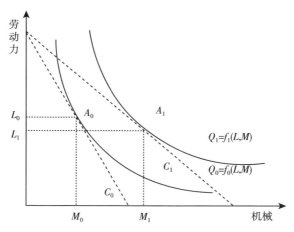

图 22-1　不同成本下的劳动力和机械投入选择

机械替代劳动力后，农业劳动力被释放，被释放出的劳动力如何重新配置无疑将影响家庭农场的收入结构。不考虑农业部门和非农部门工作转换成本，

若非农部门工作的边际收入大于家庭农场农业经营的边际收入，基于理性经济人假设，农户将会选择从事非农工作以增加非农收入，反之则将这部分劳动力留在农业部门。因此，在非农部门和农业部门边际收入不确定的情况下，农业机械化对家庭农场非农收入（I_i）的影响不确定，但是机械替代劳动力后释放出的劳动力如果继续投入工作，无疑将增加家庭农场的总收入。因此，本章进一步提出如下研究假说：

H2：农业机械化程度越高，家庭农场的总收入越高。

（二）农业机械化影响家庭农场收入的机制：经营规模视角

在农作物连片种植和农业生产更趋专业化的背景下，农业机械作为"现代要素"投入，促进了农业实现规模经济，结果是家庭农场经营的土地规模扩大。家庭农场土地经营规模扩大可以概括为两个阶段：第一阶段，在有非农就业机会的情况下，有非农就业比较优势的农民放弃土地经营而选择非农就业，这样，有农业生产比较优势的家庭农场主便能流转到更多土地，使扩大土地经营规模成为可能。第二阶段，大量农民非农就业导致农村劳动力短缺，因雇工成本上升，家庭农场使用农业机械的比较成本降低，这导致农场主增加农业机械投入，进而使农场主在劳动力投入不变情况下可以经营的土地规模扩大。

为了更直观地探讨农业机械化对家庭农场经营规模的影响，本章基于图 22-1 进一步绘制出图 22-2。图 22-2 中左侧的横坐标轴表示家庭农场的土地经营规模。假设家庭农场初始的劳动力和土地经营规模比例线为 R_0，当家庭农场劳动力和机械投入点位于 $A_0(M_0，L_0)$ 时，最优的土地经营规模位于 $B_0(S_0，L_0)$ 点，此时的土地经营规模为 S_0。当农业机械使用成本降低导致等成本线变为直线 C_1 后，最优的劳动力和机械投入比例为 C_1 线斜率的绝对值，此时，若保持原来产出不变，则最优的劳动力和机械投入组合点变为 A'，对应的劳动力投入量为 L'。假设在劳动力和机械投入比例变化后的亩均产出没有变化，则在劳动力投入变为 L' 后，家庭农场的经营面积仍为 S_0，据此可以找到点 $B'(S_0，L')$，从 O 点出发经过 B' 的射线，R_1 则为新的劳动力和土地经营规模比例线。如果家庭农场要发挥经营专业化的比较优势而将因机械投入而节省出的劳动力继续投入农业生产中，则在 L_0 劳动投入下的最优土地经营规模为 S_1。显然，$S_1 > S_0$。

结合图 22-1 和图 22-2 的分析可以发现，当土地经营规模和劳动力的组合位于点 B' 时，其产出为 Q_0。在土地规模报酬不变的假设下，当土地经营面积变为 S_1，即原来的 N 倍时（因为 $N = S_1/S_0$，$S_1 > S_0$，所以 $N > 1$），家庭农场的产出将提高至 Q'（$Q' = NQ_0 > Q_0$）。因此，在农业现代化和农业经营专业化的背景下，家庭农场通过扩大土地经营规模提高了农业产出。基于公式

（1）和公式（2）可知，家庭农场的农业收入和总收入提高了。基于上述分析，提出如下研究假说：

H3：农业机械化可以促进家庭农场扩大经营规模，进而提高家庭农场的农业收入和总收入。

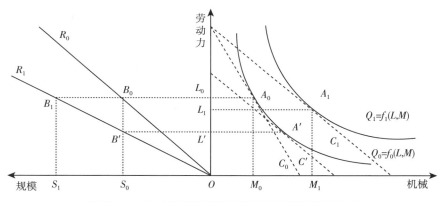

图 22-2　机械化影响家庭农场经营规模的路径分析

四、研究设计与实证结果分析

（一）模型构建

由于部分家庭农场无非农收入，本章借鉴刘明辉等的研究成果，设定如下回归模型检验农业机械化对家庭农场收入的影响：

$$\ln(Y_i+1)=\beta_0+\beta_1 M+\beta_2 C+\varepsilon \ (i=1,2,3) \qquad （4）$$

式中，Y_1、Y_2、Y_3 分别为家庭农场的总收入、农业收入和非农收入。为减少极端值对结果的影响，本章对收入取对数处理。M 为核心解释变量，表示该家庭农场的农业机械化水平，C 为控制变量，ε 为随机扰动项。

（二）农业机械化对家庭农场收入影响的初步分析

全样本基准回归结果如表 22-1 所示。（1）～（6）分别展示了不加入和加入控制变量时，农业机械化水平对总收入、农业收入和非农收入的影响。结果显示：①农业机械化水平在 1% 的显著性水平上正向影响家庭农场的农业收入和总收入，假说 H1、H2 得到初步验证。②农业机械化水平对非农收入有负向影响、对总收入有正向影响。这表明机械替代的劳动力没有选择非农就业，而是继续投入农业生产，进而导致家庭农场的农业经营更趋专业化。该结论与以小农户为研究对象的已有研究结论有差异，小农户一般会选择农地转出或农业生产环节外包，并将劳动力转移到非农部门以获得更多的工资性收入。

表 22 - 1　农业机械化对家庭农场收入的影响

被解释变量	$\ln(Y_1+1)$		$\ln(Y_2+1)$		$\ln(Y_3+1)$	
	(1)	(2)	(3)	(4)	(5)	(6)
农业机械化水平	0.180***	0.231***	0.248***	0.285***	−0.437*	−0.396
	(3.618)	(4.533)	(5.008)	(5.460)	(−1.662)	(−1.580)
控制变量	否	是	否	是	否	是
截距项	13.262***	11.324***	12.962***	11.674***	5.051***	−3.871
	(126.622)	(14.901)	(124.503)	(15.610)	(10.229)	(−1.119)
样本量	433	433	433	433	433	433
R^2	0.025	0.141	0.051	0.148	0.006	0.133

注：*、**、*** 分别表示在 10%、5%、1% 的水平上显著；括号内数字为 t 值。

考虑到不同家庭农场的资源禀赋不同，本章用分位数回归进一步分析了农业机械化对不同收入水平家庭农场收入的影响，并试图探究农业机械化是否会缩小家庭农场的收入差距。表 22 - 2、表 22 - 3 分别汇报了农业机械化对家庭农场总收入、农业收入的分位数回归结果。

表 22 - 2　农业机械化对家庭农场总收入影响的分位数回归结果

被解释变量	$\ln(Y_1+1)$				
	分位点 0.10	分位点 0.25	分位点 0.50	分位点 0.75	分位点 0.90
	(7)	(8)	(9)	(10)	(11)
农业机械化水平	0.267***	0.297***	0.280***	0.182***	0.120
	(2.702)	(4.621)	(4.350)	(3.000)	(1.020)
控制变量	是	是	是	是	是
样本量	433	433	433	433	433
Pseudo R^2	0.121	0.119	0.093	0.085	0.096

注：*、**、*** 分别表示在 10%、5%、1% 的水平上显著；括号内数字为 t 值。

如表 22 - 2 所示，回归（7）～（11）分别为总收入的 0.10、0.25、0.50、0.75、0.90 分位点（依次表示低收入、中低收入、中等收入、中高收入、高收入）的回归结果。结果表明，农业机械化对各收入水平家庭农场的总收入均有正向影响，但是对高收入家庭农场的影响不显著。具体来看，随着分位点升高，农业机械化水平的系数先升高后降低，到 0.90 分位点时，农业机械化水平的系数降至 0.120 且不显著。这表明农业机械化对低收入、中低收入、中等收入、中高收入家庭农场的增收效果更为明显，对高收入群体收入的影响较小。原因是，高收入家庭农场较早、较多地购买农业机械，农业机械化对其收入的边际影响降低。

表 22 - 3　农业机械化对家庭农场农业收入影响的分位数回归结果

被解释变量	$\ln(Y_2+1)$				
	分位点 0.10	分位点 0.25	分位点 0.50	分位点 0.75	分位点 0.90
	（12）	（13）	（14）	（15）	（16）
农业机械化水平	0.499***	0.336***	0.291***	0.197***	0.065
	（4.116）	（4.788）	（4.613）	（3.129）	（0.664）
控制变量	是	是	是	是	是
样本量	433	433	433	433	433
Pseudo R^2	0.120	0.118	0.099	0.075	0.096

注：*、**、*** 分别表示在 10%、5%、1% 的水平上显著；括号内数字为 t 值。

表 22 - 3 汇报了农业机械化对不同分位点家庭农场农业收入的影响，结果与前文结论基本一致。略有不同的是，回归系数随分位点升高而降低，这表明相对于高农业收入家庭农场，农业机械化对低收入家庭农场的农业收入提高作用更大。

（三）农业机械化对家庭农场收入影响的异质性检验

不同作物对农业机械的要求不同，大田粮食作物种植中较易用农业机械替代劳动力，而经济作物种植则较难用农业机械替代劳动力。因此，本章进一步考察了农业机械化对种植不同类型作物家庭农场收入的影响。根据家庭农场的作物种植情况，将样本分为纯粮食作物类、纯经济作物类以及粮食和经济作物兼种类 3 类，并做了分样本回归（表 22 - 4 至表 22 - 6）。

表 22 - 4　纯粮食作物类家庭农场的回归结果

被解释变量	$\ln(Y_1+1)$		$\ln(Y_2+1)$		$\ln(Y_3+1)$	
	（17）	（18）	（19）	（20）	（21）	（22）
农业机械化水平	0.271***	0.294***	0.353***	0.362***	−0.583	−0.552*
	（4.082）	（4.652）	（5.684）	（5.920）	（−1.648）	（−1.680）
控制变量	否	是	否	是	否	是
样本量	212	212	212	212	212	212
R^2	0.078	0.208	0.148	0.266	0.012	0.209

注：*、**、*** 分别表示在 10%、5%、1% 的水平上显著；括号内数字为 t 值。

回归（17）～（22）分别汇报了在不加入以及加入控制变量时，农业机械化水平对纯粮食作物类家庭农场总收入、农业收入和非农收入的影响（表22-4）。结果表明：农业机械化水平在1%的显著性水平上正向影响了纯粮食类家庭农场的农业收入和总收入，假说H1和H2得到进一步验证。与表22-1的回归结果比较可以发现，回归（17）～（20）的农业机械化水平系数大于回归（1）～（4），该结论与已有相关研究结论一致，即在粮食作物种植中使用农业机械可以进行更高效的农业生产，从而使农业机械化对粮食种植户的影响更大。农业机械化水平对非农收入的影响为负，这进一步表明，农业机械化使种植粮食作物的家庭农场更专注于农业生产经营，从而减少了非农工作，并降低了非农收入。

表22-5　纯经济作物类家庭农场的回归结果

被解释变量	$\ln(Y_1+1)$		$\ln(Y_2+1)$		$\ln(Y_3+1)$	
	(23)	(24)	(25)	(26)	(27)	(28)
农业机械化水平	0.128 (0.563)	−0.005 (−0.022)	0.230 (1.031)	0.041 (0.193)	0.036 (0.036)	0.449 (0.468)
控制变量	否	是	否	是	否	是
样本量	116	116	116	116	116	116
R^2	0.003	0.189	0.010	0.193	0.000	0.115

注：*、**、***分别表示在10%、5%、1%的水平上显著；括号内数字为t值。

回归（23）～（28）分别汇报了纯经济作物类家庭农场在不加入以及加入控制变量时，农业机械化水平对其总收入、农业收入和非农收入的影响（表22-5）。结果表明，农业机械化水平对该类家庭农场各类收入的影响主要为正向，但影响并不显著。这与经济作物种植的机械化水平仍然较低有关，因适宜经济作物种植的农业机械较少，使得农业机械化对纯经济作物类家庭农场收入的影响不显著。

表22-6　粮食和经济作物兼种类家庭农场的回归结果

被解释变量	$\ln(Y_1+1)$		$\ln(Y_2+1)$		$\ln(Y_3+1)$	
	(29)	(30)	(31)	(32)	(33)	(34)
农业机械化水平	0.042 (0.405)	0.129 (1.125)	0.131 (1.129)	0.222* (1.785)	−1.425*** (−2.904)	−1.690*** (−3.722)
控制变量	否	是	否	是	否	是
样本量	105	105	105	105	105	105
R^2	0.001	0.198	0.013	0.196	0.064	0.264

注：*、**、***分别表示在10%、5%、1%的水平上显著；括号内数字为t值。

回归（29）～（34）分别汇报了不加入以及加入控制变量时，农业机械化水平对粮食和经济作物兼种类家庭农场总收入、农业收入和非农收入的影响（表 22-6）。结果表明，农业机械化水平对该类家庭农场农业收入有正向影响，在加入了控制变量后，该影响在 10% 的水平上显著为正；农业机械化水平对该类家庭农场非农收入有显著负向影响，对总收入的影响为正，但并不显著。

对比表 22-4 至表 22-6 的回归结果可以发现，农业机械化水平对不同作物类型家庭农场收入的影响存在异质性，对纯粮食作物类家庭农场的增收效果更显著，且主要表现为农业收入的显著增长。与此对应，农业机械化水平对纯经济作物类家庭农场的增收作用有限。

（四）农业机械化影响家庭农场收入的机制检验

机制检验估计结果表明，无论是否加入控制变量，农业机械化水平均在 1% 的显著性水平上正向影响了家庭农场的经营规模，即农业机械化可以促进家庭农场扩大经营规模，该研究结论与已有相关研究结论一致。结合前文分析可知，家庭农场更倾向于专业化的农业经营，因此，机械替代出的劳动力通过扩大经营规模而进一步投入农业生产中，从而提高了其农业收入和总收入，假说 H3 成立。

五、政策建议

第一，对家庭农场的农机购置给予更多样化的政策支持。应当基于农业适度规模经营者的现实需求，将更多的实用型农机纳入购机补贴范围。对于与规模化经营相适应、价格较高的大型农机具，建议采用财政补贴和金融支持（如提供低息贷款等）相结合的方式，帮助家庭农场提高购机能力，从而更好地发挥农业机械化促进农户增收、缩小收入差距的作用。

第二，发展家庭农场的农机社会化服务，推动农业机械要素合理流动。建议采取措施，推动家庭农场为周边小农户提供农机社会化服务，以在实现自我增收的同时，提高小农户的农业机械化水平。

第三，引导中小规模家庭农场实现适度规模经营。应通过对家庭农场的农机应用和生产经营能力培训，提高其规模经营能力，尤其是在农村老龄化加剧的背景下，应给予年龄大、受教育程度低的农场主更多样化的培训，从而帮助其实现适度规模经营。

第四，推动土地经营权有序流转，为家庭农场的适度规模经营提供制度保障。应进一步完善土地经营权流转服务体系，化解规模经营主体面临的流转土地经营期限短、价格高的现实困难，并加强农田基础设施建设，为实现规模经营、促进农民增收创造有利条件。

第二十三章 CHAPTER 23

信息化设施对家庭农场雇工行为影响

一、引言

经济新常态下，工业和服务业对农村劳动力的吸纳能力降低、农民非农就业压力增大，疫情后，农民非农就业更是承压。信息技术应用提高了高技能劳动者的就业比例，但是降低了包括农民工在内的低技能劳动者的就业比例。在农业生产中应用信息技术无疑是技术进步的表现，那么，这类技术进步对农业吸纳劳动力有何影响？家庭农场作为最重要的农业规模经营主体，其在吸纳农民就业中的作用不可小觑，那么，信息化设施应用对家庭农场的雇工水平是起到了促进作用还是抑制作用？

二、关键变量衡量

长期雇工最能反映家庭农场稳定吸纳劳动力的水平，本章以家庭农场的长期雇工量为被解释变量。进一步，因为家庭农场长期雇工人数较少，且亩均雇工量更能反映家庭农场吸纳劳动力的水平，本章以长期雇工的亩均工时（1人工作1天为1个工时）作为被解释变量的代理变量。

本章以家庭农场是否采用信息化设施为解释变量，其中信息化设施包括摄像头、传感器以及可以通过电脑了解生产情况的相关设备。基于不同作物的劳动投入特征，借鉴已有成熟分类方法，本章将家庭农场经营的作物类型分为粮食作物种植类、经济作物种植类、粮食作物和经济作物兼种3类。

三、理论分析与研究假说

（一）信息化设施应用对家庭农场雇工行为的直接影响

尽管对中国企业的研究显示，信息技术在工业领域的应用提高了对劳动力的技能要求，更广义的技术进步也多属于技能偏向型，但是需要注意的是，技术进步也可能会降低工作的复杂性，进而降低对劳动力的技能要求，并提高低技能劳动力的就业机会。具体分析如下。

如图 23-1 所示，横轴为单位面积劳动力投入，纵轴为单位面积产出（机会成本），假定资本和劳动的相对价格不变，f_0 为家庭农场使用信息化设施前的生产函数，f_1 为使用信息化设施后的生产函数。家庭农场的信息化设施应用作为一种技术进步，提高了同等劳动力投入下的单位面积产出，表现为 f_1 曲线位于 f_0 曲线上方（即 $A_1 > A_0$）。假设 w_0 为一般技能劳动力的工资率（不考虑农场主和雇工投入劳动的机会成本差异），如果应用信息化设施前后家庭农场投入劳动力的工资率没有变化，则信息化设施应用后，家庭农场单位面积的劳动力投入从 L_0 提高到 L_0^* 是理性选择。如果信息化设施应用提高了对劳动力的技能要求，则在技能溢价作用下，劳动力的机会成本将升至 w_h，相应的劳动力投入也将降至 L_{wh} 水平（$L_{wh} < L_0^*$）。如果信息化设施应用降低了对劳动力的技能要求，则将使雇工的工资率降至 w_l，这将导致家庭农场雇佣更多的劳动力，表现为劳动力投入提高至 L_{wl}。

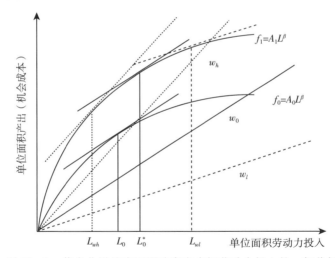

图 23-1　信息化设施应用影响家庭农场劳动力投入的一般分析

分析现在家庭农场使用的信息化设施可以发现，其主要以摄像头和各类传感器（如光照传感器、氮磷钾传感器等）为主，这些信息化设施一般通过手机 APP 连接，主要由农场主直接操作使用，因此，这些设施的应用主要提高了农场主对雇工工作状态和工作效果的监督水平，这在某种程度上化解了传统技术条件下农场主难以有效监督雇工的问题。可见，这一变化没有提高对雇工的技能要求，即不存在技能溢价。同时，由于使用了信息化设施，农场主能更精准地了解作物的生长状态（如：需要施用哪种肥料？需要施肥多少？），从而可能降低对雇工农业生产知识的要求，进而可以吸纳更低技能的劳动力就业，因此，家庭农场应用信息化设施后的劳动力投入量将提高到 L_0^* 或 L_{wl}。由此，本章提出以下研究假说：H1，信息化设施应用对家庭农场的雇工量有正向影响。

（二）作物类型在信息化设施应用提高家庭农场雇工水平中的调节效应

劳动力投入与作物类型密切相关。一般而言，经济作物因更多使用设施农业生产体系而减弱了生产的季节性特征，同时，由于经济类作物生产的机械化水平更低，这导致其产出与劳动力投入密切相关。在应用信息化设施后，种植经济类作物的家庭农场因为可以对雇工进行更有效的监督，从而可以通过提高雇工量来提高产出水平，这类家庭农场甚至可以进一步通过降低对雇工的技能要求而降低其工资，从而进一步提高雇工量。如图 23-2 所示，当雇工的机会成本降为 w_l 后，家庭农场的劳动力投入提高到 L_{wl}。由此，本章提出以下研究假说：H2a，经济作物类型在信息化设施应用提高家庭农场雇工量中起正向调节作用。

粮食类作物生产高度依赖机械化（如《江苏省"十四五"农业机械化发展规划》显示，江苏省 2020 年"主要粮食作物耕种收机械化率达 93%"），而生产的高同质性特征又使相关技术推广更快，这降低了粮食类作物生产中的劳动产出弹性（即在生产函数 $f = AL^\beta$ 中，β 更小）。因此，在其他条件不变的情况下，粮食类作物生产中难以通过增加劳动力投入来提高单位面积产出。在信息化设施应用使农场主能更精准监督雇工行为后，家庭农场可以用更少的劳动力投入实现同样水平的产出。如图 23-2 所示，在信息化设施应用后，实现同样

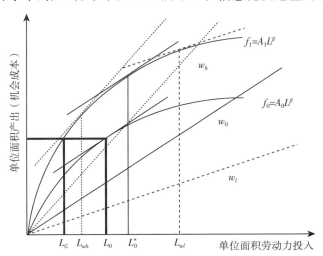

图 23-2　信息化设施应用影响家庭农场劳动力投入的异质性分析

产出的劳动力投入从 L_0 变为 L_G。由此，本章提出以下研究假说：H2b，粮食类作物在信息化设施应用提高家庭农场雇工水平中起负向调节作用。

四、研究设计与实证结果分析

（一）模型构建

基于研究假说 H1，本章设定基准模型（1），考察信息化设施应用对家庭农场雇工行为的影响：

$$Y_i = \alpha + \beta X_{1i} + \theta X_{2i} + \varepsilon \tag{1}$$

式中，下标 i 表示家庭农场 i，Y_i 表示家庭农场 i 的雇工量，X_{1i} 为家庭农场 i 的信息化设施应用变量，X_{2i} 为系列控制变量，α 为常数项，β、θ 为系数，ε 为随机扰动项。

为了验证作物类型在信息化设施应用与家庭农场雇工量之间的调节作用，本章加入作物类型和信息化设施应用的交叉项进行实证检验，考虑到模型中引入交叉项会引起多重共线性问题，借鉴已有研究，将解释变量和调节变量做中心化处理，即用解释变量和调节变量的原始值减去各自的均值得到离差，再将各自的离差相乘，即得到去中心化处理的交叉项。具体模型如公式（2）所示：

$$Y_i = \alpha + \beta X_{1i} + \chi (X_{1i} - X_{1imean})(X_{3i} - X_{3imean}) + \kappa X_{3i} + \theta X_{2i} + \varepsilon \tag{2}$$

式中，X_{3i} 为作物类型变量，X_{1imean}、X_{3imean} 分别为信息化设施应用变量和作物类型变量的均值，χ、κ 为系数，其他变量解释如模型（1）。

进一步，由于家庭农场是否应用信息化设施不是随机产生的，信息化设施应用可能与家庭农场所处环境特征有内生关系，进而导致处理组与对照组的雇工行为有差异，因此需要解决可能存在的内生性问题。本章用处理效应模型（treatment effects model）解决家庭农场所处环境特征影响家庭农场信息化设施应用，进而导致的内生性问题。处理效应模型如公式（3）所示：

$$Y_i = \alpha + \beta X_i + \gamma D_i + \varepsilon \tag{3}$$

式中，X_i 为核心解释变量和控制变量，D_i 为处理变量，γ 为系数，其他变量如模型（1）。处理变量由以下处理方程决定：

$$D_i = I(\delta Z_i + \mu_i) \tag{4}$$

式中，$I(\cdot)$ 为示性函数（indicator function），处理效应模型的具体步骤如下：

第一步，对家庭农场所处环境影响家庭农场信息设备应用的因素做 Probit 模型估计，模型形式为：

$$P = \alpha + \lambda_i D_i + \varepsilon \quad \lambda_i = \begin{cases} \lambda(-\delta Z_i), & D_i = 1 \\ -\lambda(\delta Z_i), & D_i = 0 \end{cases} \tag{5}$$

式中，P 为家庭农场应用信息化设施的概率，Z_i 为影响家庭农场使用信息化设施的工具变量。由公式（5）得到 $\hat{\delta}$，计算反米尔斯值 $\hat{\lambda}_i$。

第二步，利用样本数据，将 $\hat{\lambda}_i$ 带入 OLS 回归模型估计，模型形式为：

$$Y_i = \alpha + \beta X_i + \gamma D_i + \rho\sigma_\varepsilon\hat{\lambda}_i + \varepsilon \tag{6}$$

式中，β、γ 和 $\rho\sigma_\varepsilon$ 为待估计系数向量。$\hat{\lambda}_i$ 由第一步估计得出，如果 $\hat{\lambda}_i$ 显著不为零，则说明存在样本选择性偏差，采用处理效应模型合适。

（二）基准回归结果

基准回归结果如表 23 - 1 所示，其中，第（1）列为不加入控制变量的结果，第（2）列加入了经营特征和地区特征，第（3）列进一步加入了农场主个人和家庭特征。实证结果显示，信息化设施使用在 1% 的显著性水平上促进了家庭农场的长期雇工投入，这初步验证了研究假说 H1。进一步分析基准回归结果可以发现，家庭农场主受教育程度越高，其亩均长期雇工量越多，这可能是因为受教育程度越高的家庭农场主管理能力越高，从而可以管理更多的雇工。表 23 - 1 中，模型（2）和模型（3）均显示，经营面积负向影响了家庭农场的长期雇工量，这可能与家庭农场经营的规模效应有关，即经营面积越大的家庭农场，越可以合理利用劳动力资源，从而降低亩均劳动力投入。

表 23 - 1　信息化设施应用对家庭农场雇工行为的影响：基准回归结果

项　　目	（1）	（2）	（3）
信息化设施应用	4.311***	5.472***	5.117***
	(1.519)	(1.735)	(1.772)
农场主个人和家庭特征控制变量	否	否	是
经营与地区特征控制变量	否	是	否
常数项	4.733***	28.56***	26.52***
	(0.810)	(5.453)	(6.546)
样本量	453	453	453
R^2	0.017	0.134	0.155

注：*、**、***分别代表在 10%、5%、1% 的水平上显著；括号内数字为稳健标准误。

（三）异质性分析

本章进一步用分样本回归对信息化设施应用的雇工效应做了异质性检验。如表 23 - 2 所示，第（1）列和第（2）列分别为基于受教育程度中位数分组的回归结果。回归结果显示，在两个分组中，信息化设施应用都显著促进了家庭农场吸纳劳动力，但是吸纳劳动力的能力在组间有差异，农场主接受初中以上教育的家庭农场在应用信息化设施后，其单位面积雇工数量更多（系数为5.945），这可能与农场主的管理能力更高有关。

表 23－2　信息化设施应用对家庭农场雇工行为的影响：异质性分析

项　　目	（1）受教育程度≤3	（2）受教育程度＞3
信息化设施应用	4.637***	5.945*
	(1.715)	(3.425)
农场主个人和家庭特征控制变量	是	是
经营与地区特征控制变量	是	是
样本量	226	227
R^2	0.191	0.172

注：*、**、***分别代表在10％、5％、1％的水平上显著；括号内数字为稳健标准误。

（四）调节效应检验

本章将信息化设施应用和作物类型的交叉项放入模型，检验作物类型在信息化设施应用提高家庭农场雇工水平中的调节效应。实证结果显示如表 23－3所示，如果家庭农场种植的是纯经济作物，则其应用信息化设施后雇佣的长期雇工量更多，即纯经济作物类型在信息化设施应用提高家庭农场雇工水平中起正向调节作用；粮食和经济作物兼种、纯粮食作物种植类型则能减弱家庭农场信息化设施应用对雇工量的正向作用，即起负向调节作用，从回归系数可以看出，纯粮食作物种植类的负向调节作用更大，这验证了研究假说 H2a 和 H2b。

表 23－3　调节效应检验

项　　目	（1）纯经济作物种植类	（2）粮食和经济作物兼种类	（3）纯粮食作物种植类
信息化设施应用	4.493***	5.200***	4.699***
	(1.560)	(1.774)	(1.670)
信息化设施应用与纯经济作物种植	10.70***		
	(3.569)		
纯经济作物种植	10.67***		
	(2.869)		
信息化设施应用与粮食和经济作物兼种		−4.886**	
		(2.284)	

（续）

项　　目	（1）纯经济作物种植类	（2）粮食和经济作物兼种类	（3）纯粮食作物种植类
粮食和经济作物兼种		−3.879***	
		(1.405)	
信息化设施应用与纯粮食作物种植			−7.299***
			(2.419)
纯粮食作物种植			−4.853***
			(1.847)
农场主个人和家庭特征控制变量	是	是	是
经营与地区特征控制变量	是	是	是
样本量	453	453	453
R^2	0.238	0.168	0.182

注：*、**、***分别代表在10%、5%、1%的水平上显著；括号内数字为稳健标准误。

五、研究结论与政策含义

本章研究对推动农业数字化建设和促进农民就业有两个政策含义：一方面，农业信息化设施在家庭农场中的应用提高了农民的农业就业机会，尤其是提高了低技能劳动力的就业机会，在农村青壮年大量外出务工的背景下，这个结论有重要的政策含义。一般而言，信息化促进了高技能劳动力转移到非农就业，但是对于难以转移到非农就业的低技能劳动力，农业信息化设施应用可以促进其就业。而异质性分析表明，受教育程度高的农场主会雇佣更多工人，因此，从促进农民就业的角度，有必要进一步吸引较高学历的农民创办家庭农场，并对其信息化建设提供支持。

另一方面，作物类型对家庭农场雇工水平有调节效应。种植经济作物的家庭农场在使用信息化设施后雇工水平显著提高，因此，无论从促进农民就业的角度还是农业高质量发展的角度，对经济类作物种植提供信息化建设支持都有重要的现实意义。尽管粮食类作物种植在信息化设施应用促进家庭农场雇工水平中起负向调节作用，但是在粮食类作物的农业机械化水平大幅提高的背景下，信息化设施的雇工弱化作用有助于粮食类家庭农场优化资源配置。

信息化技术对家庭农场经营绩效影响

一、引言

近年来，随着农村网络基础设施的不断普及和信息产业的快速发展，越来越多的资源向农村地区倾斜，农业信息技术为农业的发展提供了强劲动力。需要注意的是，数字技术的应用虽然为农村居民提供了均等的受益机会，但不意味着每个农村居民在数字经济发展的浪潮中所收获的数字化红利是均等的（王杰等，2022）。这主要是因为数字技术是一项具有门槛的工具，具有较高数字素养的民众才能更好地应用数字技术，为自身发展获取有用的信息和成果（Goncalves et al.，2018）。简而言之，数字素养是数字时代背景下农民获取数字红利的能力，数字素养越高的农民对现有事务与技术的认知水平就会越高，获得数字技术的溢出效应就会持续。为此，作为一种人力资本的数字素养，其是否会对家庭农场的经营绩效产生影响，是值得探究的话题。

二、数字素养与家庭农场经营绩效

（一）数字素养

本章依据已有文献研究将数字素养定义为家庭农场主在数字情境下能够合理、准确、有效及安全地使用数字工具与设备，利用互联网发掘信息，与他人进行信息互动以及在农业生产经营中进行创新活动的素养和能力。为更好衡量数字素养，本章将数字素养分为数字化通用素养、数字化社交素养、数字化创意素养和数字化安全素养 4 个维度，并以 12 个题项（各题选项赋值均为 0 或 1）进行度量。采用主成分分析法进行因子分析，按照特征值大于 1 的原则提取 4 个公共因子，累计方差贡献率达到 70.92%。详细的测度指标体系说明如表 24 - 1 所示。经检验，样本 KMO 检验值为 0.779，表明测量题项间具有较好的相关性；Bartlett 球形度检验统计量的显著性 P 值为 0.00，表明适合做因子分析。同时，所有题项的因子载荷均大于 0.5，克朗巴哈系数

（Cronbachs's，简称 α 系数）为 0.843 8，各分维度测量题项的 α 系数均高于 0.756 6，表明变量测量信度较好。

表 24-1 数字素养测度指标体系及信度效度检验

维度	具体测量题项	因子载荷	α 系数
数字操作素养	是否会使用智能手机的一般功能？	0.707 6	0.759 8
	是否会对电脑的简单应用进行正确操作？	0.520 6	
	是否会使用微信的一般功能？	0.546 4	
数字沟通素养	是否经常使用微信或 QQ 朋友圈功能？	0.690 9	0.756 6
	是否能够熟练进行线上聊天互动？	0.811 7	
	是否能够熟练进行线上信息分享？	0.824 0	
数字创意素养	是否能熟练制作生活相关的短视频？	0.653 0	0.778 9
	是否会制作工作相关的短视频？	0.963 0	
	是否会使用运动类 APP 或者小程序？	0.965 3	
数字安全素养	您使用微信、QQ 等线上社交工具时，是否考虑账号、密码等信息安全问题？	0.769 3	0.794 0
	您使用网上银行、支付宝等互联网金融工具时，是否采取措施（如绑定手机号、动态验证码等）维护账号及密码等信息的安全？	0.832 4	
	您使用网上银行、支付宝等互联网金融工具时，是否采取措施（如动态口令和交易码、人脸识别、指纹识别等）维护线上交易的资金安全？	0.831 1	

（二）家庭农场经营绩效

参考已有关于家庭农场或农户生产绩效实证研究的做法（郭熙保等，2021；吴方，2022；曾晶等，2019；邹伟等，2019），并进一步提高实证结果的稳健性，本章选取家庭农场生产经营的总收入、净收入、亩均收入及劳均收入作为家庭农场经营绩效变量，从家庭农场收入的多个层面去衡量家庭农场的经营绩效。

三、数字素养影响家庭农场经营绩效的理论机制

（一）数字素养与家庭农场经营绩效

数字素养作为家庭农场主合理使用数字工具和设备、获取利用数字资源及沟通传播共享数字信息的基本素养，是信息素养在数字时代的升级版。本章将

数字素养定义为家庭农场主在数字环境情境下能够合理、准确、有效及安全地使用数字工具与设备，利用互联网发掘信息，与他人进行信息互动及在农业生产经营中富含创意的思维与方式等的素养与能力。参考苏岚岚等（2021）的划分方法，将数字素养分为数字化通用素养、数字化社交素养、数字化创意素养和数字化安全素养 4 个维度。

数字化通用素养是家庭农场主掌握数字设备基础操作，并积极参与外部平台交流、获取有效信息数据的先决条件（罗磊等，2022）。一方面，数字通用素养越高的家庭农场主能够轻松掌握数字技术的操作与应用，利用数字化工具进行信息收集、整理和加工的知识储备越充分；另一方面，数字通用素养越高的家庭农场主利用互联网的意愿就越强，对于在农业生产经营的不同阶段使用何种数字化生产工具的成本与效益认知更清晰（苏岚岚等，2021）。

数字化社交素养在缓解家庭农场信息不对称、提高社会资本等方面发挥着重要作用：一方面，数字沟通素养高的家庭农场主善于利用多样化的互联网工具扩大农业信息来源地，缓解信息不对称，降低信息的搜寻成本，优化农业生产资源配置，合理规划种植养殖结构，提高农产品销售价格，提升其农业生产经营绩效；另一方面，数字素养高的家庭农场主通过多种社交软件打破地域限制，拓展线上社交渠道，积累社会资本，建立与消费者的直接联系，形成良好的交易关系，降低家庭农场主在家庭农场方面的交易成本和经营风险（李晓静等，2022），促进家庭农场经营绩效的提升。

数字化创意素养能够提高家庭农场对数字化信息技术的利用，提高家庭农场的经营绩效：一方面，数字创意素养越高的家庭农场主就越倾向于积极采用物联网、人工智能等数字技术改进农业生产经营管理、打造创意农业和智慧农业等新业态、新模式；另一方面，数字创意素养越高的家庭农场越倾向于开展以淘宝、抖音、快手等网络平台为依托的直播销售来开展创意化营销（苏岚岚等，2021），从而有效拓宽家庭农场的销售路径，降低中介环节并节约交易成本，有效提升家庭农场的经营绩效。

数字化安全素养能够提高家庭农场主风险防范意识，一定程度上降低农业生产风险：一方面，数字安全素养高的家庭农场主在农业生产经营活动中会保护好个人账户信息、保障线上交易的安全性和稳定性；另一方面，数字安全素养高的家庭农场主会利用数字工具对农业生产经营的全过程进行合理监测，可以有效降低农业生产中的经营风险。

（二）数字素养、信息技术采用与家庭农场经营绩效

近些年来，在互联网、大数据、人工智能、物联网等现代信息技术的快速应用背景下，数字技术已嵌入经济社会的各个领域。在农业领域，由数字技术

主导的数字农业已成为我国农业现代化、数字乡村建设以及全面乡村振兴的重要推手。但面对乡村振兴战略实施的良好态势，目前我国农业数字渗透率仅为8.9％（赵星宇等，2022；张蕴萍等，2022），可见数字技术在农业生产与经营过程中的渗透率依然不高。而要有效提高数字技术在农业领域的普及率，就要发挥好包括家庭农场在内的新型农业经营主体的示范作用。数字素养作为家庭农场主正确和合理利用数字技术进行学习、工作、参与市场交易等信息交互的能力（王杰等，2022），能够有效提高数字技术参与农业生产经营全过程，提高农业效率，降低交易成本，从而提高家庭农场的经营绩效。

数字素养的提升可以改变家庭农场主的传统生产观念及模式，提高其信息化技术的使用意愿与技能：一方面，数字素养高的家庭农场主可以通过各种互联网平台了解信息化技术赋能农业生产经营的成功案例，改变家庭农场主的传统农业生产经营的观念和模式，提高对包括资源管理、电子商务平台及生产信息技术等在内的信息化技术应用，有效降低家庭农场主获取知识信息的成本，帮助其提升专业知识和打造专业技术技能；另一方面，数字素养高的家庭农场主能够借助数字设备用微信、QQ等进行社交有助于扩展社会网络和增加社会互动，促进家庭农场主生产观念的转变，提高对信息化技术的使用意愿与技能。

家庭农场采取与自身相匹配的信息化技术[①]，会明显提升其经营绩效（郭熙保等，2021）。根据新经济增长理论，经济增长的核心是技术进步，而农业经济的增长同样也会依赖于生产技术的进步。首先，家庭农场利用电脑办公可以将具体的农事安排、生产资料进出、气温、风力及土壤详情都记录下来，并通过定期科学查账、查找漏洞，有利于家庭农场的增收节支；其次，家庭农场作为一种融合家庭经营与企业经营双重优势的新型生产经营形态（高强等，2013），可以有效发挥资源管理（ERP）的优势，整合家庭农场整体的业务管理，促进家庭农场管理服务的数字化，并最大限度提高家庭农场经营的效率（王立彦等，2007）；再次，现代农业信息技术的发展促进了电商平台的兴起（钱晔等，2019），家庭农场参与电商可以通过扩大经营规模、降低生产经营成本、增强金融信贷支持、减少信息不对称、促进人力资本积累、强化社会资本，为拓宽家庭农场增收渠道提供了新的路径和动力（刘畅等，2021）。最后，家庭农场应用包括测土配方技术在内的新的生产信息技术会有效提高农业生产的效率，充分发挥规模经营的优势，分摊并降低生产成本，提升农产品产量与质量，从而增加农业生产经营收益。

---

① 研究所指的信息化技术的类型有电脑办公、资源管理（ERP）、电子商务和生产信息技术应用。

四、研究设计与实证结果分析

（一）模型构建

本章的被解释变量是家庭农场经营绩效，是由家庭农场农业生产经营的总收入、净收入、亩均收入、劳均收入取对数后所衡量，是连续变量，因此采用如下模型进行估算：

$$\ln(Y_i) = \alpha_0 + \beta Digital_i + \gamma control_i + \varepsilon_i \qquad (1)$$

式中，$\ln(Y_i)$ 为第 i 户家庭农场的经营绩效；Y_i 为第 i 户家庭农场的农业生产经营的总收入、净利润、亩均收入以及劳均收入；$Digital_i$ 为第 i 户家庭农场主的数字素养；$control_i$ 为其余各种可能影响家庭农场经营绩效的因素，主要包括家庭农场主个体特征、家庭农场生产经营特征以及环境特征方面的变量；α、β、γ 分别代表常数项及系数，重点关注系数 β；ε_i 是随机误差项。

考虑到数字素养与家庭农场经营绩效之间的关系极有可能受到互为因果关系而导致的内生性问题困扰。数字素养具有人力资本的积累效应，会对家庭农场的经营绩效产生影响；反过来看，家庭农场经营绩效越高，越有可能接触到更多的互联网工具，从而发挥互联网的优势，提升自身数字素养。因此，本章利用"同一乡镇除家庭农场主自身外的其他家庭农场主数字素养的平均水平"这一指标充当工具变量，对于两者关系进行检验。首先，不同于普通小农户，家庭农场经营覆盖范围较大，同一乡镇的家庭农场主交流较多，故满足工具变量的相关性；其次，同一乡镇其他家庭农场主的数字素养一般不会影响该家庭农场的经营绩效，故满足工具变量的外生性。

（二）基本特征分析

本研究使用 2020 年调研数据，再剔除关键变量信息缺失样本和部分净收入为负的样本，共计保留 471 份有效样本。

（三）基准回归结果

数字素养对家庭农场经营绩效影响的基准回归结果如表 24－2 所示，模型（1）至模型（4）分别表示未加入控制变量时，数字素养对家庭农场农业生产经营的总收入、净利润、亩均收入及劳均收入的回归结果。模型（5）至模型（8）展示的是在引入控制变量之后，数字素养对家庭农场农业生产经营的总收入、净利润、亩均收入及劳均收入的回归结果。可以看出，无论有无引入控制变量，数字素养均在 1‰ 的统计水平上显著正向影响家庭农场的经营绩效，这表明数字素养越高的家庭农场主，其所经营的家庭农场经营绩效越高。

表 24 - 2　数字素养对家庭农场经营绩效影响的基准回归结果

变量名称	家庭农场经营绩效				家庭农场经营绩效			
	总收入	净利润	亩均收入	劳均收入	总收入	净利润	亩均收入	劳均收入
	(1)	(2)	(3)	(4)	(5)	(6)	(7)	(8)
数字素养 （因子分析所得）	0.511 9***	0.820 4***	0.464 6***	0.469 1***	0.410 1***	0.526 0***	0.402 3***	0.409 6***
	(0.099 7)	(0.141 4)	(0.109 6)	(0.105 0)	(0.095 5)	(0.160 6)	(0.101 1)	(0.095 6)
控制变量	/	/	/	/	控制	控制	控制	控制
样本量	471	471	471	471	471	471	471	471

注：*、**、*** 分别代表 10%、5%和1%的水平上显著，括号内数值为均值对应的标准差。

（四）内生性讨论

如表 24 - 3 所示，从一阶段回归结果来看，F 统计量为 20.87 远远大于 10，表示所选的工具变量满足有效性检验。并且同一乡镇除家庭农场主自身外的其他家庭农场主数字素养的平均水平与家庭农场主自身的数字素养水平在 5%的水平上显著正相关，表明本章选用的工具变量满足相关性条件。第二阶段回归结果显示，数字素养的系数显著为正，且系数远高于基准回归系数。这意味着如果不考虑内生性问题，很可能会低估数字素养对家庭农场经营绩效的正向促进作用。因此，从内生性讨论的整体结果来看，基准回归的结果是较为稳健的。

表 24 - 3　内生性讨论：工具变量回归

变量名称	一阶段回归	二阶段回归（家庭农场经营绩效）			
	数字素养	总收入	净利润	亩均收入	劳均收入
	(1)	(2)	(3)	(4)	(5)
数字素养	/	4.564 0**	8.145 2*	4.538 6**	4.319 4**
		(2.247 1)	(4.289 7)	(2.236 2)	(2.187 5)
工具变量	0.237 6**				
	(0.116 3)				
控制变量	控制	控制	控制	控制	控制
一阶段 F 值	20.87***				
样本量	471	471	471	471	471

注：*、**、*** 分别代表 10%、5%和1%的水平上显著，括号内数值为均值对应的标准差。

（五）影响机制分析

一方面，数字素养的提升可以使个体改变其传统的农业生产观念，增强个体对新兴事物的接受意愿，促进其对农业信息化技术的使用；另一方面，数字素养越高的家庭农场主会通过多种渠道掌握信息化技术的应用技巧与操作流程，从而加速农业信息化技术的应用。鉴于此，本章采用中介效应模型实证检验数字素养对家庭农场经营绩效的影响机制。

表 24-4 汇报的是检验数字素养通过信息化技术应用机制进而影响家庭农场经营绩效的实证结果。（1）列的回归结果显示，数字素养在 1% 的统计意义上正向影响家庭农场的信息技术应用，这表明数字素养的提升会显著影响家庭农场主对信息化技术的采纳与应用。（2）列在引入信息化技术应用这一中介变量之后，信息化技术应用对家庭农场经营绩效在 1% 的水平上显著为正，且数字素养也至少在 5% 的水平显著正向影响家庭农场的经营绩效，这表明数字素养能够通过提高家庭农场的信息化技术应用概率，进而有效提升家庭农场的经营绩效。

表 24-4　影响机制：信息化技术应用

变量	(1) 信息化技术应用	(2) 家庭农场经营绩效			
		总收入	净利润	亩均收入	劳均收入
数字素养	0.228 7***	0.338 1***	0.415 3**	0.337 6***	0.340 2***
	(0.049 4)	(0.096 5)	(0.162 6)	(0.096 6)	(0.102 6)
信息化技术应用		0.314 9***	0.483 8***	0.315 0***	0.271 7***
		(0.088 9)	(0.149 9)	(0.089 0)	(0.094 6)
控制变量	已控制	已控制	已控制	已控制	已控制
样本量	471	471	471	471	471

注：*、**、*** 分别代表 10%、5% 和 1% 的水平上显著，括号内数值为均值对应的标准差。

（六）异质性分析

1. **人力资本差异**　不同受教育程度的家庭农场主其自身既有知识和信息存量也会存在差异，从而对家庭农场经营绩效产生影响。因此，本章为检验数字素养对家庭农场经营绩效提升作用的受教育程度差异，根据家庭农场主的受教育程度将全样本分成了初中及以下和高中及以上两个子样本，将受教育程度为初中及以下的家庭农场主认定为低人力资本型家庭农场，将家庭农场主受教育程度为高中及以上认定为高人力资本型家庭农场。结果如表 23-5 所示，可以看出，数字素养对高人力资本型家庭农场的经营绩效的促进作用要大于低人力资本型家庭农场。这可能主要是因为低人力资本型家庭农场的既有知识和信息存量相对匮乏，不易发挥出数字素养提升对家庭农场经营绩效的影响作用。

2. **示范农场效应差异**　与非示范农场相比，示范农场可能会积累更多的社会资本及物质资本，从而会影响数字素养对家庭农场经营绩效的作用。本章按照家庭农场是否为镇级及以上的示范农场进行分组回归，如表 24－5 所示的回归结果显示，数字素养对示范农场和非示范农场的经营绩效均具有明显的促进作用，但相较之于非示范农场，数字素养对示范农场经营绩效的促进作用更强，这其中可能的原因是非示范农场的社会资本和物质资本都相对匮乏，家庭农场主的数字素养即使相对较高，受限于其社会资本和物质资本水平，因而数字素养对非示范农场的经营绩效影响相对较小。

表 24－5　数字素养影响家庭农场经营绩效的异质性估计结果

变量	分类水平	家庭农场经营绩效			
		总收入	净利润	亩均收入	劳均收入
		(1)	(2)	(3)	(4)
人力资本	低人力资本（初中及以下）	0.316 3** (0.129 6)	0.318 9 (0.229 6)	0.275 0** (0.136 0)	0.315 1** (0.129 6)
	高人力资本（高中及以下）	0.391 6*** (0.129 8)	0.569 7*** (0.211 2)	0.421 3*** (0.136 5)	0.391 9*** (0.129 9)
示范农场	非示范农场	0.383 4*** (0.137 2)	0.347 7 (0.238 0)	0.347 3** (0.143 7)	0.381 8*** (0.137 4)
	示范农场	0.521 0*** (0.136 4)	0.905 0*** (0.217 3)	0.544 0*** (0.146 2)	0.522 1*** (0.136 3)

注：*、**、***分别代表 10%、5% 和 1% 的水平上显著，括号内数值为均值对应的标准差。

五、数字素养提高家庭农场经营绩效的路径

第一，加速农村地区互联网设施建设。以全面推进乡村振兴为契机，加强农村地区互联网设施的建设，持续提高农村地区的互联网普及率，为数字经济与农业经济融合发展奠定坚实基础。

第二，提高家庭农场主的数字素养积累。充分、合理且适度地运用微信群及村社广播等媒介平台宣传推送数字赋能农业经济发展的成功案例，强化家庭农场主对数字技术的认知，明晰数字素养的重要性。乡镇农业服务中心对家庭

农场主数字素养进行积极指导与培养，特别针对人力资本较低的家庭农场要加强数字素养的培训，可以发挥数字素养的空间溢出效应。

第三，推进信息化技术在农业生产经营过程中的应用。通过多元化渠道宣传信息化技术在农业生产经营中的优势，鼓励家庭农场在农业生产中运用信息技术，并在销售过程中采用直播销售和各种电子商务平台进行销售，提高销售途径的多元化。扩大家庭农场农机装备抵押贷款的范围，通过财政补贴、税收优惠、信贷补贴等激励措施促进家庭农场采用农业生产信息化技术。

第二十五章 CHAPTER 25

数字金融对家庭农场经营绩效影响

一、引言

现阶段我国对家庭农场的金融供给仍存在不足，金融服务满足程度偏低，农村金融服务缺失成为制约家庭农场发展和经营绩效提高的重要因素之一（张红宇、杨凯波，2017）。随着大数据、人工智能等数字技术与传统金融深度融合，以移动支付、数字信贷等为代表的数字金融快速发展。理论上，数字金融有助于克服信息不对称、降低金融交易成本、提高金融覆盖面和渗透率，为解决传统农村普惠金融难题提供了新的思路。

二、数字金融使用与家庭农场经营绩效

（一）数字金融使用

本章从微观角度考察家庭农场对数字支付、数字信贷等数字金融产品的使用情况，如表 25 - 1 所示，根据数据情况，通过以下问题衡量家庭农场数字金融使用情况，并根据使用的数字金融产品种类数赋值：

表 25 - 1　数字金融使用情况测试

项目	问　题	赋值依据
数字支付	您和家人在购物时（包括网购）一般使用下列哪些支付方式？（①现金；②刷卡；③电脑网上银行转账；④手机银行转账；⑤微信、支付宝；⑥电子钱包类产品；⑦其他）	选择②～⑥中任意一项认为参与了数字支付。
数字信贷	您是否使用过银行等正规金融机构或支付宝、微信等网络平台的数字信贷业务？（①是；②否）	选择①认为参与了数字信贷。
线上理财	您是否通过互联网渠道购买过理财产品？（①是；②否）	选择①认为有数字理财行为。
线上保险	2020 年种植业保险、养老保险、医疗保险、生猪保险等线上投保金额是多少？	回答非零金额认为参加了线上保险

（二）家庭农场经营绩效

经营绩效是一个复杂多维的概念，家庭农场经营绩效具有农业的特殊性和家庭式经营等特点，使用较为广泛的衡量方式有以下 3 种：第一，以财务绩效为主的经济绩效。刘同山和孔祥智（2019）使用反映家庭农场收益的自有劳动力人均净收益、农场亩均净收益，反映家庭农场生产情况的亩均农资农机支出、作物亩产，以及反映家庭农场销售情况的亩均农产品销售收入、是否有新销售渠道等衡量家庭农场绩效；刘同山和徐雪高（2019）将家庭农场经营绩效定义为家庭农场净收益、人均净收益和亩均净收益。第二，分析经营效率和经营结果的全过程绩效。Imori 等（2012）运用随机前沿分析法（SFA）和低效率效应模型对比分析巴西家庭农场和商业农场的效率；Madau（2015）分别运用了 SFA 模型和 DEA 模型测算意大利柑橘种植农场的效率，表明 SFA 与 DEA 估算的技术效率基本处于同一水平；高鸣等（2018）在比较农民专业合作社、家庭农场和农业龙头企业的经营绩效差异时，使用 SFA 并根据 C－D 生产函数衡量其经营绩效；钱忠好和李友艺（2020）根据土地、劳动力、资本、种养收入、农机服务收入等投入产出指标，运用 DEA 模型计算家庭农场效率。第三，将环境效益、社会效益等企业外部性考虑进来的综合绩效。何劲和熊学萍（2014）基于经济效率和社会效率两个维度，选取劳动生产率、土地生产率、农产品商品率、农产品成本收益率、农业科技进步贡献率、家庭人均收入水平等指标，以反映家庭农场规模化、集约化、市场化、企业化经营的现代属性；李星星和曾福生（2015）从家庭农场经营绩效和发展潜能两个方面进行综合评价，经营绩效包括经济绩效、社会绩效、生态绩效，发展潜能为人力资本、物质资本和社会资本，并使用专家咨询法（Delphi）和层次分析法（AHP）确定权重；任重和薛兴利（2018）基于"三重盈余"理论，通过专家评分法和层次分析法从经济效率、社会效率和生态效率 3 个维度构建家庭农场发展效率评价指标体系；关迪和陈楠（2021）将平衡计分卡（BSC）应用于家庭农场经营绩效评价，从经济、协调、管理、生态、创新 5 个维度构建家庭农场经营绩效评价指标体系，通过 AHP 和模糊综合评价（FCE）研究家庭农场经营绩效的产业与区域差异。

三、数字金融影响家庭农场经营绩效的理论机制

数字金融的跨越式发展使得数字技术可以更有效地满足居民家庭和小微企业的金融服务需求。随着数字金融在农村地区不断发展，家庭农场同样受益于数字金融发展的影响。

考虑一个带有时变参数的柯布-道格拉斯生产函数：

$$Y = AK(t)^{\alpha}L(t)^{\beta} \tag{1}$$

家庭农场生产经营过程包含了对金融、经济、行业、市场等方面信息的获取和使用，相对于传统农户，信息对于以利润最大化为目标的家庭农场更加重要，数字经济时代信息的价值更加突出。因此，在传统柯布-道格拉斯生产函数中加入信息要素投入的影响，家庭农场生产函数为：

$$Y = AK(t)^{\alpha}L(t)^{\beta}V(t)^{\lambda} \tag{2}$$

式中，Y 为家庭农场产出，A 为技术水平，t 为时间，K、L、V 分别为家庭农场投入农业生产经营的资本、劳动和信息，α、β、λ 分别是资本产出弹性、劳动产出弹性和信息产出弹性，$0<\alpha<1$，$0<\beta<1$，$0<\lambda<1$。

假设数字金融创新的产出弹性为 η，且 $0<\eta<1$，由此引起 K、L、V 的变化为：

$$Y(t) = AK(t)^{\alpha(1+\frac{d\alpha}{d\eta})}L(t)^{\beta(1+\frac{d\beta}{d\eta})}V(t)^{\lambda(1+\frac{d\lambda}{d\eta})} \tag{3}$$

式中，$\dfrac{d\alpha}{d\eta}$、$\dfrac{d\beta}{d\eta}$、$\dfrac{d\lambda}{d\eta}$ 分别为资本产出弹性、劳动产出弹性和信息产出弹性随数字金融创新产出弹性 η 的变化比率。数字金融加速了资金、劳动、信息等要素的流通，显著优化了资源配置（吴雨等，2021），促使要素产出水平提升。因此，$\dfrac{d\alpha}{d\eta}>0$、$\dfrac{d\beta}{d\eta}>0$、$\dfrac{d\lambda}{d\eta}>0$。

对（3）式两边取对数可得：

$$\ln Y(t) = \ln A + \alpha\left(1+\frac{d\alpha}{d\eta}\right)\ln K(t) + \beta\left(1+\frac{d\beta}{d\eta}\right)\ln L(t) + \lambda\left(1+\frac{d\lambda}{d\eta}\right)\ln V(t) \tag{4}$$

令 $\dfrac{d\alpha}{d\eta}=d_K$、$\dfrac{d\beta}{d\eta}=d_L$、$\dfrac{d\lambda}{d\eta}=d_V$，并增加随机因素 ε，则有：

$$\ln Y(t) = \ln A + \alpha(1+d_K)\ln K(t) + \beta(1+d_L)\ln L(t) + \lambda(1+d_V)\ln V(t) + \varepsilon \tag{5}$$

由此表明，数字金融创新产出弹性 η、资本 K、劳动 L 和信息 V 共同影响家庭农场经营绩效。

由（5）式可知，家庭农场经营绩效受到资本产出弹性随数字金融创新产出弹性的变化比率 d_K、劳动产出弹性随数字金融创新产出弹性的变化比率 d_L 和信息产出弹性随数字金融创新产出弹性的变化比率 d_V 的影响。由于 $d_K>0$、$d_L>0$、$d_V>0$，因此，数字金融增加了资本、劳动和信息产出效率，家庭农场经营绩效随之增加。家庭农场作为以市场交换为目的进行专业化商品生产的主体（高强等，2013），金融活动贯穿其专业化商品生产销售的全过程。一方面，数字金融突破时空约束、降低信息不对称的优势促进家庭农场获得新的资金转移机会（Sekabira and Qaim，2017），提高了资金流转效率，并且随着资金密集度的增加，家庭农场农业机械化发展降低了雇佣生产中的委托代理成本，从而提高劳动生产效率；另一方面，快速、便捷的金融支持助力家庭农场开展电子商务、农产品深加工等业务，提高跨区域销售的可能性，提升了家庭农场商品流通和交换效率，进而提高其经营绩效。

（一）缓解家庭农场融资约束

根据（5）式等号右边第二项，家庭农场经营绩效受到资本产出弹性随数字金融创新产出弹性的变化比率 d_K 和资本投入量 $K(t)$ 的影响，结合前文分析可知 $d_K>0$，因此家庭农场经营绩效随着资本投入量 $K(t)$ 的增加而增加。现实中，相当一部分家庭农场由传统农户扩大经营发展而来，其信贷获取能力无法随着经营规模的增加等比例提高，难以从金融机构获取充足的信贷支持，但家庭农场经营绩效的提升又依赖于扩大规模、优化管理结构、创新经营模式等路径，资金需求规模大、期限长。数字金融借助大数据信息作为评估标准，可以有效缓解借贷双方的信息不对称（Beck et al.，2018），降低家庭农场获贷门槛，拓宽融资渠道，并且基于数字技术的精准贷款可以在贷款金额、期限、利率等条款上更加贴合家庭农场需求，提升家庭农场生产经营所需的资金满足程度，进而提高经营绩效。

（二）降低雇佣监督成本

根据（5）式等号右边第三项，家庭农场经营绩效受到劳动产出弹性随数字金融创新产出弹性的变化比率 d_L 和劳动投入量 $L(t)$ 的影响。设定劳动投入为家庭农场成员的有效劳动投入，由前文分析可知 $d_L>0$，那么家庭农场经营绩效随有效劳动投入 $L(t)$ 的增加而增加。家庭农场劳动力结构随经营规模的扩张从完全依赖家庭成员的模式逐步转变为部分依靠雇工的模式，原本家庭经营中由于家庭成员拥有对经营产品剩余索取权而保持利益高度一致的状态发生改变，出现"非家庭经营"的特征（尚旭东、朱守银，2015）。此时，家庭农场成员劳动力投入分为生产经营性投入和管理雇佣人员的监督性投入，雇佣人员越多，家庭农场成员投入生产经营的有效劳动越少。近年来农村劳动力供给不足使得雇工成本增加，家庭农场要素禀赋发生变化。要素禀赋的改变促使家庭农场优化生产要素投入结构，提高其使用农业机械代替雇佣劳动进而增加家庭成员有效劳动投入的可能性。数字金融使家庭农场可以获取低成本的金融服务，资金约束对农业机械化发展的阻碍降低（闫桂权等，2022），有利于降低雇佣监督成本发挥家庭经营的优势，从而提高经营绩效。

（三）提升信息获取能力

根据（5）式等号右边第四项，家庭农场经营绩效受到信息产出弹性随数字金融创新产出弹性的变化比率 d_V 和信息投入量 $V(t)$ 的影响，根据前文分析可知 $d_V>0$，因此家庭农场经营绩效随着信息投入量 $V(t)$ 的增加而增加。数字经济时代信息更新速度大大增加，有效信息的获取是家庭农场把握市场动态、寻求合作、及时调整生产经营决策的重要基础。一方面，数字金融的使用促使家庭农场参与社会互动，使其以较低的成本获取更透明、更具针对性、与生产经营相关性更紧密的信息，从而提高其在交易中的议价能力，提升收益份额；另一方面，规模经营的家庭农场更有可能嵌入供应链，借助数字金融平台与供应链上下游合作者沟通（许玉韫、张龙耀，2020），提高信息共享和交互程度，实现对农产品行情、市场前景等方面的准确评估，提高投资项目瞄准度。

四、研究设计与实证结果分析

（一）模型构建

为检验数字金融使用对家庭农场经营绩效的影响，本章构建如下横截面回归模型：

$$farme_{ij}=\gamma_0+\gamma_1 DF_{ij}+\gamma_2 Controls_{ij}+\varepsilon_{ij} \qquad (6)$$

式中，$farme_{ij}$ 为 j 县 i 家庭农场的经营绩效，DF_{ij} 为 j 县 i 家庭农场的数字金融使用情况，$Controls_{ij}$ 为控制变量，ε_{ij} 为随机干扰项。

数字金融使用对家庭农场经营绩效影响的估计可能受到反向因果、遗漏变量等内生性问题的干扰。本章使用工具变量法解决可能存在的内生性问题，选取按县域和家庭农场主年龄分组后家庭农场拥有智能手机和可以联网电脑的平均数量作为工具变量。智能手机和电脑是使用数字金融的前提条件，家庭农场数字金融使用程度受到这些设备的影响，而拥有此类设备的数量受到地区以及同年龄段其他人的影响（例如，当周围家庭农场广泛使用电脑经营和管理时，未使用电脑的家庭农场最终也会做出购买并使用电脑的选择），但该平均水平不会直接影响家庭农场经营绩效，满足工具变量相关性与外生性要求。本章根据家庭农场主的年龄分布将样本划分为小于 35 岁、35～45 岁、45～55 岁、55～65 岁以及 65 岁以上 5 个子样本，然后以同县域内同年龄段拥有智能手机和可以上网的电脑的平均数量作为工具变量进行回归。

（二）基本特征分析

本研究使用 2020 年调研数据，删除关键数据缺失严重的样本后，得到有效样本 487 家。

1. **家庭农场数字金融使用情况**　家庭农场数字金融使用率为 95.28%，其中，使用一种数字金融产品的家庭农场 287 家，占比 58.93%；使用两种数字金融产品的家庭农场 138 家，占比 28.34%；使用 3 种及以上数字金融产品的家庭农场 39 家，仅占比 8.01%。从数字金融产品类别来看，数字支付使用率高达 94.46%，而数字信贷、线上保险、线上理财分别占比 19.92%、16.22% 和 9.65%。由此可见，家庭农场数字金融使用度较广但使用深度不足，数字金融产品的使用集中在以数字支付为主的初级阶段，对数字化的信贷、保险、理财等产品接受度有待提高。

2. **家庭农场经营绩效比较分析**　表 25-2 展示了不同数字金融使用情况下家庭农场经营绩效的均值差异。将样本按照是否使用数字金融产品分组后发现，两组家庭农场纯收入、人均纯收入和亩均纯收入存在显著差异，使用数字金融产品组的家庭农场纯收入、人均纯收入和亩均纯收入更高。同时，以收入变化率衡量新冠疫情前后家庭农场收入变化情况，两组收入变化率差异虽然不显著，但未使用数字金融组的收入受到新冠疫情负面影响更多。由于根据是否使用数字金融产品分组后两组样本量差异较大，可能影响结论的代表性，因此将样本按照使用数字金融产品的数量分为使用两种及以上数字金融产品组和未使用或使用一种数字金融产品组，两组家庭农场纯收入、人均纯收入、亩均纯收入和收入变化率均存在显著差异，使用两种及以上数字金融产品的家庭农场纯收入、人均纯收入和亩均纯收入都更高，新冠疫情带来的收入负面波动更小。

表 25-2　数字金融使用情况与家庭农场经营绩效的均值比较

变量	是否使用数字金融产品			使用数字金融产品数量		
	是 （464 家）	否 （23 家）	组间差异	两种及以上 （177 家）	未使用或使用一种 （310 家）	组间差异
纯收入（元，取对数）	5.703	−2.621	8.323*** (3.24)	7.691	3.949	3.742*** (3.61)
人均纯收入（元/人，取对数）	5.310	−2.522	7.832*** (3.26)	7.201	3.648	3.553*** (3.66)
亩均纯收入（元/亩，取对数）	3.220	−1.378	4.598** (2.61)	4.324	2.249	2.075*** (3.17)

注：*、**、*** 分别代表在 10%、5% 和 1% 的水平上显著；括号内数字为 t 值。

（三）基准回归结果

根据前文所构建的模型，表 25-3 为数字金融使用对家庭农场经营绩效影响的回归结果。可以发现，无论是否控制其他变量，数字金融变量始终显著为正，即数字金融使用可以提高家庭农场组织层面和成员层面的经营绩效。工具变量有效性检验结果显示，首先，Hausman 检验结果均在 5％的水平上显著，表明组织层面和成员层面模型均存在内生性问题，有必要使用工具变量；其次，工具变量第一阶段回归结果显示，工具变量系数在 1％的水平上正向显著，即工具变量对家庭农场数字金融使用有显著影响，且 F 检验值为 12.61 大于 10，表明不存在弱工具变量问题，本章使用的工具变量有效。工具变量检验结果仍然显著，由第（4）、（7）列回归结果可知，数字金融使用对家庭农场纯收入、人均纯收入的影响在 1％的水平上正向显著，数字金融使用每增加一个标准差的百分比，家庭农场纯收入和人均纯收入分别提升其均值的 1.52％和 1.55％①。

表 25 - 3　数字金融使用对家庭农场经营绩效的影响

变量	纯收入				人均纯收入		
	OLS (1)	OLS (2)	IV 第一阶段 (3)	IV 第二阶段 (4)	OLS (5)	OLS (6)	IV 第二阶段 (7)
数字金融	3.316** (0.853)	3.194* (1.299)		11.142*** (3.535)	3.129** (0.806)	2.994* (1.207)	10.591*** (3.414)
控制变量	否	是	是	是	否	是	是
地区变量	否	是	是	是	否	是	是
IV			0.158*** (0.022)				
N	487	487	487	487	487	487	487
R^2	0.043	0.348	0.205	0.146	0.044	0.349	0.139
F 检验			12.61***				
Hausman 检验				3.90**			4.06**

注：*、**、*** 分别代表在 10％、5％和 1％水平上显著；括号内数字为县域层面聚类标准误。

（四）影响机制检验

若家庭农场经营绩效受到资金不足、有效劳动投入少和信息缺失的不利影响，且数字金融使用可以缓解上述约束，那么，相对于未受到上述约束的家庭农场，数字金融使用对受到约束家庭农场的经营绩效有更为明显的提升作用。

---

① 计算方式为数字金融标准差的百分比×回归系数/家庭农场经营绩效的均值，如 1.52％＝ 0.722％×11.142/5.309。

结果显示，数字金融使用对家庭农场组织层面和成员层面经营绩效的影响均显著为正，数字金融使用与经营资金满足、雇佣监督成本和信息获取能力的交互项也显著为正，即数字金融使用可以通过缓解融资约束、降低雇佣监督成本和提升信息获取能力的路径影响家庭农场经营绩效（表 25－4）。

表 25－4　数字金融使用对家庭农场经营绩效影响的机制检验

变量	纯收入			人均纯收入		
	(1)	(2)	(3)	(4)	(5)	(6)
数字金融	1.725** (0.608)	2.556* (1.249)	0.891** (0.300)	1.640** (0.544)	2.372* (1.167)	0.834** (0.306)
经营资金满足	−0.881 (1.918)			−0.855 (1.727)		
数字金融×经营资金满足	3.425* (1.621)			3.158* (1.498)		
雇佣监督成本		−0.002* (0.001)			−0.002* (0.001)	
数字金融×雇佣监督成本		0.001* (0.000)			0.001* (0.000)	
信息获取能力			−3.055 (1.804)			−2.849 (1.695)
数字金融×信息获取能力			3.254* (1.511)			3.050* (1.442)
控制变量	是	是	是	是	是	是
N	487	487	487	487	487	487
R^2	0.375	0.351	0.358	0.375	0.352	0.360

注：*、**、***分别代表在 10%、5% 和 1% 水平上显著；括号内数字为县域层面聚类标准误。

（五）异质性分析

1. **资源禀赋**　数字金融对不同资源禀赋的家庭创业、资产配置等方面有差异性影响（张龙耀等，2021）。市场化经营、组织化运行、企业化管理是家庭农场区别于家庭农户的重要特征，因此将样本按照市场化程度、组织化程度和经营管理能力分组，考察数字金融使用对不同资源禀赋家庭农场经营绩效的影响。首先，通过是否注册商标和是否加入经济组织衡量家庭农场市场化程度和组织化程度。注册商标意味着更广泛的销售渠道和更高的客户认可度，注册商标的家庭农场市场化程度更高，加入经济组织则提高了家庭农场组织化程度。其次，农场主协调和管理资源的能力是家庭农场发展的重要保障，将家庭农场成本费用率和农场主对家庭农场经营规划问题的主观回答作为经营管理能力的分类依据，其中成本费用率以中位数为界分组，主观回答则以农场主能否清晰分析市场条件和决策利弊为标准。根据表 25 - 5 和表 25 - 6 的估计结果，数字金融使用对不同资源禀赋家庭农场组织层面和成员层面的经营绩效均产生显著的正向影响，且对市场化程度和组织化程度较低、经营管理能力较弱家庭农场经营绩效的促进作用更为显著，数字金融表现出对弱势群体的包容性作用。因此，数字金融使用能够弥补初始资源禀赋较差家庭农场的经营劣势，为弱势家庭农场实现经营绩效的赶超提供可能。

表 25 - 5　异质性分析：市场化程度与组织化程度

变量	纯收入				人均纯收入			
	是否注册商标		是否加入经济组织		是否注册商标		是否加入经济组织	
	是	否	是	否	是	否	是	否
	(1)	(2)	(3)	(4)	(5)	(6)	(7)	(8)
数字金融	2.820*	3.054**	2.631*	3.902**	2.756*	2.839**	2.458*	3.672**
	(1.334)	(1.172)	(1.247)	(1.213)	(1.220)	(1.076)	(1.184)	(1.118)
控制变量	是	是	是	是	是	是	是	是
N	130	357	200	287	130	357	200	287
R^2	0.327	0.394	0.305	0.402	0.334	0.395	0.307	0.402
Chow 检验	2.97***		2.71***		2.99***		2.65***	

注：*、**、*** 分别代表在 10%、5% 和 1% 水平上显著；括号内数字为县域层面聚类标准误。

表 25 - 6　异质性分析：经营管理能力

变量	纯收入				人均纯收入			
	成本费用率		协调管理能力		成本费用率		协调管理能力	
	较高	较低	较强	较弱	较高	较低	较强	较弱
	(1)	(2)	(3)	(4)	(5)	(6)	(7)	(8)
数字金融	4.476**	1.867*	2.397**	3.605*	4.211**	1.726*	2.248**	3.403*
	(1.446)	(0.867)	(0.628)	(1.698)	(1.338)	(0.785)	(0.588)	(1.567)
控制变量	是	是	是	是	是	是	是	是
N	244	243	290	197	244	243	290	197
R^2	0.425	0.330	0.446	0.305	0.428	0.331	0.446	0.306
Chow 检验	4.56***		1.67**		4.65***		1.64**	

注：*、**、*** 分别代表在 10%、5% 和 1% 水平上显著；括号内数字为县域层面聚类标准误。

2. **数字金融产品** 家庭农场使用不同数字金融产品的动机往往不相同（张龙耀等，2021），且数字金融产品的使用门槛随着金融活动复杂程度的提升逐渐增加，不同数字金融产品在提高家庭农场经营绩效时可能发挥差异性作用。由表25-7可知，数字支付对家庭农场经营绩效的影响为正但不显著，数字信贷、线上保险和线上理财对家庭农场组织层面和成员层面经营绩效均有显著的正向影响。可能是由于，虽然数字支付的使用门槛相对较低，但作为数字金融初级阶段的产品，数字支付在缓解家庭农场经营困境方面发挥的作用有限，因此提高家庭农场经营绩效的作用并不显著。

表 25-7 异质性分析：数字金融产品

变量	纯收入				人均纯收入			
	（1）	（2）	（3）	（4）	（5）	（6）	（7）	（8）
数字支付	2.004 (1.755)				1.891 (1.714)			
数字信贷		3.393* (1.642)				3.172* (1.532)		
线上保险			5.531* (2.405)				5.224* (2.250)	
线上理财				1.958* (0.844)				1.790* (0.751)
控制变量	是	是	是	是	是	是	是	是
N	487	487	487	487	487	487	487	487
R^2	0.316	0.327	0.341	0.317	0.318	0.329	0.343	0.319

注：*、**、***分别代表在10%、5%和1%水平上显著；括号内数字为县域层面聚类标准误。

五、数字金融提高家庭农场经营绩效的路径

第一，注重家庭农场差异化的金融需求。政府部门应加强农村数字金融发展的顶层设计，充分考虑各地资源状况、产业特色和数字基础设施建设差异，在推动数字金融服务家庭农场的过程中，注重数字金融服务的针对性以更好地满足各地家庭农场的差异性发展模式。

第二，发挥数字信贷增信优势。金融机构在提供数字信贷服务时，应允许工商注册的家庭农场以法人身份向银行申请贷款，提供授信额度、还款周期等要素与家庭农场需求相匹配的融资方案，保障家庭农场资金运行周期的完整

性，提升其长期发展能力。

第三，积极探索多种形式的数字金融创新。金融机构在设计数字金融产品时，应注重家庭农场的金融需求特点和经营特殊性，提供多样化、差异化的综合性金融服务，满足家庭农场对不同类型金融服务的需求，并重视数字金融在农村地区的推广和发展，引导家庭农场使用数字信贷、数字保险、数字理财等数字金融产品，促进数字金融使用深度的提高。

数字金融能力对家庭农场
生产投资影响

一、引言

数字金融能够借助传统金融服务缓解农户的信贷约束，进而促进其农业生产经营投资（周月书、苗哲瑜，2023）。家庭农场可借助数字金融产品和服务拓宽融资渠道，同时利用该类金融产品的数字化特点，降低与金融机构的信息不对称程度以及较高的借贷成本，从而提高其农业生产投资所需信贷资金的可得性。但目前仍然存在着许多因素制约着家庭农场享受数字金融产品服务，而数字金融能力的强弱是其中非常重要的一类制约因素。

二、数字金融能力与家庭农场农业生产投资

（一）数字金融能力

结合数字能力（Law et al.，2018）、金融能力（Xiao et al.，2014）以及数字金融能力（Luo and Zeng，2020；Luo et al.，2021）的定义，本章认为数字金融能力（DFC_i）是指：在数字化的时代背景下，个人或家庭拥有一定的数字金融素养、具备数字金融经验并且能够合理应对数字金融风险。这一能力体现了个人或家庭对于数字金融行为的合理管理与控制。

根据本章给出的定义，数字金融能力主要涵盖 3 个维度：①具备基本的数字金融素养。数字金融素养在提高数字金融包容性方面发挥着最重要的作用，这一作用与金融素养对于金融包容性的提升作用相同（Cohen et al.，2011），而为了满足自身经济利益，人们需要借助于数字金融的包容性获得更多的数字金融的产品和服务。因此，数字金融素养是数字金融能力框架中发挥基础性作用的一大维度。②具备数字金融经验。这一维度强调个体对于具体的数字金融产品和服务需要拥有操作经验，而操作经验有助于人们实现所追求的经济利益。因此，数字金融经验是数字金融能力框架中发挥关键作用的一大维度。③合理应对数字金融风险。这一维度主要强调人们在使用数字金融产品和服务

时也要能够合理应对可能出现的各种数字化风险。因此，合理应对数字金融风险是数字金融能力框架中发挥重要作用的一大维度。数字金融能力各维度的具体衡量指标以及说明见表 26-1。

表 26-1　数字金融能力的衡量框架

一级指标	二级指标	主体指标	均值	标准差
数字金融素养	数字素养	您是否会使用智能手机的一般功能？	0.94	0.24
		您是否会对电脑的简单应用进行正确操作？	0.69	0.46
		您上网进行信息搜寻或者知识学习的频率如何？	2.93	1.28
		您是否会利用线上平台进行直播（包括直播销售）？	0.08	0.27
		您是否会使用微信的一般功能？	0.94	0.23
	金融素养	利率计算是否正确？	0.79	0.81
		通货膨胀计算是否正确？	0.75	0.74
		投资风险计算是否正确？	0.44	0.81
		您对银行等正规金融机构推出的传统信贷业务了解程度如何？	1.21	0.85
		2020 年以前是否有办理贷款的经历？	0.51	0.51
	数字金融产品的知识	您对银行等正规金融机构推出的数字信贷业务了解吗？	0.42	0.67
		您对支付宝、微信等网络平台推出的线上贷款业务了解吗？	0.47	0.66
数字金融经验	数字收付款的使用	您和您家人在购物时是否会使用移动支付？	0.94	0.24
		在您全年的生产经营支出中，通过手机支付的比例约为多少？	0.50	0.40
		您使用支付宝、微信进行日常支付的频率如何？	3.93	1.16
		是否进行过线上销售？	0.04	0.20
	数字信贷业务的使用	您是否向银行等正规金融机构申请过数字信贷业务？	0.13	0.32
		您是否向支付宝、微信等网络平台申请过线上贷款业务？	0.13	0.33
	数字理财产品的使用	您是否通过互联网渠道购买过理财产品？	0.07	0.24
	数字保险产品的使用	种植业保险是否通过线上投保？	0.06	0.24
		养老保险是否通过线上投保？	0.10	0.29
		医疗保险是否通过线上投保？	0.13	0.33
数字金融风险的应对	合理应对信息安全风险	您使用网上银行、支付宝等互联网金融工具时，是否采取措施（如绑定手机号、动态验证码等）维护账号及密码等信息的安全？	0.90	0.30
	合理应对资金安全风险	您使用网上银行、支付宝等互联网金融工具时，是否采取措施（如动态口令和交易码、人脸识别、指纹识别等）维护线上交易的资金安全？	0.84	0.35

本章拟采用因子分析的方法对数字金融能力进行综合分析，将表25-1所列的所有问题的数据运用 Stata 16 进行因子分析，得到样本数据的 KMO 检验值为 0.74，说明变量之间存在相关性，Bartlett 球形检验的概率为 0.00。样本数据符合因子分析的要求。接着对样本数据通过主成分分析进行因子提取，本章依据特征值大于 1 的标准提取公因子，据此可知应该提取 8 个因子，这 8 个因子的累积贡献率为 65.42%。最终结果显示，2020 年，本章所选取的 302 户种植粮食类作物的家庭农场的数字金融能力得分的平均值为 2.00，标准差为 0.37，最小值为 0.84，最大值为 3.08。

（二）家庭农场农业生产投资

首先，在传统生产资料投资的基础之上，粮食类家庭农场不仅会进行雇佣劳动投资，还会通过投资农业机械等固定资产来进一步提升农业生产效率。基于这一特点，本章借鉴任天驰等（2021）提出的农户农业生产投资评价体系，使用家庭农场层面"加总"的农业生产总投资（$Investment_i$）：一是基础生产资料投入（$Product_i$），包括化肥、农药、种子等的投入以及当年的土地租金；二是机械等固定资产（$Asset_i$），包括现存的农用机械设备以及农业信息化设备；三是对农业生产的雇佣劳动投入（$Employ_i$）。为了便于统计及数据处理，将累计农业生产投资的总额对数化（$Invest_i$）处理之后衡量家庭农场农业生产总投资情况，探究数字金融能力对家庭农场农业生产总投资的影响。

其次，本章把总样本按照农业生产投资类型的不同分为 3 个部分，将 3 个部分进行对数化处理后依次分析数字金融能力对农业生产资料投入、固定资产投资以及雇佣劳动投资的影响，探究数字金融能力对家庭农场农业生产投资结构的影响。

三、数字金融能力影响家庭农场农业生产投资的理论机制

（一）提高家庭农场信贷可得性

拥有数字金融能力的家庭农场能够缓解所面临的信贷约束，进而扩大农业生产投资的规模。信息不对称引发的道德风险和逆向选择问题是影响家庭农场正规信贷可得性的重要因素（Stiglitz and Weiss，1981）。尽管目前许多家庭农场缺乏信用记录，但其在日常生活以及农业经营中的电商交易买卖、支付宝以及微信的收付款使用、数字信贷、数字理财以及数字保险产品的购买等实时提供了信用记录，均可积累信用（黄卓、王萍萍，2022）。数字金融能力较强

的家庭农场：一方面能够通过自身的数字金融素养更好地使用数字金融产品和服务，从而能够留下"数字足迹"。另一方面家庭农场丰富的数字金融经验的积累过程实际也是丰富的"数字足迹"的"沉淀"过程。以往生产经营中的数字收付款、数字理财、数字保险等的使用记录均能够留下"数字足迹"。因此，数字金融能力较强的家庭农场能够通过丰富可靠的"数字足迹"积累更多的信用记录。当家庭农场申请贷款时，金融机构能够利用家庭农场的信用记录，基于大数据、云计算等技术，通过构建家庭农场综合信用评估模型的方式对其进行更加精准的画像，进而缓解信息不对称的问题，降低了逆向选择风险（安宝洋，2014），提高家庭农场的正规信贷可得性。在农业生产性投资中，农户依赖于信贷来获取资金（刘荣茂、马林靖，2006），因此能够获取信贷资金的家庭农场将能扩大农业投资规模。

（二）提高家庭农场信息可得性

拥有数字金融能力的家庭农场能够缓解所面临的信息约束，进而促进其扩大农业生产投资的规模。家庭农场需要对农业生产的政策信息、市场信息、经济金融信息以及生产信息等进行综合分析，并根据分析结果做出农业生产投资的决策（盛智颖、王冰，2017）。虽然目前家庭农场获取信息的工具已经较为现代化、数字化，但获取信息来源的主体单一，主要来源为政府部门，并且家庭农场的信息获取效果也不佳（阮荣平等，2017）。为提升信息获取效果，家庭农场需要拓展自身的信息获取渠道、提升信息获取能力以及增强信息获取意识（韩旭东等，2018）。拥有数字金融能力的家庭农场能够有效缓解自身信息获取效果不佳的难题。一方面，随着数字金融能力的形成与提高，家庭农场的信息获取渠道逐渐增多。数字化的背景下，家庭农场利用数字金融能力可以通过线上的社会互动、线上的技术信息交流以及数字金融产品服务的使用等扩宽信息获取渠道，使其农业信息的获取来源不再局限于政府部门。另一方面，数字金融能力的提高能够提升家庭农场的信息获取能力。由于家庭农场主的受教育水平以及数字技能普遍偏低，即使互联网能够提供大量信息，但这些途径对家庭农场而言依然具有较高门槛（韩旭东等，2018）。而数字金融能力的形成与提高能够帮助家庭农场通过数字能力的提升跨过这一门槛，提升信息获取能力。家庭农场主的信息获取渠道和信息获取能力越强，越能获得更多的政策信息、市场信息、经济金融信息和生产信息等，从而缓解其农业生产投资中所面临的信息约束问题，优化其要素配置决策行为，提升其要素配置能力（Genius et al.，2006），激励其扩大农业生产投资的规模（林文声等，2018）。

四、研究设计与实证结果分析

（一）模型构建

本章通过对计量方法的梳理，综合考虑研究对象的特征并结合所使用的截面数据的特征，使用 OLS 模型进行分析，同时，本章还控制了家庭农场主特征、家庭农场特征以及环境特征等控制变量，避免混淆因素影响估计结果，基于以上分析，本章建立以下横截面回归模型：

$$Invest_i = \alpha + \beta DFC_i + \gamma Controls_i + \varepsilon_i \qquad (1)$$

式中，$Invest_i$ 为第 i 户粮食类家庭农场农业生产总投资规模的对数值，DFC_i 为第 i 户家庭农场的数字金融能力，$Controls_i$ 为第 i 户家庭农场主特征、家庭农场特征以及地区特征等一系列控制变量，ε_i 为随机扰动项，β 和 γ 是模型的系数估计值向量。

本章在对粮食类家庭农场的农业生产投资的影响因素进行分析时可能遗漏了一些重要的解释变量，如土地产权的稳定性等。另外，本章的解释变量与被解释变量之间可能存在互为因果的关系：粮食类家庭农场农业生产投资的增多会使家庭农场产生更多的金融服务的需求以及更多的金融行为，从而提高家庭农场使用数字金融产品和服务的积极性以及可能性，帮助家庭农场提高数字金融素养、积累更多的数字金融经验以及更好地应对数字金融风险从而促进其数字金融能力的提高，因此式（1）可能存在内生性的问题。为此，本章引入"家庭农场主是否使用运动类 APP 或小程序"作为工具变量。本章采用家庭农场主是否使用运动类 APP 或小程序（$Sport_i$）作为工具变量。与一般的通信类 APP 不同，运动类 APP 或小程序的使用需要用户具备更高的数字设备的熟练度以及更强的数字化技能，其用户一般是具有更高认知力的人群，整体学历水平更高，整体年龄更低，该类用户的数字金融能力也更高[①]。因此，家庭农场主是否使用运动类 APP 或小程序与其数字金融能力具有较大的相关性，满足相关性的要求。但运动类 APP 或小程序的使用是家庭农场主生活层面的休闲活动，与其农业生产投资行为没有直接关系，满足外生性的要求。

（二）基本特征分析

基于对粮食安全的关注，本章在筛选数据时主要选择以粮食种植为主的家

---

① 艾瑞 iClick 通过对社区的调研，在《2018 年中国运动大数据行业研究报告》中对中国健身用户进行了画像，2018 年中国运动健身用户本科及以上用户占比 79.7%，平均年龄 33.4 岁。https：//www. iresearch. com. cn/Detail/report? id＝3 287&isfree＝0。

庭农场，剔除了养殖类家庭农场以及部分的种植类家庭农场和种养结合类家庭农场的数据，最终保留了302个粮食类家庭农场的数据（表26-2）。

表26-2　主要变量的描述性统计结果

变量名称	变量符号	变量说明	均值	标准差
家庭农场农业生产总投资	$Investment_i$	选择家庭农场层面"加总"的生产投资：一是基础生产资料投入，包括化肥、农药、种子等的投入以及当年的土地租金；二是机械等固定资产，包括现存的农用机械和信息化设备；三是对农业生产的雇佣劳动投入（万元），回归分析中取对数	105.17	109.39
生产资料投资	$Product_i$	化肥、农药、种子等以及当年的土地租金（万元），回归分析中取对数	54.67	63.65
雇佣劳动投资	$Employ_i$	农业生产的雇佣劳动投入（万元），回归分析中取对数	10.65	19.50
固定资产投资	$Asset_i$	现存的农用机械设备以及农业信息化设备（万元），回归分析中取对数	39.85	55.67
数字金融能力	DFC_i	采用因子分析法进行度量	2.00	0.38
信息可得性	$Information_i$	使用"农场主对经济、金融信息的关注程度？"回答"从未关注"信息可得性赋值为"0"，回答其他选项，信息可得性赋值为"1"	0.74	0.44
信贷可得性	$Capital_i$	2020年内累计借入款金额（万元），回归分析中取对数	29.78	53.91
运动类APP或小程序的使用	$Sport_i$	您是否使用运动类APP或小程序？1＝是；0＝否	0.38	0.49
年龄	Age_i	家庭农场主的年龄（岁）	49.14	9.12
性别	$Gender_i$	家庭农场主的性别：男＝1；女＝0	0.91	0.28
受教育程度	Edu_i	学历程度：1＝没上学；2＝小学；3＝初中；4＝高中/中专/技校/职高；5＝大专；6＝本科；7＝硕士及以上	3.56	1.01
风险偏好	$Risk_i$	1＝偏好风险较大的投资，2＝偏好风险中等的投资，3＝偏好风险较小的投资	2.40	0.71
健康情况	$Health_i$	自我认定的健康状况：1＝丧失劳动能力；2＝差；3＝中；4＝良；5＝优	4.72	0.50
粮食亩均收入	$Aincome_i$	粮食经营总收入/粮食种植面积（万元/亩）	0.17	0.78
经营年限	$Year_i$	家庭农场至今成立年限（年）	6.53	3.65
雇佣情况	$People_i$	家庭农场常年雇佣劳动力（人）	2.42	1.17

（续）

变量名称	变量符号	变量说明	均值	标准差
经济组织建设	$Organize_i$	所在的村是否有农民专业协会/合作社/农业龙头企业/家庭农场联盟等经济组织；是＝1；否＝0	0.65	0.48
村庄基础设施建设情况	$Infro_i$	采用农场主的主观评价：您对当前村庄内的基础设施建设情况满意吗：1＝非常满意；2＝比较满意；3＝一般；4＝不太满意；5＝很不满意	2.24	1.23
县域控制变量	$County_i$	除兴化外，为其余县设置地区虚拟变量	—	—

（三）基准回归结果

由第（1）列可知，数字金融能力对家庭农场农业生产总投资发挥正向显著的促进作用，并且通过 1% 的显著性检验。其中回归系数为 0.666 9，表明家庭农场的数字金融能力每提高 1 个单位，其农业生产总投资额的对数值提高 0.666 9。粮食类家庭农场的数字金融能力的提高会促进农场主扩大对于粮食种植的农业生产投资，假说 1 得证。

为了进一步探究数字金融能力对家庭农场农业生产投资结构的影响，本章把农业生产总投资按照投资类型的不同分为固定资产投资、雇佣劳动投资以及生产资料投资 3 部分，分别进行 OLS 回归。由第（2）列至第（4）列可知，数字金融能力对于这 3 类农业生产投资均发挥正向的显著作用，且均通过 1% 的显著性检验。但从回归系数来看（表 26 - 3），相比于生产资料投资和雇佣劳动投资，数字金融能力更能促进家庭农场对于固定资产的投资：一方面是因为固定资产投资是家庭农场农业生产投资的主体部分，属于经济学意义上真正的投资行为（任天驰 等，2021）。另一方面因为农业的固定资产投资更有助于提高家庭农场的农业生产效率促进经营绩效的提升，对家庭农场今后的发展产生长期的影响，在通过自身的数字金融能力获得充足的信贷资金和生产经营信息后，家庭农场更倾向于对固定资产进行投资。

表 26 - 3　数字金融能力影响家庭农场农业生产投资的回归结果

变量	(1) 农业生产总投资	(2) 固定资产投资	(3) 雇佣劳动投资	(4) 生产资料投资
数字金融能力	0.666 9***	1.848 5***	1.591 1***	0.623 8***
	(0.166 8)	(0.666 5)	(0.463 5)	(0.194 7)
控制变量	控制	控制	控制	控制

（续）

变量	(1) 农业生产总投资	(2) 固定资产投资	(3) 雇佣劳动投资	(4) 生产资料投资
常数项	12.794 3*** (0.770 5)	8.466 5** (3.592 8)	7.246 3*** (1.886 5)	12.746 9*** (0.996 8)
F 值	4.54	3.46	2.19	2.67
观测值	302	302	302	302

注：***、**、* 分别表示在 1%、5%、10% 的水平上显著；括号内数字为稳健标准误。

（四）内生性问题处理

对于可能存在的内生性问题，本章采用两阶段最小二乘法进行检验（2SLS）。第一阶段估计结果表明工具变量家庭农场主是否使用运动类 APP 或小程序的估计系数为 0.278 7，且在 1% 的水平下显著，即使用运动类 APP 或小程序的家庭农场主拥有更强的数字金融能力。并且弱工具变量检验 F 值为56.239 5 大于 10，通过了弱工具变量的检验，Hausman 检验的值为 4.56，在5% 显著水平拒绝原假设，即 DFC 为内生变量。

由表 26-4 的第（1）列，第二阶段回归估计结果显示，数字金融能力对粮食类家庭农场的农业生产总投资的回归系数为 1.544 9，且在 1% 的水平下显著，说明工具变量的加入并没有改变数字金融能力对粮食类家庭农场的农业生产投资的影响方向。同时，数字金融能力对于家庭农场农业生产投资结构的影响，本章也做了内生性的处理，如表 4 的第（2）列至第（4）列所示，处理了内生性之后，数字金融能力对于 3 种类型的投资依然具有显著性影响。并且，由回归系数可知，相比于生产资料投资和雇佣劳动投资，数字金融能力同样更能促进家庭农场对于固定资产的投资。

表 26-4　内生性问题处理结果

变量	(1) 农业生产总投资	(2) 固定资产投资	(3) 雇佣劳动投资	(4) 生产资料投资
数字金融能力	1.544 9*** (0.454 2)	2.591 2* (1.497 1)	2.514 3** (1.014 2)	1.397 9*** (0.503 1)
控制变量	控制	控制	控制	控制
常数项	11.276 1*** (1.155 6)	7.182 0* (4.194 1)	5.649 7** (2.478 2)	11.408 2*** (1.088 7)
弱工具变量检验 F 值	56.239 5			
观测值	302	302	302	302

注：***、**、* 分别表示在 1%、5%、10% 的水平上显著；括号内数字为稳健标准误。

（五）影响机制检验

假说 2 以及假说 3 认为数字金融能力主要通过促进家庭农场的信贷可得性以及信息可得性影响其农业生产投资，对此本章使用中介效应模型进行检验。本章使用家庭农场"2020 年的累计借入款金额"表示信贷可得情况，使用"农场主对经济、金融信息的关注程度？"表示信息可得情况。

首先，数字金融能力能够显著提升家庭农场的信贷可得性，回归系数是 6.566 5，这一结果在 1% 水平上显著，在引入了中介变量后，核心解释变量以及中介变量对于农业生产总投资的影响均显著，表明存在中介效应，即数字金融能力能够通过提高信贷可得性来促进家庭农场增加农业生产投资，假说 2 得证（表 26-5）。家庭农场主数字金融能力的提高能够使其凭借自身的数字金融素养以及数字金融经验积累丰富的"数字足迹"，形成丰富可靠的信用记录。金融机构能够利用其信用记录，基于大数据、云计算等技术，通过构建家庭农场综合信用评估模型的方式对家庭农场进行更加精准的画像。金融机构的信用画像可缓解信息不对称的问题，降低逆向选择风险，有助于提高家庭农场的正规信贷可得性。而家庭农场主信贷可得性的提高能够缓解其农业生产投资面临的资金短缺问题，促进其增加农业生产投资。

其次，数字金融能力能够显著提升家庭农场的信息可得性，回归系数是 0.605 3，这一结果在 1% 水平上显著，在引入了中介变量后，核心解释变量以及中介变量对于农业生产总投资的影响均显著，表明存在中介效应，即数字金融能力能够通过提高信息可得性来促进家庭农场增加农业生产投资，假说 3 得证。家庭农场主数字金融能力的提高能够使其通过线上的社会互动、线上的技术信息交流等扩宽信息获取渠道，也可以在使用数字金融产品和服务时通过互联网大数据技术获取有关农业生产经营的相关信息，缓解家庭农场生产投资的信息约束问题，优化其要素配置决策行为并提升其要素配置能力，促进其农业生产投资额的增加。

表 26-5　信贷可得性以及信息可得性的影响机制检验结果（已处理内生性）

变量	信贷可得性			信息可得性		
	农业生产总投资	信贷可得性	农业生产总投资	农业生产总投资	信息可得性	农业生产总投资
数字金融能力	1.544 9***	6.566 5***	1.310 1***	1.544 9***	0.605 3***	1.390 4***
	(0.454 2)	(2.526 1)	(0.456 6)	(0.454 2)	(0.176 5)	(0.463 7)
信息可得性						0.255 2*
						(0.154 8)

（续）

变量	信贷可得性			信息可得性		
	农业生产总投资	信贷可得性	农业生产总投资	农业生产总投资	信息可得性	农业生产总投资
信贷可得性			0.035 8***			
			(0.010 5)			
控制变量	是	是	是	是	是	是
常数项	11.276 1***	6.422 7	11.046 4***	11.276 1***	−0.408 7	11.380 3***
	(1.155 6)	(6.762 3)	(0.940 6)	(1.155 6)	(0.461 6)	(0.987 2)
弱工具变量检验 F 值	56.239 5	56.239 5	50.202 9	56.239 5	56.239 5	46.395 5
观测值	302	302	302	302	302	302

注：***、**、*分别表示在 1%、5%、10%的水平上显著；括号内数字为稳健标准误。

五、数字金融能力提高家庭农场农业生产投资的路径

第一，注重家庭农场主数字金融能力的提升。政府部门应该重视对于粮食类家庭农场经营者的金融能力以及数字能力的培养，引导其在合理控制数字金融风险的基础之上更好地使用数字金融产品和服务，积累更多的数字金融经验，促进其数字金融能力的提升，通过提高信贷获得性和信息获得性扩大粮食种植的相关农业生产投资，从而更好地保障中国的粮食安全。

第二，鼓励推出针对家庭农场的数字信贷产品。政府部门应该鼓励银行等金融机构积极推出针对家庭农场的数字化信贷产品。例如江苏省农业农村厅与中国农业银行江苏省分行合作推出的金融产品"惠农 e 贷·家庭农场贷"，这一数字化的信贷产品很好地满足了当地家庭农场农业生产投资的信贷需求。

第三，开发农业资讯信息的 APP。政府部门应该积极引导科技企业开发有关农业资讯信息、前沿顶级的科学农业生产技术、智能设备等数据信息的APP，从而使家庭农场能够通过这类 APP，利用自身的数字金融能力获取农业生产投资所需的生产技术信息、生产机械设备信息以及农产品市场信息等。

附 录

附录一　2022—2023 年金融支持家庭农场的相关政策文件

　　金融支持在确保家庭农场可持续性和提高生产率方面具有至关重要的作用。通过金融支持，新型农业经营主体不仅可以获取经营所需的资本投入、购买更先进的农业设备和技术，还可以扩大生产规模，进入更广泛的市场，提高销售机会，实现农产品附加值的提升。

　　近年来，政府等部门已出台诸多关于金融支持家庭农场发展的政策，如附表 1 中《财政部 农业农村部发布 2022 年重点强农惠农政策》和《关于做好 2022 年农业生产发展等项目实施工作的通知》强调了对新型农业经营主体的培育以及财政对农担业务的奖补。《关于印发"十四五"推进农业农村现代化规划的通知》和《关于做好 2023 年全面推进乡村振兴重点工作的意见》提出深入开展新型农业经营主体提升行动，支持构建新型农业经营主体信用体系，提高农业信贷担保规模。

　　附表 2 中《关于进一步加强财政金融支持农业农村发展若干政策措施的通知》和《关于进一步促进农业农村经济发展的若干政策措施》强调充分发挥财政补贴撬动作用，对新型农业经营主体直接用于粮食、油料生产的贷款予以贴息支持。推动"苏农贷"加快增量扩面，为全省新型农业经营主体贷款提供增信服务。《关于全面推进农村金融创新发展的意见》指出要完善涉农贷款风险分担与补偿机制，降低担保门槛和费率，鼓励保费补贴。强调江苏省农业融资担保公司要坚守政策性定位，深入开展新型农业经营主体信贷直通车活动，稳步扩大业务规模，不断强化风险防控。

　　通过金融支持，新型农业经营主体可以更好地发挥其作用，推动农业的可持续发展。这对于乡村振兴、社会稳定和粮食安全具有重要意义。

附录二 2022—2023年全国层面金融支持家庭农场的相关政策文件

附表1 全国层面相关文件汇总

年份	文件名称	发文机关	金融支持家庭农场相关内容
2022	《财政部 农业农村部发布2022年重点强农惠农政策》	财政部、农业农村部	强调新型经营主体培育，包括高素质农民培育、新型农业经营主体高质量发展以及中央财政对政策性农担业务实行担保费用补助和业务奖补
2022	《关于印发"十四五"推进农业农村现代化规划的通知》	国务院	支持建设涉农信用信息数据库建设，构建新型农业经营主体信用体系。扩大资产抵押担保融资范围，提高农业信贷担保规模。实施优势特色农产品保险奖补政策，鼓励各地因地制宜发展优势特色农产品保险。稳妥有序推进农产品收入保险，健全农业再保险制度。发挥"保险＋期货"在服务乡村产业发展中的作用
2022	《关于做好2022年农业生产发展等项目实施工作的通知》	农业农村部、财政部	坚持农担体系的政策性定位，优化补奖政策。加强与政府部门、银行和其他担保机构的深度合作，助力农业经营主体信贷直通车常态化服务，提升数字化、信息化服务水平，加快发展首担、信用担
2023	《关于做好2023年全面推进乡村振兴重点工作的意见》	中共中央、国务院	强调深入开展新型农业经营主体提升行动，支持家庭农场组建农民合作社、合作社根据发展需要办企业，带动小农户合作经营、共同增收。实施农业社会化服务促进行动，鼓励区域性综合服务平台建设，促进农业节本增效、提质增效、营销增效。完善社会资本投资农业农村指引，加强资本下乡引入、使用、退出的全过程监管
2023	《2023年助力小微经营主体发展"春雨润苗"专项行动方案》	税务总局办公厅、中华全国工商业联合会办公厅	支持乡村农企农户，成立"税务助农团"，为家庭农场和农民合作社配备"税费政策讲解员"和"快速响应联络员"，帮助用好用足税费优惠政策
2023	《关于全面实行家庭农场"一码通"管理服务制度的通知》	农业农村部	鼓励拓展家庭农场"一码通"应用场景，利用社企对接、政银合作等机制，向农业产业链上下游市场主体、金融保险机构等集成推送"一码通"编码，便利其与家庭农场开展业务合作，为家庭农场提供技术支持、市场营销、金融保险等精准服务

（续）

年份	文件名称	发文机关	金融支持家庭农场相关内容
2023	《关于金融支持全面推进乡村振兴 加快建设农业强国的指导意见》	中国人民银行、金融监管总局、中国证监会、财政部、农业农村部	强化粮食生产主体的融资需求对接。金融机构应发挥好农业经营主体信贷直通车数据共享作用，用好全国一体化融资信用服务平台等信用体系建设成果，构建信用评价与授信审批联动机制，更好满足各类经营主体合理融资需求
2023	《关于做好 2023 年全面推进乡村振兴重点工作的意见》	中共中央、国务院	强调深入开展新型农业经营主体提升行动，支持家庭农场组建农民合作社、合作社根据发展需要办企业，带动小农户合作经营、共同增收。实施农业社会化服务促进行动，鼓励区域性综合服务平台建设，促进农业节本增效、提质增效、营销增效。完善社会资本投资农业农村指引，加强资本下乡引入、使用、退出的全过程监管

附录三　2022—2023 年江苏省金融支持家庭农场的相关政策文件

附表 2　省级层面相关文件汇总

年份	文件名称	发文机关	金融支持家庭农场相关内容
2022	《关于进一步加强财政金融支持农业农村发展若干政策措施的通知》	江苏省人民政府办公厅	充分发挥财政补贴撬动作用，对新型农业经营主体直接用于粮食、油料生产的贷款予以贴息支持。优化种植业农业保险财政补贴政策。支持金融机构推广"苏农贷"产品，大力推介"新型农业经营主体信贷直通车"产品，贷款规模力争超过 150 亿元。组织开展新型农业经营主体首贷扩面行动，2022 年基本完成全省新型农业经营主体信用建档评级全覆盖。支持金融机构开展新型农业经营主体信用体系建设创新、"农宅贷"等试点
2022	《关于进一步加强农村集体资产监督管理促进新型集体经济高质量发展的意见》	江苏省人民政府办公厅	强化全省农村产权交易市场在规范流转交易、盘活存量资源、促进增值溢价等方面的作用，推动集体资产保值增值。鼓励引导农民和经营主体的涉农产权进场交易，丰富交易品种
2023	《关于全面推进农村金融创新发展的意见》	江苏省人民政府	完善涉农贷款风险分担与补偿机制，降低担保门槛和费率，鼓励保费补贴。强调省农业融资担保公司要坚守政策性定位，深入开展新型农业经营主体信贷直通车活动，稳步扩大业务规模，不断强化风险防控。省信用再担保集团要加大对"三农"的支持力度，为农业产业园区、农业现代化先行区建设等提供融资担保服务，逐步提高涉农信贷再担保业务规模
2023	《关于推动经济运行率先整体好转若干政策措施的通知》	江苏省人民政府	支持推动政府性融资担保机构建立健全能担、愿担、敢担的工作机制，专注服务小微企业、个体工商户及农户、新型农业经营主体等市场主体。鼓励融资担保机构创新产品和服务，推广"小微贷""苏农贷"等专项贷款产品，满足多样化金融需求

参考文献
REFERENCES

安宝洋，2014. 互联网金融下科技型小微企业的融资创新 [J]. 财经科学 (10)：1-8.

曾晶，李剑，青平，等，2022. 农户作物营养强化技术采纳提高了生产绩效吗？基于小麦种植户的实证分析 [J]. 中国农村观察 (1)：107-125.

仇童伟，罗必良，2018. 种植结构"趋粮化"的动因何在？基于农地产权与要素配置的作用机理及实证研究 [J]. 中国农村经济 (2)：65-80.

董直庆，蔡啸，王林辉，2014. 技能溢价：基于技术进步方向的解释 [J]. 中国社会科学 (10)：22-40.

杜传忠，王梦晨，2021. 技能偏向型技术进步对中国制造业价值链攀升的影响研究：基于知识产权保护的视角 [J]. 经济科学 (1)：31-43.

高名姿，孙玮，曹蕾，2022. 农业机械化、规模经营与农民增收：基于江苏省种植类家庭农场的抽样调查证据 [J]. 中国农机化学报，43 (12)：206-214，220.

高名姿，张雷，刘志斌，2022. 信息化设施应用对家庭农场雇工行为的影响：来自江苏省的抽样调查证据 [J]. 江苏农业科学，50 (15)：239-246.

高鸣，习银生，吴比，2018. 新型农业经营主体的经营绩效与差异分析：基于农村固定观察点的数据调查 [J]. 华中农业大学学报（社会科学版）(5)：10-16，160-161.

高强，刘同山，孔祥智，2013. 家庭农场的制度解析：特征、发生机制与效应 [J]. 经济学家 (6)：48-56.

郜亮亮，2020. 中国种植类家庭农场的土地形成及使用特征：基于全国 31 省（自治区、直辖市）2014—2018 年监测数据 [J]. 管理世界，36 (4)：181-195.

关迪，陈楠，2022. 基于 AHP-FCE 的家庭农场经营绩效综合评价研究 [J]. 中国农业资源与区划，43 (8)：130-139.

郭熙保，冯玲玲，2015. 家庭农场规模的决定因素分析：理论与实证 [J]. 中国农村经济 (5)：82-95.

郭熙保，龚广，2021. 新技术采用能够提高家庭农场经营效率吗？基于新技术需求实现度视角 [J]. 华中农业大学学报（社会科学版）(1)：33-42，174，175.

韩旭东，杨慧莲，郑风田，2018. 乡村振兴背景下新型农业经营主体的信息化发展 [J]. 改革 (10)：120-130.

何劲，熊学萍，2014. 家庭农场绩效评价：制度安排抑或环境相容 [J]. 改革 (8)：100-107.

胡平波，钟漪萍，2019. 政府支持下的农旅融合促进农业生态效率提升机理与实证分析：以全国休闲农业与乡村旅游示范县为例 [J]. 中国农村经济 (12)：85-104.

黄卓，王萍萍，2022. 数字普惠金融在数字农业发展中的作用［J］. 农业经济问题（5）：27-36.

婧雯，马远军，王振波，2020. 农旅融合视角下新型乡村社会关系架构及提升路径：以浙江金华陈界村为例［J］. 地理研究，39（3）：696-708.

李江一，秦范，2022. 如何破解农地流转的需求困境？以发展新型农业经营主体为例［J］. 管理世界，38（2）：84-99.

李晓静，陈哲，夏显力，2022. 数字素养对农户创业行为的影响：基于空间杜宾模型的分析［J］. 中南财经政法大学学报（1）：123-134.

李星星，曾福生，2015. 家庭农场综合评价指标体系设计：以湖南为例［J］. 湖南科技大学学报（社会科学版），18（6）：79-85.

林文声，王志刚，王美阳，2018. 农地确权、要素配置与农业生产效率：基于中国劳动力动态调查的实证分析［J］. 中国农村经济（8）：64-82.

刘畅，张馨予，张巍，2021. 家庭农场测土配方施肥技术采纳行为及收入效应研究［J］. 农业现代化研究，42（1）：123-131.

刘明辉，卢飞，刘灿，2019. 土地流转行为、农业机械化服务与农户农业增收：基于CFPS2016数据的经验分析［J］. 南京社会科学（2）：26-33.

刘荣茂，马林靖，2006. 农户农业生产性投资行为的影响因素分析：以南京市五县区为例的实证研究［J］. 农业经济问题（12）：22-26.

刘同山，2016. 农业机械化、非农就业与农民的承包地退出意愿［J］. 中国人口·资源与环境，26（6）：62-68.

刘同山，孔祥智，2019. 加入合作社能够提升家庭农场绩效吗？基于全国1505个种植业家庭农场的计量分析［J］. 学习与探索（12）：98-106.

刘同山，徐雪高，2019. 政府补贴对家庭农场经营绩效的影响及其作用机理［J］. 改革（9）：128-137.

罗磊，傅新红，刘宇荧，等，2024. 新冠肺炎疫情风险感知、数字素养与农户电商参与意愿：基于柑橘种植农户调查数据分析［J］. 农业技术经济（2）：56-72.

宁光杰，林子亮，2014. 信息技术应用、企业组织变革与劳动力技能需求变化［J］. 经济研究，49（8）：79-92.

彭澎，吴梦奇，2024. 数字金融能力对家庭农场农业生产投资行为的影响研究［J］. 财贸研究（12）：52-61.

钱龙，蔡荣，汪紫钰，等，2019. 雇工成本对家庭农场规模扩张的影响［J］. 中国人口·资源与环境（12）：87-94.

钱晔，孙吉红，黎斌林，等，2019. 大数据环境下我国智慧农业发展策略与路径［J］. 云南农业大学学报（社会科学版），13（1）：6-10.

钱忠好，李友艺，2020. 家庭农场的效率及其决定：基于上海松江943户家庭农场2017年数据的实证研究［J］. 管理世界，36（4）：168-181，219.

任天驰，张洪振，杨晓慧，等，2021. 农业保险保障水平与农户生产投资：一个"倒U型"关系：基于鄂、赣、川、滇四省调查数据［J］. 中国农村观察（5）：128-144.

任重，薛兴利，2018. 家庭农场发展效率综合评价实证分析：基于山东省 541 个家庭农场数据［J］. 农业技术经济（3）：56-65.

阮荣平，周佩，郑风田，2017."互联网＋"背景下的新型农业经营主体信息化发展状况及对策建议：基于全国 1394 个新型农业经营主体调查数据［J］. 管理世界（7）：50-64.

尚旭东，朱守银，2015. 家庭农场和专业农户大规模农地的"非家庭经营"：行为逻辑、经营成效与政策偏离［J］. 中国农村经济（12）：4-13，30.

盛智颖，王冰，2017. 家庭农场农业信息需求及支付意愿分析［J］. 湖南农业大学学报（社会科学版）（1）：23-30.

苏岚岚，彭艳玲，2021. 数字化教育、数字素养与农民数字生活［J］. 华南农业大学学报（社会科学版），20（3）：27-40.

王杰，蔡志坚，吉星，2022. 数字素养、农民创业与相对贫困缓解［J］. 电子政务（8）：15-31.

王立彦，张继东，2007.ERP 系统实施与公司业绩增长之关系：基于中国上市公司数据的实证分析［J］. 管理世界（3）：116-121，137.

王善高，田旭，2018. 农村劳动力老龄化对农业生产的影响研究：基于耕地地形的实证分析［J］. 农业技术经济（4）：15-26.

王宜强，朱明博，2019. 山东省农业旅游空间结构发育特征、优化模式及其驱动机制［J］. 经济地理，39（6）：232-240.

王翌秋，刘学胜，曹蕾，2023. 数字素养、信息化技术与家庭农场经营绩效［J］. 农村金融研究（4）：68-80.

吴方，2022. 品牌农业参与能否提升家庭农场经营绩效？来自 1324 个家庭农场调查样本的证据［J］. 华中农业大学学报（社会科学版）（3）：36-46.

吴雨，李晓，李洁，周利，2021. 数字金融发展与家庭金融资产组合有效性［J］. 管理世界，37（7）：92-104，7.

许玉锟，张龙耀，2020. 农业供应链金融的数字化转型：理论与中国案例［J］. 农业经济问题（4）：72-81.

闫桂权，何玉成，张晓恒，2022. 数字普惠金融发展能否促进农业机械化：基于农机作业服务市场发展的视角［J］. 农业技术经济（1）：51-64.

杨灿明，2022. 社会主义收入分配理论［J］. 经济研究（3）：4-9.

姚成胜，肖雅雯，杨一单，2022. 农业劳动力转移与农业机械化对中国粮食生产的关联影响分析［J］. 农业现代化研究（2）：306-317.

姚洋，2013. 发展经济学［M］. 北京：北京大学出版社.

张红宇，杨凯波，2017. 我国家庭农场的功能定位与发展方向［J］. 农业经济问题，38（10）：4-10.

张雷，高名姿，陈东平，2018. 产业融合、规模农户与小农利益联结规模：基于劳动力雇佣视角［J］. 当代经济管理，40（12）：5.

张龙耀，李超伟，王睿，2021. 金融知识与农户数字金融行为响应：来自四省农户调查的微观证据［J］. 中国农村经济（5）：83-101.

张露，罗必良，2018. 小农生产如何融入现代农业发展轨道？来自中国小麦主产区的经验证据 ［J］. 经济研究，53（12）：144-160.

张蕴萍，栾菁，2022. 数字经济赋能乡村振兴：理论机制、制约因素与推进路径 ［J］. 改革（5）：79-89.

赵鑫，任金政，王亚军，2022. 农业生产环节外包、劳动力转移与粮农家庭增收：基于全国 7560 户种粮家庭的实证研究 ［J］. 农林经济管理学报，21（3）：266-276.

钟漪萍，唐林仁，胡平波，2020. 农旅融合促进农村产业结构优化升级的机理与实证分析：以全国休闲农业与乡村旅游示范县为例 ［J］. 中国农村经济（7）：80-98.

周月书，苗哲瑜，2023. 数字普惠金融对农户生产经营投资的影响 ［J］. 中国农村观察（1）：40-58.

朱秋博，朱晨，彭超，等，2022. 信息化能促进农户增收、缩小收入差距吗？［J］. 经济学（季刊），22（1）：237-256.

朱雅雯，许玉韫，张龙耀，2023. 数字金融与家庭农场经营绩效 ［J］. 经济评论（6）：72-86.

邹伟，张晓媛，2019. 土地经营规模对化肥使用效率的影响：以江苏省为例 ［J］. 资源科学，41（7）：1240-1249.

Almeida R K，2010. Openness and technological innovation in East Asia：Have they increased the demand for skills? ［J］. Asia - Pacific Development Journal，17（1）：63-95.

Beck T，Pamuk H，Ramrattan R，et al. ，2018. Payment instruments，finance and development ［J］. Journal of Development Economics，133：162-186.

Genius M，Pantzios C J，Tzouvelekas V，2006. Information acquisition and adoption of organic farming practices ［J］. Journal of Agricultural and Resource Economics，31（1）：93-113.

Goncalves G，Oliveira T，Cruz - Jesus F，2018. Understanding individual - level digital divide：Evidence of an African country ［J］. Computers in Human Behavior（10）：276-291.

Kimhi A，Tzur - Ilan N，2021. Structural changes in Israeli family farms：Long - run trends in the farm size distribution and the role of part - time farming ［J］. Agriculture（6）：518.

Madau F A，2015. Technical and scale efficiency in the Italian citrus farming：Comparison between SFA and DEA approaches ［J］. Agricultural Economics Review，16（2）：15-27.

Robinson C，Schumacker R E，2009. Interaction effects：Centering，variance inflation factor，and interpretation issues ［J］. Multiple Linear Regression Viewpoints，35（1）：6-11.

Sekabira H，Qaim M，2017. Mobile money，agricultural marketing，and off - farm income in Uganda ［J］. Agricultural Economics，48（5）：597-611.

Stiglitz J E，Weiss A，1981. Credit rationing in markets with imperfect information ［J］. American Economic Review，71（3）：393-410.

Xiao J J，Chen C，Chen F，2014. Consumer financial capability and financial satisfaction ［J］. Social Indicators Research，118（1）：415-432.